MUDFERWI

Pan oedd yn ferch fach roedd Rebecca wrth ei bodd yn dweud straeon, a gwyddai bryd hynny mai ysgrifennu nofelau oedd hi am ei wneud – yn wir, pan oedd hi'n rhy ifanc i ysgrifennu straeon ei hun, byddai'n gofyn i'w nain wneud hynny drosti! Ers iddi raddio o Brifysgol Bangor gyda gradd mewn Saesneg ac Ysgrifennu Creadigol, mae Rebecca wedi gweithio yn athrawes, swyddog datblygu, gweinydd dyneiddiol a chyfieithydd. Magwyd hi ger y môr ym Mhrestatyn, ac yno mae hi'n byw o hyd gyda'i gŵr a'u dau o blant.

Mudferwi

Nofel gan
Rebecca Roberts

Argraffiad cyntaf: 2019

Rhif Llyfr Safonol Rhyngwladol:
978-1-84527-714-7

Cyhoeddwyd gyda chymorth Cyngor Llyfrau Cymru

Cynllun y clawr: Olwen Fowler

Cyhoeddwyd gan Wasg Carreg Gwalch,
12 Iard yr Orsaf, Llanrwst, Dyffryn Conwy, Cymru LL26 0EH.
Ffôn: 01492 642031
e-bost: llyfrau@carreg-gwalch.cymru
lle ar y we: www.carreg-gwalch.cymru

Argraffwyd a chyhoeddwyd yng Nghymru

I Andy, fy enaid hoff cytûn, a fy annwyl blant

Hoffwn ddiolch i Manon Steffan Ros am fod yn fentor calonogol ac yn ffrind annwyl. Diolch hefyd i Nia Roberts am fod yn olygydd mor wych. Mae fy nyled i'r ddwy ohonoch chi'n enfawr.

Dymunaf gydnabod cymorth Cynllun Mentora Llenyddiaeth Cymru a gefnogir gan Y Loteri Genedlaethol drwy Gyngor Celfyddydau Cymru a'm cefnogodd i ysgrifennu'r nofel hon.

RHAN 1

1

Mehefin

Y tro diwethaf i mi groesi trothwy bwyty'r Fleur-de-Lis oedd yn 2015, jest cyn i Wncwl Iwan gael ei hartan. Fo oedd perchennog a phrif gogydd y Fleur-de-Lis, ac yn y gegin y bu o farw. Doedd gan Anti Lois mo'r egni na'r awydd i gadw'r lle ar agor hebddo fo wrth y llyw, felly caeodd y drysau a symudodd i Brestatyn. Cliriodd y pantri a'r cypyrddau ond gadawodd bopeth arall heb ei gyffwrdd – llestri, byrddau, poptai a rhesi o sosbenni, i gyd yn hel llwch. Weithiau, wrth gerdded heibio ar ein ffordd i'r gwaith, byse Mam a finnau'n sbio i mewn drwy'r ffenestri budron ar y bwydlenni'n gorwedd ar bob bwrdd, yn dangos y seigiau roedd Wncwl Iwan wrthi'n eu paratoi y diwrnod y bu farw. Gadawyd y lle i bydru, oedd yn bechod mawr, meddai Mam, gan mai'r bwyty oedd prif gyflogwr pentref bach Santes-Fair-tanrallt.

Yna, yn annisgwyl ryw bum wythnos yn ôl, ailagorodd y Fleur-de-Lis. Doedd 'run siw na miw wedi bod yn y wasg leol i hysbysu trigolion y pentref fod y busnes am ail-lansio, ond er hynny roedd y lle dan ei sang. Yn ôl y sôn, Albanwr o'r enw Duncan Stuart oedd wedi prynu'r lle. Bu'n gystadleuydd ar raglen deledu goginio o'r enw *The Best of British Banquet*, ac yn amlwg roedd ganddo dipyn o ddilyniant ymhlith y *foodies* lleol.

Gan ei bod jest â thorri'i bol isio gweld sut siâp oedd ar yr hen le ceisiodd Mam fwcio bwrdd, ond roedd rhestr aros fis o hyd. Heb yn wybod iddi (ac oherwydd bod geneth oedd yn yr ysgol hefo fi ers talwm yn un o'r staff gweini) llwyddais i gael bwrdd i ddau er mwyn dathlu ei phen blwydd.

Roedd Mam yn haeddu trît bach. Anaml y byddai hi'n dod adref o'r gwaith cyn saith o'r gloch a phrin y byddai hi yn ei gwely cyn hanner nos gan ei bod yn mynd drwy gyfnod anodd iawn. Roedd ESTYN wedi ei hysbysu y bydden nhw'n gyrru eu harolygwyr i ysgol y pentref, ac roedd Mam, yn rhinwedd ei swydd yn Bennaeth, yn mynychu cyfarfodydd pwysig bron bob dydd hefo swyddogion yr Adran Addysg. Er nad ydi hi'n un i rannu ei phryderon gallwn weld ei bod hi dan straen. Ar ei phen blwydd ro'n i am iddi hi gael un noson i ymlacio; cyfle iddi eistedd wrth fwrdd moethus yn lle llowcio pryd wrth ei desg, ac i gael cwpl o wydrau o win a pheidio â meddwl na sôn am ei gwaith.

Arweiniais Mam drwy ddrysau derw newydd y bwyty, ond oedodd a'i llaw dros ei cheg cyn mynd i mewn. Roedd ei llaw yn crynu ryw chydig – doedd hi ddim wedi croesi'r trothwy ar ôl i'w brawd farw yno.

Doedd dim rhaid iddi fod wedi poeni. Doedd y perchennog newydd ddim wedi newid llawer ar y stafell fwyta, ac roedd eistedd yn y Fleur-de-Lis ar ei newydd wedd fel cael pryd o fwyd mewn ffermdy clyd, diolch i'r waliau carreg oedd wedi'u paentio'n lliw hufen cynnes, a'r dodrefn derw solet. Crogai ambell ddarlun o dirluniau gwledig yma ac acw, ond ychydig iawn o addurn oedd ei angen a dweud y gwir i gystadlu â'r golygfeydd godidog drwy'r ffenestri dros Ddyffryn Clwyd.

Roedd gwên ar wyneb Catrin Stephen pan ddaeth draw i'n harwain ni at ein bwrdd. Hi oedd wedi llwyddo i'n stwffio ni i mewn ar fyr-rybudd, a theimlais fymryn yn euog wrth ei dilyn drwy'r ystafell fwyta. Roedden ni yn yr un dosbarthiadau trwy'r ysgol gynradd a'r ysgol uwchradd, ond er ei bod hi'n ferch ddigon clên doedden ni erioed yn ffrindiau agos, erioed wedi clicio. Roedd hi'n siarad gormod.

'Haia, Mrs Jones. Dathliad arbennig, *yeah*? Pen blwydd hapus a popeth. Chi dal yn Ysgol Santes Fair? Dipyn o amser ers i mi weld chi. Ti'n gweithio yna hefyd, Alys? Neis bod ti'n cael gweithio efo dy mam! Well na gweithio yma, eniwê. Ma' nhw'n rhoi hysbyseb fyny fory am gogydd iau ... golchi llestri 'di'r job rêli. Nath y ferch ddwetha dim para pythefnos. Maen nhw'n dweud dydi Duncan, y prif gogydd ydi hwnnw, ddim yn hoffi merched. Dwi'n meddwl ei wraig o 'di'r broblem. Diolch byth bod hi 'di mynd nôl i Loegr am dipyn i werthu tŷ nhw ddweda i ...' Agorodd Mam ei cheg, ond daliodd Catrin i siarad heb gymryd anadl. 'Paid poeni, 'sneb yn y gegin yn siarad Cymraeg. Dim ots gen i os 'dyn nhw ddim yn medru deall fi. Mae'r bois yn *grumpy bastards* ac ma'r rhan fwya'n *munters*, ond mae 'na un neu ddau sy'n cweit *buff*, yn enwedig Jake. Fo sy'n delifro'r llysiau a ffrwythau. Eniwê, be fedra i gael i chi heno?'

Aeth Catrin i nôl ein diodydd, gan ein gadael i fwynhau'r tawelwch.

'Ddylet ti,' meddai Mam ymhen sbel.

'Be? Trio am y job yn fama? Fi?'

'Pam lai?'

'Mae gen i swydd.'

'Ond ... wyt ti wedi meddwl am ehangu dy orwelion? Herio dy hun? Dwyt ti ddim yn meddwl y byse'n gyffrous cael gweithio mewn bwyty?'

Codais fy ysgwyddau'n ddifater. Do'n i erioed wedi meddwl rhyw lawer am gael gyrfa, nac ehangu fy ngorwelion chwaith. Ro'n i'n hoffi gweithio yng nghegin Ysgol Santes-Fair-tanrallt – roedd staff y gegin yn cael helpu ar ddiwrnod y mabolgampau a mynd ar y tripiau diwedd tymor, a bob Dolig bydden ni'n derbyn llwyth o gardiau gan y plant.

Cafodd Dad ei siomi pan ddwedes i wrtho 'mod i wedi cael swydd yn gymhorthydd cegin yn fy hen ysgol gynradd. Os o'n i am weithio fel cogydd, gofynnodd, beth am fynd i Lundain, neu i weithio ar fordeithiau? Do'n i ddim yn bwriadu aros yng nghanol nunlle am weddill fy oes, nac oeddwn?

Wel, mi wylltiodd hynny fi, gan fod teulu Mam wedi byw a gweithio yn y pentref ers cenedlaethau. Ac ar ôl be wnaeth Dad i Mam, doedd ganddo fo, o bawb, ddim hawl i bregethu am fy newisiadau i.

Roedd y swper pen blwydd yn anhygoel, ond er i Mam ddweud nifer o weithiau pa mor flasus oedd popeth, daeth yn eitha amlwg nad oedd hi wirioneddol yn mwynhau ei bwyd.

'Be sy'n bod?' gofynnais dros bwdin. 'A phaid â dweud "dim byd".'

Pwysodd Mam yn ôl yn ei sedd, yn yr un ffordd ag y gwnâi mewn cyfarfodydd staff anodd. Roedd hyn wastad yn arwydd ei bod am rannu newyddion drwg, ac yn ceisio meddwl am y ffordd orau i'w gyhoeddi. Ond yr eiliad honno, pylodd y golau a daeth Catrin allan o'r gegin yn cario cacen ar blât arian. Roedd pob modfedd o arwyneb y gacen wedi'i orchuddio gan rosynnau coch, gwyn, melyn a phinc i efelychu gardd rosynnau Nain Tan y Bryn. Cymerodd ddiwrnod cyfan i mi greu'r ardd flodau allan o bast siwgr, ac ro'n i'n bles iawn hefo hi.

'Pen blwydd hapus, Mrs Jones!' gwaeddodd Catrin, a dechreuodd y ciniawyr eraill ganu, 'Pen blwydd hapus i ti ...' Sychodd Mam ei llygaid yn frysiog hefo hances bapur.

'O Alys, mae heddiw 'di bod yn lyfli. Diolch i ti. Mae'n ddrwg gen i am fod fatha cwmwl du drwy'r adeg. Am gacen hyfryd. Yr un fwya prydferth i mi ei gweld erioed.'

'Mae hi'n gacen gorjys,' meddai Catrin hithau, yn llawn edmygedd. 'Sbiwch ar y blodau 'na! Bydd raid i mi gael rwbeth tebyg at ben blwydd Nain. Lle gest ti hi, Alys?'

'Fi wnaeth hi,' atebais yn dawel.

'Wel, ddylet ti yn bendant ystyried ceisio am y swydd yn fama felly,' meddai Mam. 'Mae gen ti ormod o ddawn i stelcian yng nghegin yr ysgol am weddill dy oes.'

Aeth Catrin i dorri'r gacen, ac es innau at y cownter i dalu'r bil. Wrth i mi dynnu fy ngherdyn debyd allan o fy mhwrs, daeth un o'r cogyddion draw i nôl diod o ddŵr o'r bar. Roedd o'n fach, yn flin ac yn foel fel wy. Gofynnodd mewn acen Albanaidd gref sut gwnaethon ni fwynhau ein bwyd, ac mi ges i drafferth i'w ddeall i gychwyn, cyn ateb ei gwestiwn.

'Mi glywais falle'ch bod chi'n chwilio am gogydd newydd?' mentrais ofyn yn grynedig.

'Pam? Sgen ti ddiddordeb?'

'Falle.' Pwysodd yn erbyn y cownter, gan wgu i fyny arna i. O 'mhrofiad cyfyng i, dydi dynion dim yn hoffi siarad â merched sy'n dalach na nhw, a dwi'n digwydd bod yn annaturiol o dal.

'Ble ti'n gweithio rŵan?' gofynnodd.

'Ysgol Santes Fair.'

'Erioed wedi clywed am fanno, ond dwi'n newydd i'r ardal. Pa fath o fwyd wyt ti'n goginio?'

'Ysgol gynradd ydi hi ... a bob math.'

'Ysgol?' Cododd ei aeliau.

'Dwi'm yn treulio fy holl amser yn rhoi *turkey twizzlers* yn y meicrodon, os mai dyna be ti'n feddwl.'

'Dim dyna be o'n i'n feddwl o gwbl, 'ngwas i. Ond nid caffi 'di hwn. Rydan ni'n gweithio i safonau andros o uchel, ac fel arfer mae gan ein staff rywfaint o brofiad o weithio mewn bwytai. Ond 'dyn ni wastad yn chwilio am fechgyn ifanc fel ti sydd ag egni a stamina i weithio oriau hir. Os oes gen ti ffansi rhoi cynnig ar y job, ty'd yn ôl fory a bydd ffurflen gais yma i ti.' Daeth Catrin yn ôl hefo'r daleb ar soser wen, a gadael heb ddweud gair.

'Y gacen ben blwydd 'na ...' galwodd y cogydd wrth i mi droi i adael. 'Mae'n dda. Da iawn. O ble ddaeth hi?' Sbiais yn ôl arno dros fy ysgwydd.

'Fi wnaeth hi. Fel y dwedes i, mae gen i rywfaint o brofiad yn y gegin.'

'Yn bendant, ty'd draw am gyfweliad.'

'Mi wna i,' atebais yn frysiog, a rhuthro'n ôl at ein bwrdd cyn iddo fedru gweld fy mod i'n gwrido. 'Ngwas i. Bechgyn fel ti. Roedd o'n meddwl mai dyn o'n i!

'Be wyt ti'n ddisgwyl, Alys,' gofynnodd Mam, gan chwerthin ar fy embaras, 'os wyt ti'n mynnu torri dy wallt mor fyr?'

I fod yn onest, nid dyma'r tro cyntaf i rywun gymryd mai dyn ifanc o'n i. Mi welais Mr Roberts Gorlan yn cerdded ar hyd Lôn yr Ysgol ryw bythefnos yn ôl, a galwodd 'Su'mae, Lee? Ti adre efo ni am sbel?' arna i, gan gymryd mai fy mrawd o'n i. Pan oedden ni'n blant roedd Lee a finne 'run sbit â'n gilydd: yr un gwallt brown a'r ddau ohonon ni'n anarferol o dal, fatha Dad. Ond ers i Lee fynd i'r fyddin mae o wedi magu cyhyrau anferthol a gorchuddio'i freichiau efo tatŵs. Mae o'n fynydd o gyhyr a dwi'n ... wel, dwi'n fflat fel crempog. 'Alys A-cup' oedden nhw'n fy ngalw i yn yr ysgol, a dydi pethau ddim wedi newid rhyw lawer ers hynny. Dwi'n medru gweld pa mor hawdd fyse i rywun gymryd mai bachgen ydw i.

Er hynny, dydw i ddim yn difaru torri fy ngwallt – rydw i wedi derbyn na fydda i'n cael fy nisgrifio fel tlws na phrydferth gan neb, felly waeth i mi heb â threulio oriau yn ymbincio a steilio fy hun. Ymateb Catrin ar weld fy ngwallt newydd oedd 'Seriously, Alys, ti'n edrych yn fierce. Ti efo'r bone structure i wisgo unrhyw steil ti'n licio!' Bod yn glên oedd hi, mae'n siŵr.

'Ti'm yn gwneud y gorau o'r hyn sy gen ti, Alys!' ydi cwyn barhaol Mam. Mae Mam ei hun wastad yn edrych mor smart, ac yn methu deall fod yn gas gen i wisgo masgara ac y byse'n well gen i wisgo hen bâr o jîns Lee na mynd i Gaer i siopa am rai newydd. Fy edrychiad ydi un o'r pethau prin sy'n achosi tensiwn rhyngddon ni.

Roedd y tensiwn annifyr hwnnw rhyngddon ni ar noson ei phen blwydd. Er mor flasus oedd y bwyd, ac er iddi werthfawrogi'r gacen, gorffennodd y swper ar nodyn lletchwith. Doedd Mam ddim wedi ymlacio o gwbl, ac ar ôl i mi glywed ei geiriau am 'ehangu fy ngorwelion' ro'n innau ar bigau'r drain hefyd, yn disgwyl newyddion drwg.

'Cau'r gegin? Fyddwn ni'n colli'n swyddi?' Nodiodd Mam ei phen.

'Toriadau cyllid,' meddai'n drist. 'Bydd y prydau cinio yn cael eu paratoi draw yng nghegin Ysgol Pant Gwyn, a'u cludo yma'n ddyddiol. Rhaid i ni gau'r gegin, ac mi fyddwn ni'n colli cymhorthydd dosbarth ar ben hynny. Yn anffodus, dyna'r unig ffordd i gadw'r ysgol allan o'r coch.'

'Pryd wyt ti am i ni fynd?' gofynnodd Nerys, y prif gogydd.

'Bydd y gegin yn dal yn agored tan ddiwedd tymor yr haf, ond bydd eich cytundebau'n dod i ben ar ddiwedd mis Gorffennaf. Mae'n ddrwg iawn gen i, ferched.'

Dyna pam roedd Mam mor frwd neithiwr i mi 'ehangu fy ngorwelion' a cheisio am swydd yn y Fleur-de-Lis! Roedd hi am i mi neidio o'r nyth cyn iddi orfod fy ngwthio, yn amlwg.

Y prynhawn hwnnw, ar y ffordd adref o'r gwaith, galwais heibio'r bwyty a chael Catrin yn eistedd ar ei phen ei hun yn y maes parcio, yn bwyta brechdan a golwg bwdlyd ar ei hwyneb.

'Mwynhau'r haul?' gofynnais yn ddiniwed. Gwgodd, gan amneidio i gyfeiriad yr adeilad.

'Fedra i'm diodde bod yn y twll 'na am eiliad hirach. Mae'r *waitresses* eraill yn iawn, *don't get me wrong* ... ond y cogyddion? *Male chaunvinist pig boys' club!*'

O diar. Eisteddais i lawr wrth ei hochr.

''Dio mor ddrwg â hynny?'

'Diawled secsist, y cwbl lot. Wel, ar wahân i Duncan. Dio'm yn rhy ddrwg, *as far as bosses go.* Ond mae o ffwrdd lot ar hyn o bryd, felly mae'r lle'n annioddefol. Cymaint o weithiau dwi wedi cael fy nhemtio i gerdded allan a pheidio â dod 'nôl. Tase gen i gar a thrwydded yrru *no way* fyswn i'n aros yma. Ond mae o'n gyfleus, ti'n gwbod? Reit ynghanol y pentref, dwi'n safio ffortiwn ar docynnau bws, a dwi'm yn teithio adre ar ben fy hun gyda'r hwyr.'

'Fyse fo'r un mor gyfleus i mi ...'

Cododd Catrin ei phen i sbio arna i, gan godi ei haeliau 'run pryd.

'Ti'n meddwl mynd am job yma?'

'Bydd raid i mi ddechrau chwilio am job arall. Mam newydd ddweud bod nhw'n gorfod cau cegin yr ysgol. Toriadau cyllid.'

'Druan ohonat ti. Druan o Nerys hefyd. Hi 'di bod yna ers degawdau.'

'Mae Nerys am ymddeol. Fi sy'n gorfod ffeindio job newydd.'

'*Sucks to be you.* 'Sdim lot o waith allan 'na ar hyn o bryd. Falle gei di job dros dro yn y camps gwyliau ymhen cwpl o wsnosau ...?'

Suddodd fy nghalon wrth feddwl am hynny. Roedd dipyn go lew o waith tymhorol yn lleol, ond ychydig iawn o swyddi parhaol. Ond y peth a wnaeth i mi deimlo'n fwy digalon oedd meddwl am orfod llenwi ffurflenni cais di-ben-draw a mynd am gyfweliadau i gael fy holi a fy ngwrthod gan bobl ddieithr. Mae dyslecsia a swilder eithafol (neu *social anxiety* fel mae Mam yn mynnu ei alw fo) yn rhwystrau anferthol wrth chwilio am waith, fel mae diffyg profiad a chymwysterau. Rydw i'n boenus o ymwybodol mai drwy nepotistiaeth ges i fy swydd yn yr ysgol gynradd – gadewais fy nghwrs arlwyo'n gynnar achos 'mod i ddim yn medru dygymod â chriw o fechgyn yn pigo arna i o hyd, felly does gen i ddim cymwysterau. Ar ben hynny dwi'n baglu dros fy nhafod yn hawdd ac yn cael trafferth aruthrol i edrych i fyw llygaid pobl. Rydw i'n gogydd da, ond cael y cyfle i ddangos hynny i gyflogwr ydi'r her.

'Os wyt ti'n meddwl ceisio am y job yma, *tip* bach i ti, Alys:

stwffia bâr o sanau lawr dy nicers a deuda mai Alan ydi dy enw di,' meddai Catrin, oedd erbyn hynny'n gorffen ei chinio. 'Falle gei di lonydd i weithio wedyn.'

Cyn i mi fedru ateb, galwodd rhywun enw Catrin o ben draw'r maes parcio. Troais i weld yr un cogydd bach moel ag a welais y noson cynt yn brasgamu tuag aton ni, gan bwyntio at ei watsh. Ochneidiodd Catrin, ac ysgwyd briwsion oddi ar ei sgert.

'Amser i mi fynd 'nôl at fy ngwaith. Ty'd, wna i dy gyflwyno di i John. Fo 'di'r Sous Chef sy'n rhedeg y lle pan fydd Duncan i ffwrdd.'

Arhosodd John yn ei unfan. Do'n i ddim yn medru penderfynu ai gwgu ynteu syllu arna i oedd o.

'Dwi 'di dy weld ti o'r blaen, do, 'ngwas i?' gofynnodd. 'Ti oedd yn y bwyty neithiwr ... ti wnaeth y gacen 'na, yntê?' Cyn i mi fedru dweud gair, dechreuodd Catrin siarad.

'Dyma Al, hen ffrind ysgol i mi. Ie, fo wnaeth y gacen. Mae o wastad wedi bod yn wych am goginio.'

Ro'n i'n gegrwth.

'Arhosa yma am eiliad,' meddai John, a brysiodd yn ôl i gyfeiriad y bwyty.

'Be ddiawl ti'n wneud?' ebychais.

'Safio ti rhag yr *indignity* o ddiweithdra a *sexual harassment*. Lladd dau dderyn efo un garreg ...'

'Drwy eu twyllo nhw i feddwl mai dyn ydw i?'

'Alys ... *Al*, dwi'n dweud hyn efo pob parch ... ti'n reit *androgynous*, yn enwedig hefo dy wallt yn fyr. Paid â cymryd hynny yn *insult* achos ti'n edrych yn gorjys mewn ffordd *quirky*, ond ...' Erbyn hyn roedd John yn brasgamu yn ôl ar draws y maes parcio. '... wyt, rwyt ti'n edrych fel bachgen. Paid â gadael i dy wallt dyfu.' Gostyngodd ei llais i sibrwd. 'Neithiwr, pan o'n i'n torri'r gacen i dy fam, gofynnodd John am sleisen ohoni. Roedd o'n *totally impressed*. Mae gen ti siawns dda o gael y swydd ...'

Roedd gan John ddarn o bapur yn ei law. Oedd, fel y

dywedodd Catrin, roedd o'n cynnig y ffurflen i mi ... roedd o am i mi ymgeisio am swydd yn y Fleur-de-Lis!

'Os wyt ti'n chwilio am waith, rydyn ni'n chwilio am rywun hefo dy dalent di,' meddai. 'Swydd yn golchi llestri fydd hi am ryw chwe mis, yna mi gei di hyfforddiant os wyt ti'n pasio dy gyfnod prawf. Meddylia am y peth.'

'Mi wna i, a diolch am y cynnig,' atebais, gan deimlo fy mochau'n cochi. Cymerais y papur a thaflais olwg drosto fel petawn i'n ei ddarllen, er nad oedd yr ysgrifen yn ddim mwy na thraed brain du ar draws y dudalen i mi. Rhoddais y ffurflen ym mhoced fy nghôt.

'Wyt ti ar gael ddydd Iau nesaf?' gofynnodd John. 'Mae 'na gwpwl o hogiau yn dod draw i gyfarfod Duncan bryd hynny. 10 y bore?'

'Wrth gwrs.'

'Gwych. Ty'd â dy gyllyll a dy siaced wen – mi fyddi di'n coginio. A phaid â bod yn hwyr. Mae prydlondeb yn bwysig i Duncan. Iawn?' Nodiais fy mhen, fy ngheg sych grimp yn fy atal rhag ateb. Roedd rhywun newydd gynnig cyfweliad swydd i mi ar sail cacen pen blwydd!

'Catrin. Ty'd,' cyfarthodd John. 'Mae gen ti waith i'w wneud.'

Trodd Catrin i ffarwelio, ac wrth i John gerdded o'i blaen at ddrws cefn y bwyty rhoddodd winc slei i mi.

Pan gerddodd Mam drwy'r drws am chwech o'r gloch y peth cyntaf ddwedais wrthi oedd,

'Dwi 'di penderfynu 'mod i am wneud cais am y swydd yn y Fleur-de-Lis. Dwi 'di llenwi'r ffurflen gais yn barod ... mewn pensil.'

Es ati i baratoi swper i'r ddwy ohonon ni, ac allan o gornel fy llygad gwelais fod Mam wrthi'n prawfddarllen y ffurflen. A dweud y gwir, nid prawfddarllen oedd hi ond ailysgrifennu rhannau helaeth o'r testun. Trodd '*I haf ecsperiense in cataering*' yn '*I have several years' experience in the catering industry ...*' Peth handi ydi cael athrawes yn fam, yn enwedig pan mae dyslecsia yn golygu mai oedran darllen ac ysgrifennu plentyn wyth oed sy gen ti.

Ar ôl swper, wedi iddi ddiflannu i'w stydi, es i dros y cyfan yn daclus mewn beiro. Ar waelod y ffurflen, yn y bocs llofnod, arwyddais 'Al Ryder'. Al, yn fyr am Alys ... neu Alan.

3

Treuliais y noson cyn y cyfweliad yn rhoi min ar gynnwys y drôr cytleri. Ro'n i eisoes wedi penderfynu y byddwn i'n gwisgo jîns du a chrys polo gwyn i fynd i'r bwyty, gan obeithio y byddwn i'n edrych yn dwt ac yn lân, er nad o'n i'n edrych fel cogydd proffesiynol. Doedd gen i ddim siaced cogydd, dim ond y tabard pinc a gwyn ro'n i'n ei wisgo yng nghegin yr ysgol, ac yn amlwg do'n i ddim am wisgo hwnnw i'r cyfweliad.

Gwelais griw o ddynion yn sefyll ar stepen drws y bwyty. Roedd pedwar ymgeisydd arall, pob un ohonyn nhw'n cario cas dur yn llawn o gyllyll. Am eiliad cefais fy nhemtio i droi ar fy sawdl a mynd am adref. Yna, trodd un o'r ymgeiswyr eraill i sbio arna i, a doedd gen i ddim dewis heblaw parcio'r car ac ymuno â nhw.

John agorodd y drws.

'Cig ffres, eh?' gofynnodd, gan wenu'n sinigaidd. Arweiniodd ni rhwng byrddau derw'r bwyty a thrwodd i'r gegin, lle gosodais fy rholyn o ddefnydd ar y cownter dur, gan obeithio na fyse neb yn sylweddoli mai rholyn i ddal nodwyddau gwau oedd o yn hytrach na chyllyll.

Daeth cogydd â gwallt cyrliog i'r gegin yn cario bocs yn llawn o bob math o fwydydd yn ei freichiau. Dilynwyd ef gan gogydd arall, a syrthiodd y gegin yn dawel.

'Dyma ti, Duncan,' meddai John, yn dal i wenu'n braf. Sylweddolais fod yr ymgeisydd wrth fy ochr wedi rhoi ei ddwylo tu ôl i'w gefn ac wedi sythu, fel petai Duncan yn swyddog yn y fyddin.

Roedd Duncan yn medru edrych i lawr arnon ni oll, nid yn unig oherwydd ei flynyddoedd o brofiad mewn bwytai enwog ond yn llythrennol hefyd, gan ei fod ben ac ysgwydd yn dalach na phawb arall yn y gegin. Roedd ei wallt tywyll yn hir ac wedi'i gribo'n ôl yn daclus, a'i farf fer yn dwt. Sylwais fod ei siaced yn glaerwyn heb fath o grych ynddi, a pha mor llydan oedd ei ysgwyddau oddi tani. Edrychodd sawl un o'r ymgeiswyr yn slei ar eu hewinedd a chuddio'u dwylo tu ôl i'w cefnau.

Safai Duncan yn nrws y gegin, yn syllu arnon ni. Roedd 'na ryw awdurdod naturiol yn perthyn iddo, ac am eiliad teimlais innau fel glasfilwr yn nwylo profiadol cadfridog.

'Bore da, bois,' meddai, ac am eiliad anghofiais fy mod i hefyd yn un o'r bois, ac anghofiais ei ateb. Gwnaeth ystum tuag at y bocs ar y bwrdd o'i flaen. 'Mae gennych chi hanner awr i baratoi un pryd hefo be sy ar y bwrdd o'ch blaenau. Os ydych chi'n dangos y sgiliau coginio angenrheidiol, fe gewch chi gyfweliad ffurfiol. Os na wnewch chi basio'r prawf byddwch yn mynd adre o fewn yr awr. Pob lwc.'

Rhuthrodd pawb at y cownter. Dim ond eiliad ar eu holau o'n i, ond erbyn i mi gyrraedd canol y sgrym roedd y bocs bron yn wag. Ges i frest cyw iâr, cwpl o adenydd heb lawer o gig arnyn nhw, cwpl o datws, llond llaw o ddail bresych a chennin syfi.

Dechreuais ar y gwaith, ond wrth i mi ddadlapio'r cyw iâr cefais fy nharo gan arogl afiach – roedd y cig wedi troi. Roedd y tatws yn rhannol wyrdd a'r cennin syfi yn fwy fel toriadau gwair na dim byd arall.

Erbyn hyn roedd yr ymgeiswyr eraill wedi gwagio'r bocs ac wedi pentyrru cynhwysion na fydden nhw byth yn gweithio hefo'i gilydd ar y cownteri o'u blaenau: mefus a threip, mecryll a banana. Roedd y moch hunanol wedi cipio gymaint ag y gallen nhw'i gario, gan adael dim byd dros ben.

Roedd y cyw iâr yn drewi mor ddrwg fel nad oedd pwynt ceisio'i baratoi. Pliciais y tatws, ond be o'n i am wneud hefo tatws a bresychen oedd yn mynd yn frown rownd yr ymylon?

Dychmygais sut y byswn i'n cyflwyno'r plât ar raglen *Masterchef*: 'Duncan, I've cooked for you a texture of rotten root vegetable, rotten chicken wings confit, with a grass-crusted potato, garnished with grass cuttings.'

Penderfynais roi'r ffidil yn y to a phwyso yn erbyn y cownter i wylio ymdrechion yr ymgeiswyr eraill. O gornel bellaf y stafell roedd Duncan a'r cogyddion eraill hefyd yn gwylio'r torri, ffrio, stwnshio a chymysgu gwyllt. A dweud y gwir, doedd neb yn cael hwyl dda arni. Torrwyd y cig yn stribedi tenau a'r dail gwyrdd bron i'r coesyn, ac roedd yn rhaid un ai stwnshio neu hylifo'r llysiau i guddio'r ffaith eu bod heibio'u gorau.

Ar ddiwedd yr ugain munud welais i 'run plât y byswn wedi bod yn fodlon ei roi o flaen plant Ysgol Santes-Fair-tanrallt; a doedd 'run plât yn cynnwys digon i fwydo aderyn y to.

'Amser platio, bois,' galwodd Duncan, ac un ar ôl y llall aethon ni drwodd i'r stafell fwyta lle'r oedd o'n ein disgwyl, ei freichiau wedi'u plethu ar draws ei frest. Wnaeth o ddim gwenu wrth weld y platiau gwyn, disglair yn cael eu gosod yn ofalus ar y bwrdd.

Doedd gen i ddim plât i'w gynnig, ond dilynais y lleill i'r stafell fwyta beth bynnag. Gwelodd Duncan y gwagle o 'mlaen i, ac edrychodd ei lygaid treiddgar i fyw fy rhai i. Teimlais fy hun yn cochi'n syth.

'Dim plât?'

'Dim plât, Chef.' Roedd fy llais yn wichlyd gan ofn.

'Ti'n disgwyl cael swydd heb goginio?' Teimlais fel taswn i wedi procio ci blin hefo ffon bigog. Ond ro'n i wedi penderfynu peidio â gweini bwyd drwg, ac er 'mod i'n rhwymdafod roedd yn rhaid i mi geisio cyfiawnhau fy mhenderfyniad. Es yn ôl i'r gegin a dychwelyd eiliadau wedyn, yn dal y cyw iâr seimllyd yn fy nwylo.

'Fyswn i 'di bod wrth fy modd yn coginio i ti, Chef, ond fyswn i ddim yn medru bwydo hwn i fy nghi. Mae'r cig 'di troi a'r llysiau ar fin llwydo. Fedra i ddim coginio heblaw bod gen i gynhwysion da.' Sychais fy nwylo ar flaen fy ffedog i guddio faint roedden nhw'n ysgwyd. Roedd y cogyddion eraill yn gwenu fel bleiddiaid.

'Ond gafodd pawb arall hwyl arni, do?' gofynnodd Duncan, gan edrych o'r naill i'r llall. 'Naethoch chi lwyddo i blatio rhywbeth i mi?'

'Do,' meddan nhw, fel parti cydadrodd sbeitlyd. Datglymais fy ffedog. Roedd yn well gen i gerdded allan na disgwyl iddo fy nhaflu allan o'r bwyty.

'Allan!' poerodd Duncan. Rhy hwyr – ro'n i am gael cic drwy'r drws beth bynnag. 'Y pedwar ohonoch chi – allan o 'nghegin i!' Roedd y pedwar arall wedi'u syfrdanu. Cododd ei lais yn uwch fyth. 'Be sy'n bod arnoch chi? Roedd popeth yn y bocs 'na heibio'i orau. Mwy na thebyg y bysa fo 'di rhoi gwenwyn bwyd i rywun, ond roeddech chi'n barod i'w weini o! Bwyd dros ben oedd wedi bod yn eistedd ar y cownter ers neithiwr, a dim ond un ohonoch chi oedd â digon o synnwyr cyffredin i beidio'i ddefnyddio! Bois bach, 'dach chi 'di gwneud y penodiad yma'n hawdd.' Rhoddodd law gadarn ar fy ysgwydd. 'John, cer i nôl côt wen i'r dyn ifanc 'ma. Y gweddill ohonoch chi, cerwch!' Trodd ata i ac ysgydwodd fy llaw i fy llongyfarch. 'Mi fyddi di'n dechrau fel Kitchen Porter, neu KP. Golchwr llestri a *general dogsbody*. Mae'r tâl yn sâl a'r oriau'n hir; ond dyna'r hyfforddiant gorau gei di. Chwe mis lawr y lein, os wyt ti'n dangos potensial, mi wna i ystyried dy wneud di'n Chef de Partie, a gei di ddechrau coginio.'

Roedd fy mochau'n llosgi'n goch a 'nghalon yn curo mor gyflym, a'r cwbl ro'n i'n medru 'i wneud oedd gwenu fy niolch arno.

Brysiais adref â gwên anferthol ar fy wyneb, yn marw isio mynd i'r ysgol i gael rhannu'r newyddion da efo Mam – ac wrth gwrs, roedd hi bron yn amser cinio ac roedd gen i hanner cant o blant i'w bwydo.

Canodd y ffôn wrth i mi newid allan o fy nillad gwrywaidd. O'r rhif a fflachiodd ar y sgrin, gwelais mai Dad oedd yn ffonio.

'Alys, sut wyt ti?'

'Dwi newydd gael cyfweliad swydd.'

'Sut hwyl gest ti?'

'Ges i'r swydd ... yn y Fleur-de-Lis. Mae rhyw foi o'r enw Duncan Stuart wedi ail agor y bwyty.'

'Duncan Stuart? Mae'r enw yna'n gyfarwydd ... Dwi'n credu i mi ddarllen adolygiad o'i fwyd yn y *Guardian*. Cyfle anhygoel i ti ddysgu gan rywun uchel ei barch! Da iawn ti, a phob lwc efo'r swydd newydd... Gwranda, ffonio i ddweud diolch am yr anrheg ben blwydd o'n i. Efallai, flwyddyn nesa, y gwnei di dderbyn fy ngwahoddiad a dod draw i Lundain i ddathlu efo ni? Fyswn i'n hoffi i ti gyfarfod Lucy rywbryd.'

'Os ga i amser i ffwrdd o'r gwaith,' atebais yn swta. Ro'n i'n ymwybodol 'mod i'n swnio'n oeraidd, ond mi ges innau fy mhen blwydd y mis cynt, a ches i ddim cymaint â galwad ffôn na neges destun ganddo. Ond nid hwn oedd yr amser i fwrw fy mol. 'Sori Dad, ond rhaid i mi fynd i'r ysgol rŵan. Dwi i fod i ddechrau gwaith mewn ugain munud.'

'Well i mi beidio dy gadw di, cyw. 'Drycha ar ôl dy hun, a chofion at dy fam. A llongyfarchiadau eto ar dy swydd newydd.'

'Diolch, Dad. Hwyl.'

Dwi'm yn meddwl bod Dad yn trio fy siomi na fy mrifo'n fwriadol, ond mae o mor anghofus a di-glem, ac weithiau mae o'n gwneud pethau difeddwl fel prynu *The Complete Classic Novels of English Literature* yn anrheg Dolig i mi. (Dad ... dwi'm yn medru darllen. Y dyslecsia, cofio?) Neu'r amser y trefnodd i mi fynd i aros efo fo a'i gariad, cyn gofyn faswn i'n fodlon aros mewn gwesty gan eu bod nhw ar ganol *loft conversion* a doedd 'na nunlle i mi gysgu. Do'n i ddim yn medru fforddio aros mewn gwesty am wythnos gyfan, felly dwi'n dal ddim wedi ymweld â Dad ers iddo symud i Lundain. Mae ei galon yn y lle iawn, ond mae o'n medru bod yn annoeth ac anystyriol.

'Creaduriaid od ydi dynion,' meddai Mam pan ddwedais i wrthi, ac ochneidiodd. 'Taswn i'n byw i fod yn gant, dwi'm yn meddwl bydda i'n dysgu sut mae meddwl dyn yn gweithio.'

Dyna oedd fy mhrofiad i hefyd – er, rhaid i mi gyfaddef fod fy mhrofiad o ddynion yn eithaf cyfyng. Oeddwn i wedi gwneud rhywbeth twp ofnadwy drwy esgus bod yn un ohonyn nhw?

4

Gorffennaf

Catrin agorodd ddrws y Fleur-de-Lis i mi, a lledodd gwên anferth dros ei hwyneb.

'Sanau yn eu lle?' sibrydodd yn gellweirus, a nodiais fy mhen. Do, mi wnes i gymryd ei chyngor a stwffio pâr o sanau i lawr fy nhrowsus.

'John,' galwodd dros ei hysgwydd, 'Mae'r hogyn newydd yma!' Winciodd hi'n slei arna i cyn fy nhywys drwodd i'r gegin.

'Bore da,' cyfarchais John yn gwrtais, gan geisio siarad mewn llais isel fel ro'n i wedi ymarfer.

'Sgen ti ddolur gwddw?' gofynnodd John. Ffugiais beswch sydyn, gan esgus clirio fy ngwddw. Fyse'n rhaid i mi weithio'n galetach ar fy llais gwrywaidd, yn amlwg.

Diolch byth, ar y diwrnod cyntaf hwnnw prin y ces i gyfle i ddweud mwy na 'ie' neu 'na', ac yn gyflym iawn mi ddois i i ddeall bod hynny yn *faux pas* eithaf difrifol yng nghegin Duncan. Petai uwch gogydd yn gofyn cwestiwn i ti, yr unig ateb derbyniol oedd, '*Oui*, Chef!' Treuliais y bore yn dweud, '*Oui*, Chef!' wrth John, hyd yn oed pan nad o'n i'n hollol siŵr o'r hyn ro'n i newydd ei gadarnhau. Bob hyn a hyn rhaid bod golwg ddryslyd ar fy wyneb, achos sibrydodd Catrin yn slei, 'Ty'd i ofyn i mi os ti'm yn sicr be i wneud.'

John ddangosodd i mi ble'r oedd y stafell gotiau, y toiledau, rhewgell, oergell, pantri, ac yn olaf, y gornel ger y grisiau lawr i'r seler lle'r oedd y golchwr llestri yn gweithio.

Y coridor yn arwain i'r seler oedd yr unig le oedd heb newid o gwbl ers amser Wncwl Iwan. Roedd Duncan wedi cadw'r teils gwyrdd tywyll ar y waliau, a rhywsut roedd yr hen arogl tamp o lanedydd a chadachau'n sychu ar y gwresogydd yn dal i lenwi'r awyr. Wrth i mi gerdded i nôl rhywbeth o'r stordy, cefais fy atgoffa o fod yn bump oed a chael mynd i weld Wncwl Iwan yn y gwaith.

Heblaw am y coridor bychan hwnnw, roedd Duncan wedi adnewyddu ac aildrefnu popeth o fewn y gegin. Gosodwyd y gegin mewn siâp E, hefo cownter dur sgleiniog yn rhedeg fel asgwrn cefn i lawr un wal. Ar ochr arall y gegin roedd y llosgwyr, ffyrnau, y pentan a'r sinciau – pob un yn newydd sbon – ac wrth ymyl swyddfa Duncan roedd rheseli i ddal y sosbenni a phowlenni mawr.

Unwaith i mi ymgartrefu yn fy nghornel y tu ôl i'r peiriant golchi llestri, cefais fy nysgu gan John sut oedd y llosgwyr yn gweithio ('Ti ddim i gyffwrdd y rheiny eto'), y popty, y cylch trydan ('Ti ddim i gyffwrdd y rheiny chwaith') a'r peiriant faciwm ('Sneb i gyffwrdd hwn nes ein bod ni'n darganfod sut i'w ddefnyddio').

Aethon ni lawr i'r seler i weld y stafell roedd Duncan wedi ei newid yn rhewgell enfawr, a'r pantri lle cedwid y ffrwythau a llysiau, ac ymhen llai nag awr ro'n i wedi cael fy anwytho i fyd golchwr llestri – a sylweddolais pa mor gamarweiniol oedd y swydd deitl.

Roedd disgwyl i mi gyrraedd awr yn gynt na gweddill y cogyddion, ac erbyn iddyn nhw gyrraedd dylwn fod wedi sgubo'r llawr, dadlwytho'r peiriant golchi llestri a sychu'r holl gownteri. Yna, cyn cinio, fyse'n rhaid i mi olchi, plicio, tynnu hadau, torri a sleisio'r holl ffrwythau a llysiau. Yn ystod y gwasanaeth cinio a swper byddai'n rhaid i mi lenwi, gwagio ac ail-lenwi'r peiriant golchi a sicrhau nad oedd sosbenni yn pentyrru yn y sinc. Ar ddiwedd pob sesiwn byddwn yn helpu'r cogyddion i lanhau pob arwyneb, cadw'r llestri a'r cytleri a sgubo'r llawr unwaith eto. Y cyntaf drwy'r drws yn y bore a'r olaf allan bob nos – dyna oedd rôl y golchwr llestri.

Roedd pump ohonon ni yn y gegin, a phedwar o staff gweini. Duncan oedd y prif gogydd, wrth gwrs; John oedd ei ddirprwy neu'r Sous Chef, ac roedd dau Chef de Partie – Terry a Tom, y boi gwallt cyrliog. John oedd dirprwy Duncan, er ei fod gryn dipyn yn hŷn na fo. Wrth wrando arnyn nhw'n sgwrsio sylweddolais eu bod nhw wedi gweithio hefo'i gilydd ers blynyddoedd, a bod John yn dilyn Duncan o un bwyty i'r llall.

O Glasgow mae John yn dod yn wreiddiol, ac er iddo weithio yn Lloegr am ddegawdau, roedd ei acen mor gryf nes 'mod i'n stryglo i ddeall beth oedd o'n ei ddweud. Mae o'n gogydd da iawn, bron cystal â Duncan o ran gallu, ond am ryw reswm, wnaeth o erioed ddringo'n uwch na Sous Chef. Fedrwn i ddim peidio â meddwl, wrth edrych arno, fod ei drwyn piws chwyddedig yn arwydd o flynyddoedd o yfed trwm, a chafodd hynny ei gadarnhau pan ddaeth i'r gwaith yn hwyr sawl tro hefo pen mawr ac oglau alcohol ar ei wynt. Bryd hynny, byse Duncan yn dweud y drefn wrtho heb boeni pwy oedd yn ei glywed, a John yn ymateb yr un mor ffyrnig.

Y tro cyntaf i mi eu clywed nhw'n gweiddi ar ei gilydd ro'n i'n disgwyl y byse Duncan yn rhoi'r sac iddo. Ond roedd John yn cael get-awê hefo tipyn mwy na ffraeo hefo'i gyflogwr. Unwaith, daeth i'r gwaith wedi meddwi'n gaib a rhoddodd Duncan o i gysgu yn un o'r llofftydd gwag uwchben y bwyty rhag iddo yfed a gyrru.

Byddai unrhyw un arall wedi cael gwared ar John, ond roedd Duncan yn ei drin yn fwy fel mab afradlon nag aelod o staff. Ges i andros o sioc wrth glywed mai ond saith mlynedd yn hŷn na Duncan oedd o – ro'n i wedi cymryd ei fod yn ei bumdegau hwyr yn hytrach na'i bedwardegau.

Roedd Catrin wedi sôn am ddirmyg John tuag at ferched yn y gegin, ond mi ddes i weld yn sydyn iawn mae camargraff oedd hynny – roedd gan John ddirmyg at bawb, yn ddieithriad. Ond roedd Catrin yn iawn am un peth; roedd islif o gasineb tuag at ferched yn rhedeg trwy'r gegin, a Terry, y Chef de Partie, oedd ar fai am hynny. I ddyfynnu John, edrychai Terry fel rhywun oedd wedi disgyn allan o'r goeden hyll a tharo pob cangen ar y ffordd i lawr. Dydi o ddim yn anarferol i gogyddion ddatblygu croen gwelw o ganlyniad i'r oriau hir maen nhw'n eu treulio yn y gegin, ond edrychai wyneb Terry fel pledren llawn braster. Doedd hynny ddim yn broblem ynddo'i hun, ond dwi'n meddwl bod ei edrychiad wedi dinistrio ei hunanhyder, a'i ffordd o guddio'r diffyg oedd trwy fod mor swnllyd ac mor ffiaidd â phosib, yn adrodd un stori ar ôl y llall am ei goncwestau rhywiol. Dwi'n meddwl mai dychmygol oedd y rhan fwyaf o'r 'concwestau', achos doedd gan Terry fawr ddim i'w gynnig i ferch heblaw ei gasgliad o jôcs budr.

Mi wnes i fy ngorau i aros allan o'i ffordd a chadw'r peiriant golchi llestri yn gyson brysur fel nad oedd yn rhaid i mi wrando arno'n parablu. Ond weithiau, byddai'n ceisio fy nenu i sgwrsio drwy wthio'i ffôn symudol o dan fy nhrwyn i ddangos llun o ddynes hanner noeth i mi ('Pâr neis o falŵns arni hi, be ti'n feddwl, Al?'), neu weiddi jôc ffiaidd ar draws y gegin ('Al, sut ti'n gwbod bo lodes benfelen 'di cael digon?'). Doedd neb yn chwerthin ar 'jôcs' Terry heblaw fo'i hun; ond ddwedodd neb wrtho am gau ei ben chwaith. Dwi'n meddwl fod ar bawb, heblaw Duncan a John, ei ofn – do'n i, yn bendant, ddim yn gyffordddus yn ei gwmni, ac arhosai'r staff gweini allan o'r gegin tra oedd Terry yno. Os rhywbeth, roedd ei iaith a'i agwedd afiach yn fwy o ysgogiad i mi gadw'n dawel am fod yn ferch na'r ofn o golli fy swydd.

Roedd Tom, y Chef de Partie arall, yn ddiniwed ac yn frwdfrydig – yn cynhyrfu'n hawdd ac yn pwdu'n hawdd. 'Mond newydd adael y coleg arlwyo oedd o, ac er 'mod i'n ei hoffi fo'n well na Terry, fo oedd yr anoddaf o'r ddau i weithio efo fo gan ei fod yn hynod o siaradus ac yn mynnu fy sylw o hyd. Roedd hyn yn broblem, o gofio bod Duncan yn disgwyl i ni ganolbwyntio gant y cant, a bod gweld darn bach o groen heb ei blicio neu gadach budur ar ben cownter yn ddigon i'w wylltio.

Dysgais fod oriau KP yn hir a'r tâl yn wael. Er nad oedd gan Duncan seren Michelin rhedai ei gegin fel petai'n disgwyl cael un, ac ers i'r Fleur-de-Lis agor dri mis ynghynt roedd o wedi penodi a cholli pedwar KP ac un Chef de Partie – roedd swyddi eraill yn gofyn am lai o ymdrech ac yn cynnig cyflogau uwch. Oherwydd y trosiant uchel o staff roedd tueddiad i beidio â bod yn rhy gyfeillgar hefo aelodau newydd y tîm, ac oni bai fod rhywun angen rhywbeth gen i, byddwn yn cael fy anwybyddu.

Roedd hynny'n fy siwtio i'r dim. Heblaw am gyfarchiad peth cyntaf yn y bore, prin oedd yn rhaid i mi sgwrsio â gweddill y staff. Gofynnon nhw pa dîm pêl-droed dwi'n gefnogi, a ble o'n i'n byw a hefo pwy, ond roedd fy atebion un gair fel arfer yn ddigon i'w bodloni. Weithiau, y cwbl ddwedwn i mewn shifft gyfan oedd, 'Oui, Chef' a 'Nos da.'

Gan fy mod i'n gorfod cyrraedd awr cyn y cogyddion eraill welai neb mohona i'n newid i fy ngwisg, ond jest rhag ofn, penderfynais wisgo hen bâr o drôns Lee dros fy nicers, a stwffio phâr o sanau tu ôl i'r falog. Mae siaced wen cogydd yn drwchus ac yn ddi-siâp, felly edrychwn fel dyn ifanc arbennig o denau. Ar ôl wythnos o sgrwbio sosbenni mewn dŵr poeth dechreuodd fy ewinedd bilio, ac ar ôl mis heb blycio fy aeliau roedden nhw'n drwchus, yn flêr ac yn wrywaidd. Dechreuodd Mam wneud sylwadau am f'edrychiad, ond i mi, yr hyllaf o'n i, y gorau oedd fy siawns o gadw fy swydd.

Astudiais symudiadau'r cogyddion eraill a cheisio'u dynwared yn y drych adref. Er bod criw Duncan yn gymeriadau hollol wahanol, roedd ganddyn nhw un peth yn gyffredin: hyder, rhyw egni a balchder o wybod eu bod nhw'n rhan o dîm rhagorol. Byddai'n amhosib i mi ffugio'r hyder hwnnw – byddai'n rhaid i mi ei ennill fel pawb arall.

Roedd yn arferiad gan Duncan ddod i'r gwaith yn gynnar yn y bore – awr cyn i mi gyrraedd, hyd yn oed. Dyma ei amser i arbrofi, pan fyddai'n treulio oriau'n dyfeisio prydau newydd. I ddechrau, byddai'n fy anwybyddu'n llwyr tra oedd o wrthi'n coginio, ond un diwrnod, ar ôl i mi fod yn gweithio yno am ryw fis a hanner, daeth draw ata i yn dal llwy yn ei law.

'Al, ty'd i flasu hwn. Dwi'n meddwl bod angen mwy o saws soy ynddo fo.' Cymerais y llwy i flasu'r cymysgedd, oedd yn dywyll fel triog. Cefais lond ceg o halen chwerw.

'Dwi'n meddwl bod digon o soy ynddo'n barod, Chef,' atebais yn nerfus. Un o fy sgyrsiau cyntaf hefo fy mòs, oedd hefyd yn gogydd enwog, ac ro'n i'n anghytuno hefo fo! Yn annisgwyl, rhoddodd law ar fy ysgwydd a gwenu'n garedig.

'Ti'm yn licio tynnu'n groes, nag wyt, Al? Ond chwarae teg i ti am fod yn onest. Fel arfer mae'r staff newydd yn cytuno hefo beth bynnag dwi'n ddweud yn hytrach na thrystio eu palet eu hunain ... maen nhw ofn fy ngwylltio i.' Gwelais ei fod o'n gwerthfawrogi fy ngonestrwydd.

'Dyna oedd dy ail brawf di, Al, a ti wedi pasio.'

Cymerodd Duncan lwyaid o gymysgedd gwahanol, un â llai o halen ynddo.

'Dyma'r saws go iawn. Fedri di ddweud be sy yn hwn?'

'Tshili?' Llyfais y llwy wrth feddwl. 'Garlleg hefyd. A fyswn i'n taeru bod ôl-flas mwg arno.' Wrth i mi basio'r llwy yn ôl i Duncan gwelais fflach yn ei lygaid a edrychai rywbeth yn debyg i edmygedd.

'Garlleg mwg,' meddai. 'Naddion bach, bach o arlleg mwg. Do'n i ddim yn meddwl bod y blas yn amlwg iawn. Mae gen ti balet naturiol, a ti'n gwneud job dda. Dalia ati, Al, ac mi gei di roi cynnig ar goginio yma.'

Roedd fy nghynllwyn byrbwyll wedi gweithio fel ffordd o gael fy nhroed drwy'r drws, ond feddylies i ddim am fy rhagolygon hirdymor. Rŵan 'mod i gam yn nes at fod yn un o'r tîm, a oedd cyflwyno fy hun fel Al yn hytrach nag Alys yn gamgymeriad?

5

Medi

'Dwi wedi cael gwahoddiad i fod yn gogydd gwadd yng Ngŵyl Fwyd y Fenni, a dwi am fynd â chriw ohonoch chi efo fi. Mae'n gyfle da i roi'r lle 'ma ar y map,' cyhoeddodd Duncan un diwrnod.

Dim ond unwaith o'r blaen ro'n i wedi bod mewn gŵyl fwyd a hynny yn yr Wyddgrug tra o'n i'n astudio Arlwyo ar gyfer TGAU. Y bwriad oedd i ni ddysgu trwy wylio'r cogyddion enwog yn gwneud cyflwyniadau ac ymchwilio i gynnyrch a chyflenwyr lleol, ond mewn gwirionedd y cwbl wnaethon ni oedd mynd o gwmpas y stondinau yn cipio samplau am ddim.

Roeddwn i'n nerfus braidd ynglŷn â bod yng nghwmni Duncan, John a Tom drwy'r dydd, felly penderfynais fynd â fy chwaraewr Mp3 hefo fi ar y daith, er mwyn osgoi gorfod sgwrsio'n ormodol â neb. Anrheg gan Mam oedd y peiriant, yn wreiddiol er mwyn fy helpu i astudio llenyddiaeth drwy wrando ar destunau yn lle'u darllen nhw. Mi ddes i'n hoff iawn o 'ddarllen' fel hyn gan ei fod yn agor byd newydd i mi y tu hwnt i'r dyslecsia. Ar y daith i'r Fenni penderfynais wrando ar un o nofelau Christopher Brookmyre, ond rhywle tu allan i Ruthun syrthiais i gysgu yn sedd gefn y car. Wnes i ddim deffro nes i mi glywed tri chlic wrth i dri gwregys gael eu datod.

'Bore da, *Sleeping Beauty*,' meddai Duncan hefo gwên, wrth i mi rwbio fy llygaid. 'Barod am dipyn o waith caled?'

Edrychai'r ŵyl fel rhyw fath o Steddfod fwyd anferthol. Ar ôl i ni dderbyn cardiau plastig ar gortyn i wisgo rownd ein gyddfau i ddatgan ein statws VIP, daeth aelod o staff yr Ŵyl i ddadlwytho cefn car Duncan. Ymhen dim roedden ni yng nghanol y brif babell, ar lwyfan wedi'i amgylchynu â rhesi o seddi plastig. Wrth i mi astudio'r gegin dros dro ar y llwyfan – cyfarpar clyfar iawn oedd yn plygu allan o drelar – dechreuais gasáu'r teimlad o fod yn uwch na phawb arall. Dim ond plicio a thorri llysiau a chymryd llestri budur Duncan oedd yn rhaid i mi wneud, ond trodd fy nghoesau'n wan fel menyn wrth feddwl am y gynulleidfa fyddai'n fy ngwylio. O leia doedd dim rhaid i mi siarad o flaen pawb. Y tro cyntaf i mi orfod siarad ar lwyfan oedd yn nrama'r geni yn yr ysgol gynradd. Un o'r angylion o'n i, a'r unig frawddeg oedd gen i oedd, 'Newyddion da o lawenydd mawr.' Dwedais, 'N...n...n...n...' cyn rhedeg oddi ar y llwyfan yn beichio crio, a doedd fy hunanhyder ddim wedi cynyddu rhyw lawer ers hynny.

Dechreuodd y gweithdy coginio cyntaf am un ar ddeg y bore, a daeth oddeutu hanner cant o bobl i wylio Duncan. Roedd o wrth ei fodd, yn wên o glust i glust ac yn amlwg yn mwynhau'r sylw wrth berfformio yn ogystal â choginio. Ar ôl gorffen clirio aeth John, Tom a finna i'r babell gwrw am beint, gan adael Duncan yn siarad hefo criw o edmygwyr. Pan gyrhaeddon ni'n ôl roedd o'n dal i siarad, erbyn hyn hefo pobl roedd o'n eu nabod o ganlyniad i'w ymddangosiad ar *The Best of British Banquet* y flwyddyn cynt. Cynigiodd Tom ein bod yn mynd am dro bach tra oedden ni'n aros amdano, ac mi ddysgais mai dim ond hyn a hyn o samplau o gyffug a chaws all rhywun eu bwyta cyn dechrau teimlo'n sâl.

Awr cyn y gweithdy olaf, a'r ŵyl o dan ei sang, diflannodd John unwaith eto i gyfeiriad y babell gwrw.

'Well i mi fynd i gadw golwg arno,' meddai Tom, gan rowlio ei lygaid a gwneud ystum o lowcio un ddiod ar ôl y llall. Daeth tri o'r gloch, ond doedd dim golwg o John na Tom. Yn dechrau poeni, gadewais negeseuon ar ei ffonau, ond ddaethon nhw ddim yn ôl at y llwyfan. Roedd yn rhaid i mi fynd i dorri'r newyddion drwg i Duncan.

Roedd y babell arddangos yn orlawn, a'r ffaith fod gymaint o bobl yn ein gwylio oedd yr unig beth a gadwodd Duncan rhag ffrwydro. Rhedodd ei fysedd trwy ei wallt a chymerodd anadl dddofn, ac yna un arall.

'Bydd yn rhaid i ni wneud hebddyn nhw. Fedrwn ni ymdopi, yn medrwn Al, jest ti a fi?' gofynnodd Duncan.

'Wrth gwrs, Chef. Dwi'n gwybod y drefn,' atebais, er bod fy nwylo'n crynu ym mhoced fy ffedog. Ro'n i mor nerfus roedd peryg gwirioneddol y byddwn yn torri fy mysedd efo'r gyllell, ac allwn i ddim codi fy mhen i sbio ar y gynulleidfa o 'mlaen.

Ond er gwaetha fy mhryderon, aeth popeth yn berffaith. Ar ddiwedd y gweithdy, wrth i Duncan osod yr eog ar blât ac ychwanegu'r garnais, mentrais edrych i fyny. Roedd John a Tom yn sefyll yng nghefn y babell, yn amlwg wedi cyrraedd yn rhy hwyr i ymuno â ni ar y llwyfan.

'Pum munud yn hwyr oedden ni,' eglurodd Tom ar ddiwedd y cyflwyniad, 'ond roedd y lle mor llawn doedden ni ddim yn medru cyrraedd y llwyfan.' Er i bethau fynd yn iawn, doedd Duncan ddim mewn hwyliau i faddau iddyn nhw.

'Pum munud, hanner can munud, 'sna'm gwahaniaeth. Roeddech chi'n dal yn rhy hwyr i fod o unrhyw gymorth. Dwi'm yn eich talu chi i ddod yma i feddwi! Ewch i nôl y car, i ni gael pacio a mynd adre.' Aeth Tom â'r allwedd, ond daeth yn ôl ymhen deng munud i egluro bod rhyw hylif yn llifo allan o waelod car Duncan. Ar ôl gwylio Tom a John yn ceisio cychwyn yr injan am hanner awr, aeth Duncan i ffonio'r gwasanaeth trwsio ceir a'r garej leol. Pan ddaeth yn ôl roedd o mewn hwyliau gwaeth fyth.

'Mae'r car yn ddiogel mewn maes parcio a gan nad oes 'run ohonon ni'n blentyn nac yn feichiog, tydan ni ddim yn flaenoriaeth. Ddwedodd y boi ar y ffôn y byddai rhywun yn cyrraedd i drwsio'r car y peth cynta yn y bore.'

'Be?' ebychodd Tom. 'Mae gen i ddêt heno!'

'Mae 'na ddamwain go ddifrifol 'di bod tu allan i'r dre, a chiwiau hir o draffig i bob cyfeiriad, yn ôl y sôn.'

'Fydd rhaid i ni gysgu yn y car?' gofynnais.

Estynnodd Duncan lyfr nodiadau bach o'i boced.

'Mae gwestai'r dref yn llawn dop dros yr ŵyl, ond ges i air hefo'r trefnydd. Mae o'n cadeirio'r grŵp twristiaeth leol, ac ar ôl gwneud cwpl o alwadau mi lwyddodd i ddod o hyd i stafelloedd ar ein cyfer ni.' Rhwygodd dudalen o'r llyfr a'i hestyn i gyfeiriad Tom a John. 'Ewch chi'ch dau efo'ch gilydd, ac mi gewch chi dalu am eich stafelloedd eich hunain. A dim hangofyrs yfory. Os nac'dach chi yma erbyn i'r mecanic drwsio'r car, mi fydda i'n mynd yn ôl i'r gogledd hebddoch chi.'

'Mae isio 'mynedd, yn does, Al?' meddai Duncan yn flinedig wrth wylio'r ddau ohonyn nhw'n cerdded oddi wrthon ni. 'Ti a fi oedd yr unig rai weithiodd yn galed heddiw, felly ni sy'n haeddu'r *boutique* B&B yng nghanol y dref. Yr unig broblem ydi mai'r swît mis mêl yn unig oedd ar gael. Ti'm yn meindio byncio hefo dy fòs am un noson, nagwyt?'

Ysgydwais fy mhen, ond daeth rhyw wres annifyr drosta i wrth ddychmygu rhannu gwely hefo Duncan.

'Paid ag edrych mor ofnus,' chwarddodd Duncan, 'wna i ddim dy frathu di!'

Lai na hanner awr yn ddiweddarach, roedd y ddau ohonon ni'n eistedd y tu allan i dafarn a photel o gwrw a phlât o tapas bob un o'n blaenau, yn gwylio cannoedd o yrrwyr blin yn ceisio gadael y dref. Gallwn gydymdeimlo – ro'n innau wedi cael y profiad o eistedd mewn car ym maes parcio Sioe Dinbych a Fflint ryw dro am ddwyawr heb symud dau fetr. A dweud y gwir, mi fyse'n well gen i wneud hynny na gorfod rhannu gwely hefo Duncan. Do'n i ddim wedi bod ar *sleepover* ers i mi fod yn ddeuddeg oed, heb sôn am rannu gwely efo dyn ... a gŵr priod ar ben hynny!

Gorffennais fy nghwrw a rhuthro i'r B&B cyn i mi gael *panic attack* go iawn. Arhosodd Duncan yn y bar i ffonio Lydia, ei wraig, felly cefais amser i gloi fy hun yn y stafell ymolchi er mwyn tynnu amdanaf. Y peth olaf ro'n i ei angen oedd i Duncan gerdded i mewn a 'ngweld i'n hanner noeth! Tynnais fy siaced.

Heb goler uchel fy nghôt wen roedd yn amlwg nad oedd gen i laryncs o unrhyw fath. Roedd gen i fest o dan fy nghrys, ond roedd y *sports bra* i'w weld o dan hwnnw, a heb fy nghrys llac roedd fy mronnau (er mor fychan) yn amlwg, a doedd dim y gallwn ei wneud i'w cuddio nhw.

Clywais sŵn traed ar y grisiau, ac mewn panig llwyr neidiais dan y cwrlid, gan ei godi at fy ngên i guddio popeth heblaw fy mhen. Diffoddais y golau mawr fel mai ond un lamp oedd yn goleuo'r ystafell.

Ar ôl cnocio'n ysgafn ar y drws daeth Duncan i mewn, yn dal i fod ar y ffôn hefo Lydia.

'Nos da, cariad. Wela i di fory.' Gorffennodd yr alwad ac eistedd ar ochr y gwely, gan gicio ei sgidiau i'r llawr. 'Mae heddiw wedi bod yn ddiwrnod hir, yn do?'

'Do,' atebais, gan suddo'n is o dan y cwrlid. 'Dwi'n nacyrd, bòs.'

'Oes ots gen ti os dwi'n gwylio bach o deledu cyn mynd i gysgu?'

Doedd hi ddim mor hwyr â hynny ac a dweud y gwir do'n i ddim wedi blino, ond gorweddais yn ôl a ffugio cysgu, rhag ofn iddo ddechrau sgwrs. Ymhen ychydig funudau dringodd i'r gwely wrth fy ochr, a fu hi ddim yn hir cyn i'w anadl ddyfnhau mewn cwsg. Yn araf bach llithrais fy llaw dros ben y cwrlid nes i mi ddod o hyd i'r teclyn newid sianel er mwyn diffodd y teledu. Gan geisio peidio â'i ddeffro na'i gyffwrdd, rholiais ar fy ochr i geisio cysgu – ond doedd hynny ddim yn hawdd gan mai gwely i gwpl ar eu mis mêl oedd o, a doedd Duncan ddim yn ddyn bychan. Ymlaciodd yn ei gwsg a dechrau troi a throsi fel octopws o dan y cwrlid.

Trois fy mhen i edrych arno. Roedd ei groen fel marmor yng ngolau gwan y lleuad, ac am eiliad dychmygais sut deimlad fyse cael rhedeg fy mysedd ar hyd croen llyfn ei fol a gorffwys fy llaw ar ei frest i deimlo curiad ei galon. Dychmygais gusanu ei wddw gwyn cyn symud fy ngwefusau at ei rai o ...

Chwalais y delweddau oedd yn fy mhen. Sut allwn i

ddychmygu'r fath beth? Roedd o'n briod! Trois fy nghefn arno drachefn, gan geisio dychmygu mai Terry oedd yn gorwedd wrth fy ochr.

Syrthiais i gwsg ysgafn, trwblus a deffro ar doriad gwawr. Roedd Duncan yn dal i chwyrnu wrth fy ochr felly codais o'r gwely'n ara bach rhag ei ddeffro, a chloi fy hun yn y stafell ymolchi unwaith yn rhagor. Doedd gen i ddim brwsh dannedd na chrib, ond molchais fy wyneb a rhedeg fy mysedd trwy fy ngwallt. Ro'n i wedi colli pwysau yn ddiweddar, ac ar ôl noson anesmwyth a heb gawod, edrychwn yn andros o arw. Llygadrythodd dyn ifanc ofnus arna i o'r drych.

Pan es i'n ôl i'r stafell wely roedd Duncan wedi deffro ac yn gorwedd yn ôl ar y gobennydd, yn gwisgo lliain am ei ganol.

'Gysgest ti'n dda?' gofynnodd. 'Do'n i ddim yn chwyrnu, o'n i?' Cododd, ac wrth iddo ymestyn disgynnodd y lliain i'r llawr. Roedd ganddo ben ôl fel dwy eirinen wlanog mewn pâr o drôns. Ceisiais beidio â sbio ar ei ben ôl, ond roedd gweddill ei gorff yr un mor apelgar, yn enwedig ei stumog a'i freichiau cyhyrog.

Dihangais o'r stafell tra oedd Duncan yn canu yn y gawod. Roedd y landledi wrthi'n paratoi brecwast yn y stafell haul, a chymerais wydraid o sudd oren cyn eistedd wrth un o'r byrddau bach crwn. Smaliais 'mod i'n darllen y papur newydd o 'mlaen, ond mewn gwirionedd ro'n i'n ceisio dychmygu sut yn y byd ro'n i wedi caniatáu i mi fy hun feddwl am Duncan yn y ffordd yna. Allwn i ddim sbio na siarad hefo fo eto neu mi fyse fo'n siŵr o sylwi 'mod i'n cochi ac yn baglu dros fy ngeiriau, a sylweddoli bod rhywbeth o'i le.

Rhyw ugain munud yn ddiweddarach cerddodd Duncan i'r stafell frecwast yn siriol fel y gog.

'Sori eto am chwyrnu neithiwr,' meddai, yn gwenu'n llydan. 'Dwi fel mochyn yn rhochian yn ôl fy ngwraig.' Yfodd ychydig o'i sudd afal cyn gofyn yn chwilfrydig, 'Sgen ti frodyr neu chwiorydd, Al?'

Pwyllais cyn ei ateb. Fyse hi ddim yn ddoeth i mi raffu rhagor o gelwyddau.

'Mae gen i chwaer o'r enw Alys,' atebais. 'Flwyddyn yn hŷn na fi. 'Den ni bron yn edrych fel gefeilliaid.' Da iawn rŵan, Alys, meddyliais. Petawn i'n gweld Duncan yn y pentref gallwn wastad esgus bod yn Alys yn hytrach nag Alan. 'Mae gen i frawd o'r enw Lee, ond mae o yn y fyddin ar hyn o bryd.' Pan eglurais fod Alys wedi colli ei swydd yng nghegin yr ysgol, cododd Duncan ei aeliau.

'Dwed wrthi am ddod draw i'r Fleur-de-Lis,' awgrymodd Duncan. 'Siŵr medrwn ni ffeindio gwaith iddi.'

'Fyse Alys byth yn medru gweithio tu ôl i'r bar na gweini bwyd,' atebais. 'Mae hi'n rhy swil o lawer.'

'Fel ti,' dwedodd Duncan, ond nid mewn ffordd angharedig. 'Ydi hi wedi bod yn y bwyty erioed?' Codais fy ysgwyddau, gan geisio ffugio difaterwch. Pam yr holl holi? Oedd o'n rhoi cyfle i mi gyfaddef? Ond sut allwn i, ar ôl deufis o fyw fel Alan, ac yn enwedig ar ôl i ni rannu gwely hefo'n gilydd? Allwn i byth, byth, byth ddweud y gwir wrtho fo rŵan – roedd hi'n llawer rhy hwyr.

Diolch i'r drefn, cyn iddo fedru gofyn rhagor am fy nheulu, daeth y landledi â'i frecwast draw, ac ni soniwyd rhagor am Alys.

6

Hydref

Roedd y gwasanaeth cinio wedi bod yn arbennig o brysur, ac o ganlyniad, yn un hynod o flêr hefyd. Gadawodd John yr eiliad y gorffennodd ei shifft.

'Gen i hanner ddiwrnod o wyliau i'w gymryd,' datganodd. 'Mwynhewch lanhau'r twll 'ma.'

Llwythais y peiriant golchi llestri a dechrau ar y pentwr enfawr o datws oedd eu hangen ar gyfer y *dauphinoise* roedden ni'n ei weini i swper. Dyma oedd un o fy nghyfrifoldebau newydd, ac roedd Duncan wedi'i blesio gan fy ymdrechion i ail-greu ei saws moethus, llawn tameidiau hallt o gig moch. Aeth mor bell â dweud mai fi, allan o bawb yn y gegin, oedd y gorau am ei goginio – canmoliaeth a wnaeth i mi wrido ac a barodd i Terry sibrwd *'Teacher's pet'* dan ei wynt.

Am bedwar o'r gloch daeth Duncan allan o'i swyddfa.

'Terry, ti fydd y Sous heno,' galwodd. 'Geith Al helpu i blatio ac addurno'r bwyd. Dwi am bicied allan, ond fydda i 'nôl mewn hanner awr, ocê?'

'Ocê, Chef,' atebodd Terry. Daeth Duncan draw i sbio ar y cannoedd o gylchoedd o datws tryloyw ro'n i wrthi'n eu torri.

'Edrych yn grêt, Al,' meddai. Fel arfer mi fyse Terry'n gwgu wrth fy nghlywed i'n cael fy nghanmol, ond heddiw cadwodd ei ben i lawr a cheisio chwibanu tiwn. Bum munud ar ôl i Duncan fynd, cefais fy synnu pan ofynnodd i mi,

'Alan, os gweli di'n dda fedri di fynd i'r seler i nôl bag arall o gyw iâr i mi?' Dyna'r tro cyntaf i mi ei glywed o'n siarad mor gwrtais!

Wrth i mi fynd lawr y grisiau gwaeddodd, "Sgennon ni ddim cyw iâr ffres. Tria'r rhewgell.' Dyna pam roedd y lwmp diog wedi fy nanfon i, felly! Roedd Duncan wedi rhoi côt drwchus ar fachyn y tu allan i ddrws y rhewgell yn y seler at ddefnydd y creadur anffodus oedd yn gorfod llenwi'r cypyrddau rhew (fi, fel arfer!) a rhoddais hi amdanaf.

Agorais y drws dur trwm ac anelu at y man lle cedwid y cig. Wrth i mi frwydro i ddatod bag oedd wedi'i rewi ynghlwm wrth un arall clywais sŵn traed yn symud ar draws y gegin uwchben. Roedd y llawr yn un solet, a dim ond rhywun trwm fel Terry allai wneud y fath sŵn wrth gerdded.

'Dwi wedi cael y cyw iâr!' gwaeddais, ond pan drois i adael roedd Terry yn sefyll yn nrws y rhewgell ac yn sbio arna i a golwg ryfedd ar ei wyneb. Camodd dros y trothwy a chaeodd y drws ar ei ôl.

'Be ti'n wneud, Ter?' Dechreuais deimlo'n anghyfforddus wrth iddo symud tuag ata i, gan wasgu ei swmp blonegog rhwng y rhewgelloedd.

'Jôc di hyn, Terry?' gofynnais.

'Wyt ti'n jocian hefo ni, Alan?' gofynnodd. 'Os mai dyna ydi dy enw iawn?'

Teimlais y gwaed yn draenio o fy wyneb.

'Sut gwyddost ti?' gofynnais, gan groesi fy mreichiau ar draws fy mrest yn amddiffynnol.

'Nid oherwydd rheina, cariad,' poerodd. 'Maen nhw bron yn anweledig. Na, dy ddwylo oedd y *giveaway*. Dwi erioed wedi gweld dyn efo dwylo mor fach.'

Codais fy nwylo main o 'mlaen.

'Ti'n iawn. Merch dwi. Cer i ddweud wrth Duncan. I fod yn onest, do'n i ddim yn disgwyl aros yn y swydd cyhyd.'

'Fedra i gadw'n dawel ... os mai dyna wyt ti isio?'

Llygadais Terry'n ddrwgdybus. Doedd o ddim yn arfer bod mor glên.

'Be 'di'r *catch*?'

'Dim *catch*. Meddylia amdano fatha *swap*. Mae gen ti rywbeth ti isio'i gadw'n gyfrinach, ac mae gen ti rywbeth hoffwn i ei gael ...' Disgynnodd ei lygaid ar fy mronnau.

'Gad i mi fynd, plis Terry.'

'C'mon. Unwaith yr wythnos. 'Sdim rhaid i ti fynd yr holl ffordd. Mae 'na ddigon o bethau fedri di wneud i 'ngadw fi'n hapus, a neith o ddim cymryd yn hir ...'

Afiach o ddyn! Roedd y syniad o agor fy nghoesau iddo yn ddigon i wneud i mi deimlo'n sâl.

'Terry, gad i mi fynd. Dwi ddim am dderbyn blacmel.'

'Unwaith yr wythnos a wna i gadw'n dawel.'

'Nei di symud?' Bu bron i mi sgrechian y geiriau. Roedd o wedi cynllunio hyn yn ofalus – ro'n i wedi fy nghorlannu, a'r unig ffordd allan oedd heibio iddo fo. Ar ben hynny, roedd y drws metel trwchus ar gau. Hyd yn oed petawn i'n dechrau sgrechian, fyse'r sŵn dim yn treiddio i fyny'r grisiau. Be os nad oedd o'n fodlon derbyn 'na' fel ateb?

Gwthiais yn erbyn ei ysgwyddau i geisio dianc, ond roedd ei fol bron mor llydan â'r gwagle rhwng y rhewgelloedd. Doedd unlle i fynd.

'Terry!' sgrechiais, 'gad lonydd i mi!' Ceisiodd wthio'i law drwy agoriad fy siaced, a diolchais fod defnydd y gôt yn cau'n ddwbl dros fy mrest. 'Paid ti â meiddio!' gwichiais. Gwasgodd fy mron a gafaelodd yn fy nghlun â'i law arall, ond croesais fy nghoesau'n dynn. Efo fy llaw rydd rhoddais ergyd galed yng nghanol ei wyneb, a chamodd yn ôl gan gydio yn ei drwyn.

'Yr ast!' gwaeddodd, gan sychu'r llif o waed a redai o'i drwyn. Tarodd fi ar draws fy moch nes i mi lanio ar ben un o'r rhewgelloedd cist.

'Be uffern?' Do'n i erioed wedi bod mor falch o glywed Albanwr blin yn fy mywyd! Trodd Terry at Duncan, gan ddweud yn slic,

'Mae o 'di bod yn ddigywilydd, Chef. Mi fu'n rhaid i mi ddysgu gwers iddo.'

Roedd fy mhen yn troelli, ac er na allwn deimlo 'ngwyneb gwyddwn y byse fo'n brifo'n aruthrol unwaith y byddwn i'n gadael y stafell oer. Edrychodd Duncan ar y ddau ohonon ni, ei anadl yn codi fel mwg o ffroenau draig.

'Fy swyddfa i, rŵan!' Dringodd y ddau ohonon ni'r grisiau fel plant drwg, a thaflodd Terry gipolwg slei i 'nghyfeiriad i. Mwy na thebyg ei fod o'n ceisio llunio esgus fyse'n caniatáu iddo gadw ei swydd.

'Be sy'n bod efo chi?' gwaeddodd Duncan, 'Paffio fel plant bach! A dyma fi'n meddwl mai chi'ch dau oedd y staff mwya dibynadwy oedd gen i! Be ddiawl sy'n bod arnoch chi?'

'Sori, Chef,' meddai Terry. Edrychodd arna i, i weld be o'n i am wneud nesaf. Gallwn egluro mai gwrthdaro rhwng cyd-weithwyr oedd y ffeit er mwyn cadw fy swydd, ond yna byse'n rhaid i mi ddioddef ymosodiad wythnosol gan Terry. Yn fwy na hynny, petai o'n cael get-awê hefo ymosod arna i y tro yma, efallai y byse fo'n dechrau ymosod ar ferched eraill. Tybed oedd o wedi hen arfer defnyddio blacmel ar ei 'goncwestau rhywiol'? Doedd dim ots gen i golli fy swydd, ond roedd yn rhaid i mi ddysgu gwers i'r coc oen.

'Chef, mi wnaeth Terry ... ymyrryd hefo fi.' Gwridais wrth ddweud y geiriau.

'Yn rhywiol?' Gwelais fod Duncan yn gwneud ei orau i gadw wyneb diduedd, ond cododd ei aeliau i fynegi anghrediniaeth.

'Nes i ddim!' ebychodd Terry. 'Dwi'm yn hoyw fatha John.'

Datglymais y botymau ar flaen fy siaced.

'Merch dwi. Ac roedd Terry'n gwybod hynny.'

'Merch?' gofynnodd Duncan, ei anghrediniaeth yn hollol amlwg erbyn hyn.

Tynnais fy siaced. Er mai dim ond *B-cup* ydw i, roedd fy mronnau yn oer ac yn brifo ar ôl cael eu byseddu gan Terry, ac yn sydyn roedden nhw'n teimlo mor fawr ac amlwg â Moel Famau. Doedd Terry dim yn gwybod ble i sbio, oedd yn od iawn o ystyried pa mor galed roedd o wedi brwydro i'w dinoethi rai munudau ynghynt.

'Merch dwi, Chef. Mae'n ddrwg gen i am dy gamarwain. Ro'n i'n wirion, yn hollol wirion, dwi'n gwybod, ond ...' Rhoddais y gorau i geisio cyfiawnhau'r twyll. Doedd dim cyfiawnhad.

Edrychodd Duncan ar Terry. 'Ac roeddet ti'n gwybod mai merch ydi hi?' Ni ddwedodd Terry air. 'Blacmel, dyna oedd dy fwriad, ie? A wnest ti ei tharo hi?'

'Hi ddyrnodd fi gynta,' atebodd Terry yn bwdlyd.

'Achos roeddet ti'n ceisio rhoi dy ddwylo i lawr fy nhrowsus!'

'Wyt ti am i mi ffonio'r heddlu?' gofynnodd Duncan.

Ysgydwais fy mhen yn benderfynol. Efallai y dylwn i fod wedi mynnu cosb i Terry, ond mi fyse'r cywilydd o egluro'r sefyllfa wrth yr heddlu yn annioddefol. Erbyn diwedd y diwrnod byse'r pentref cyfan yn gwybod yr hanes. Edrychai Duncan yn siomedig pan welodd fi'n ysgwyd fy mhen.

'Ti'n lwcus iawn nad ydi'r ferch 'ma am ffonio'r heddlu,' meddai wrth Terry. 'Falle nad ydi hi am dy weld di'n cael dy haeddiant, ond dwi ddim mor garedig â hi. Mae gen i dipyn o ffrindiau yn y diwydiant, ac mi wna i'n siŵr na fyddi di'n gweithio yn yr un gegin werth ei halen. Cer o 'ngolwg i.'

Rhythodd Terry arna i, ond gadawodd heb air arall. Pwyntiodd Duncan at gadair wag ac eisteddais arni.

'Ti'n iawn? 'Nath o ddim dy frifo di?'

'Dwi'n iawn,' atebais, er 'mod i wedi dechrau crynu. Yna, gofynnodd y cwestiwn ro'n i wedi ofni'i glywed.

'Sut ddigwyddodd hyn i gyd?'

Gwrandawodd ar fy eglurhad a f'ymddiheuriad, yn hollol ddiemosiwn. Edrychodd ar y llawr, gan fwytho'i farf efo'i fysedd. Roedd y tawelwch yn annioddefol. Ro'n i ar fin ymddiheuro eto a gadael y swyddfa, pan ddwedodd,

'Dwi'n deall yn hollol pam y gwnest ti gadw'n dawel. Dwi'n tybio 'mod i wedi colli sawl aelod o staff benywaidd o'i herwydd o. Fydd o ddim yn golled fawr i'r gegin.' Oedodd, a daliais fy ngwynt. Oedd o am gael gwared arna inna hefyd, neu oedd llygedyn o obaith? 'Os wyt ti am aros yma i weithio dwi'n fodlon i ni gychwyn ar dudalen lân. Dim mwy o gelwyddau. Ond dyma dy rybudd olaf, dy gerdyn melyn. Deuda wrtha i rŵan os oes 'na unrhyw beth arall ddylwn i wybod amdano.'

'Mae popeth ar fy CV yn wir. Fues i'n gweithio fel cogydd mewn ysgol gynradd ers i mi adael coleg. Ond ...'

'Ond?'

'Dwi ddim yn cefnogi Man U. Mae'n gas gen i bêl-droed.' Ar glywed hyn gwenodd Duncan, a theimlais ryddhad yn treiddio drwy 'nghorff. Tynnodd botel o wisgi allan o ddrôr isaf ei ddesg a thywallt dau fesur hael i gwpanau coffi oedd wrth law.

'Yfa hwnna,' gorchmynnodd. 'Ar gyfer y sioc.' Yfais yr hylif melyngoch mewn un llwnc. Tywalltodd fwy i 'nghwpan wag, a phan wrthodais, yfodd gynnwys y gwpan ei hun.

'Wnest ti rannu gwely hefo fi ar ôl yr ŵyl fwyd.'

'Do, ' atebais, gan hoelio fy sylw ar y gwpan wag.

'Falle mai dyna oedd yr amser i ddweud y gwir?'

'Tra oedden ni ar ben ein hunain mewn ystafell wely – sut fyse hynny'n edrych? Dyn priod a merch yn rhannu swît mis mêl ...'

'Dyna be ddigwyddodd, os dwi'n cofio'n iawn.'

'Ond ar y pryd roeddet ti'n meddwl mai dyn o'n i, felly doedd o'm yn cyfri.' Chwarddodd Duncan wrth glywed hyn.

'Dim mwy o gyfrinachau. A phaid byth â gadael i 'ngwraig glywed am hyn.'

'Byth,' cytunais.

'Be ydi dy enw di, os nad Alan ydi o?'

'Alys.'

'Alys,' dywedodd, gan fwytho'i farf â'i fysedd unwaith yn rhagor. 'Dwi'n methu credu na weles i ...' Pwysodd ymlaen yn ei gadair i gael golwg fanylach ar fy wyneb. 'Ro'n i'n meddwl bod 'na rhywbeth ychydig yn ... anghyffredin amdanat ti. Sylwais nad oedd gen ti gorn gwddw amlwg, ond wnest ti guddio popeth arall yn dda iawn ...' Teimlais ei lygaid yn crwydro i lawr fy wyneb at fy ngwddw, a deimlai'n noeth heb goler uchel fy siaced wen. Er iddo geisio bod yn gynnil, mi welais i o'n taflu cipolwg at fy 'mhopeth arall'. Ymestynnodd i gyffwrdd fy wyneb, gan beri i mi wingo.

'Mae gen ti glais anferth yn codi yn fanna. Well i ti fynd adre a ...'

'Ond mae gen ti dros ugain i mewn heno a neb arall i helpu!' Do'n i ddim yn teimlo'n wych, roedd hynny'n wir, ond do'n i ddim am ad-dalu ei garedigrwydd drwy fynd adre a'i adael i redeg y bwyty ar ei ben ei hun.

'Fedra i ffonio Tom.'

'Fydda i'n iawn. Dwi'n iawn. Gad i mi dy helpu heno, plis.' Ro'n i mor ddiolchgar iddo am faddau fy nhwyll, ro'n i'n benderfynol o aros. Brathodd ei wefus wrth feddwl.

'Falle ddylet ti fynd i'r ysbyty er mwyn i rywun daro golwg arnat ti.'

'Clais 'dio, dyna'r cwbl. Trystia fi, dwi'n berffaith iawn.'

'Ti'n hollol siŵr dy fod ti am aros i weithio?'

'Yn hollol siŵr.'

'Well i ti olchi dy wyneb 'ta,' meddai. 'Mae gen ti dipyn o waed ar dy wefus.'

Ar fy ffordd yn ôl o'r tŷ bach gwelais y *Beef Wellingtons* roedd Terry wedi eu gadael ar eu hanner pan benderfynodd fy nilyn i lawr i'r seler. Eisteddai jwg o *duxelle* madarch ar y cownter, hefo'r cig eidion a phlât o ham *prosciutto*. Ro'n i wedi ei wylio fo a John yn gwneud *Wellingtons* ddegau o weithiau o'r blaen – dyma fy nghyfle i ddangos i Duncan pa mor ddiolchgar o'n i am fy ail gyfle. Rhoddais haen denau o *duxelle* ar y toes, rholiais y *prosciutto* o amgylch y cig eidion a gwneud un parsel twt o'r cyfan. Daeth Duncan allan o'r swyddfa fel ro'n i'n gorffen rhoi rhinciau ar hyd y toes.

'Sut ddysgest ti wneud hynna?' gofynnodd, wrth edmygu fy ngwaith. 'Dim mewn cegin ysgol, mi wn i hynny.'

'Drwy wylio pawb arall,' atebais. 'Ydi o'n iawn?'

'Mae'n fwy na iawn. Pam na ddeudest ti dy fod ti'n arbenigwr ar drin crwst?'

'Do'n i ddim yn gwybod fy mod i.'

'Ti erioed wedi paratoi *Wellington* o'r blaen?'

'Naddo.'

'Wel, da iawn ti, Chef.' Chef. Teimlwn fel taswn i wedi derbyn anrhydedd mawreddog.

'Fi? Chef de Partie?'

'*Oui*, Chef. Gei di gymryd swydd Terry, gan gychwyn heno.' Aeth at y sinc i olchi ei ddwylo. 'Heno mi fyddi di'n gyfrifol am lysiau a sawsiau. Wna i'r cig a'r pysgod. Well i ti frysio i gael y *Wellingtons* a'r *dauphinoise* yn y popty, wedyn mi ddysga i di sut i baratoi'r *jus* i fynd hefo'r cig carw. Bydd yn rhaid i ni frysio, 'dan ni ar ei hôl hi braidd.'

Y noson honno sylweddolais fod ochr i Duncan nad o'n i wedi ei gweld o'r blaen. Ymddangosai'n fyr ei dymer ac yn ddiamynedd ar brydiau, ond doedd o ddim yn berson cas nac annheg. Angerddol am gael pethau'n iawn oedd o, dyna'r cwbl, ac roedd ei sgiliau coginio yn anhygoel.

Sylweddolais mor wahanol – a chymaint brafiach – oedd y gegin heb griw o ddynion llawn testosteron: dim bloeddio na ffraeo na rhegi, neb yn lluchio pethau i'r sinc na gwneud sŵn dianghenraid. Roedd yn rhaid i mi weithio'n llawer, llawer caletach, ond rhywsut do'n i ddim yn teimlo o dan gymaint o bwysau. Mentrais ddweud hynny wrth Duncan ar ddiwedd y noson, a chytunodd hefo fi.

'Mae'n braf cael gweithio ar ben dy hun weithiau. Mae goruchwylio criw yn waith caled, ond hebddyn nhw 'swn i'n marw o *stress*. 'Mond pedwar ar hugain ddaeth drwy'r drysau heno, a sbia'r golwg sy arna i!' Agorodd fotymau ei gôt wen i ddangos bod y crys-t oddi tano yn wlyb o chwys ac yn glynu wrth ei gorff. Oedodd, gan edrych arna i.

'A sbia'r golwg sy arnat ti, Alys! Mae'r clais 'na'n duo.'

Aeth at y gist rew yng nghornel y bar a dychwelyd yn cario bag plastig llawn ciwbiau rhew. Pwysodd y bag yn ysgafn yn erbyn ochr fy wyneb. Cymerais y rhew oddi wrtho, a rhedodd ias ddigymell drwy fy nghorff wrth i'n bysedd gyffwrdd.

'Dos adre. Mi wna i glirio. A fory, dwi'n edrych ymlaen at gael cyflwyno Alys i weddill y staff. Roedd o'n neis cwrdd â hi heno.' Gwenodd arna i, ac er gwaetha'r rhew yn fy nwylo, ro'n i'n boeth i gyd.

7

'Ble mae'r BFG?' gofynnodd John y bore wedyn, gan dynnu ei ffedog yn dynn am ei ganol.

'Wedi mynd.' Ni chynigodd Duncan eglurhad pellach, ac edrychodd Tom arna i'n slei.

'Ti'n edrych yn ....' Chwiliodd Tom yn ofer am air diplomyddol. 'Yn wahanol heddiw.' Ro'n i'n gwisgo masgara a lipstig, i ddatgan dyfodiad Alys.

'Benywaidd?' cynigiais, gan edrych draw ar Duncan. Taflodd ei liain sychu llestri ar y cownter ac ochneidiodd.

'Dwi 'di gwneud smonach go iawn,' meddai. 'Dyma Alys.' Edrychodd Tom arna i fel dyn dall yn gweld am y tro cyntaf, ac aeth Duncan ymlaen i egluro, 'Pan ddarllenais ffurflen gais Alys wnes i'r camgymeriad o feddwl mai dyn ifanc oedd hi. Mae ganddi frawd, a chymerais yn ganiataol mai fo oedd am weithio hefo ni. Roedd Alys yn rhy gwrtais i 'nghywiro fi, ac ers rhai misoedd mae hi wedi bod yn disgwyl i rywun sylwi mai merch ydi hi. Dim ond ddoe y gwnaeth hi egluro'r camgymeriad. O hyn allan Alys, nid Al, ydi hi. Iawn?' Roedd yr eglurhad yn swnio'n hollol wirion (yr un mor wirion â'r gwirionedd, a dweud y gwir), ond doedd John na Tom am herio'r bòs.

Aeth pawb yn ôl at ei waith, a gwenodd Duncan yn slei arna i. Edrychais i lawr ar fy mwrdd torri cyn iddo fedru 'ngweld i'n gwrido – fues i'n hynod ffodus i gadw fy swydd, a doeddwn i ddim am wneud unrhyw beth arall i'w pheryglu. Roedd gen i ddigon o hunanddisgyblaeth i beidio â syllu arno, ond peidio â chochi yn ei gwmni oedd yr her fwyaf.

'Al... Alys, fedri di helpu John i dorri'r lleden?' gofynnodd Duncan. Syllodd John arna i drwy lygaid cul.

'Camgymeriad o ddiawl. O'n i'n gwybod mai merch oeddet ti.'

'Pam na ddeudest ti wrth Duncan?' sibrydais.

'Isio gweld am ba mor hir y byset ti'n para cyn i rywun sylweddoli, a chyn iddo dy luchio di allan. Chwarae teg, wnest ti'n dda i bara mor hir â hyn. Jest paid â meddwl dy fod di wedi fy nhwyllo i am eiliad.'

Gwenais yn ddireidus arno. 'John, ti roddodd y syniad i mi pan wnest ti 'ngalw fi'n "ngwas i"!'

Ond cyn iddo fedru ateb daeth Duncan draw i ddangos i mi sut i goginio'r pysgodyn. Edrychai'r broses mor syml: ffrio'r pysgodyn nes iddo golli ei dryloywder, yna'i droi drosodd, ffrio'r ochr arall a'i osod yn ofalus ar ganol y plât.

Doedd o ddim yn syml o gwbl. Llosgais groen un ffiled a thangoginio'r llall. Llwyddais i ddal y drydedd ffiled yr eiliad y trodd y cnawd yn wyn, ond torrodd yn ddau ddarn wrth i mi geisio'i chodi o'r badell. Ar ôl llwyddo i roi fy ymgais ar y plât roedd yn rhaid addurno'r pysgodyn. Ymdrechais i gopïo Duncan ond roedd ei blât o mor ddeniadol ag anrheg Nadolig oedd wedi ei lapio mewn siop foethus, a 'ngwaith i yn debycach i rywbeth gafodd ei lapio gan blentyn pump oed hefo llond rhôl o dâp selo.

'Paid ag edrych mor siomedig,' chwarddodd Duncan. ''Dio ddim yn ddrwg i ddechreuwr. ''Swn i ddim yn medru ei weini i gwsmer yn ddau ddarn fel'na, ond dwi'n berffaith fodlon ei fwyta fo fy hun ...' Cododd fforc a chymerodd ddarn o'r pysgodyn. Gwyliais y cnawd yn diflannu rhwng ei wefusau, a'i gorn gwddw yn gostwng a chodi wrth iddo lyncu. Roedd popeth a wnâi yn berffaith, hyd yn oed bwyta tamed o bysgodyn. Nodiodd ei ben yn benderfynol, a theimlais fy hun yn gwenu.

'Ti wedi'i goginio fo'n berffaith – yr unig beth sy'n bod ydi'r ffordd mae o'n edrych ar y plât, a bydd hynny'n gwella wrth i ti ymarfer.' Plymiodd ei fforc i ganol y ffiled eto, a chynigodd y cynnwys i mi.

'Cofia sut mae o'n teimlo yn dy geg, fel petai'n toddi ar dy dafod. Dyna sut mae angen i ti goginio lleden bob tro.' Nid yn unig roedd o wedi maddau fy nhwyll, dyma fo'n canmol fy nghoginio. Anhygoel!

Daeth curiad ysgafn ond pendant ar y drws cefn. Drwy'r gwydr barugog gwelais ffigwr bychan yn sefyll ag osgo diamynedd. Ochneidiodd John yn ddwfn ac aeth Duncan i ateb iddi.

'Pwy 'di hi?' gofynnais iddo.

'Lydia,' sibrydodd John.

'Gwraig Duncan?'

'Ie. Fuon ni'n lwcus i gael chwe mis o lonydd, ond rŵan ei bod hi 'di gwerthu'r tŷ yn Lloegr a symud i fyw i fama, chawn ni ddim heddwch.' I ategu hyn, daeth Duncan yn ôl i'r gegin yn cario dau lun enfawr. Roedden nhw bron mor llydan â rhychwant ei freichiau, ac mewn fframiau aur hyll.

'Gad nhw'n fanna,' gorchmynnodd Lydia. 'A tynna hwnna i lawr.' Pwyntiodd at dirlun oedd yn hongian ar y wal: golygfa o gefn gwlad wedi'i baentio mewn olew, yn dangos helwyr ar gefn ceffylau. Roedd un o'r dynion wedi troi yn ei gyfrwy i edrych dros ei ysgwydd – roedd o'n edrych yn debyg iawn i Wncwl Iwan, a dyna pam y prynodd Anti Lois y llun yn anrheg pen blwydd iddo. Daeth y peth yn jôc deuluol, a'r flwyddyn ganlynol prynodd het galed a chwip iddo hefyd. Bob blwyddyn, pan agorai'r Fleur-de-Lis ei ddrysau ar gyfer y parti nos galan, gwisgai Wncwl Iwan i fyny fel y marchog yn y darlun, ond gan edrych yn debycach i'r dyn oedd ar hysbysebion cwrw Tetley's.

'Ych – mae'n hyll. Rho fo yn y sgip,' meddai Lydia'n benderfynol. Nawr, doedd Wncwl Iwan ddim yn bictiwr, ond roedd o'n haeddu gwell na hynna.

'Ddaeth o hefo'r lle 'ma,' atebodd Duncan. 'A dweud y gwir, dwi 'di dod yn eitha hoff o'r hen foi. Fedrwn ni ddim ei roi o yn y sgip. Be am ei roi o yn y fynedfa?'

'Iesu, na!' poerodd Lydia. 'A rhaid i'r holl luniau hyll eraill fynd hefyd, cyn i'r lle ddechrau edrych fel amgueddfa werin. Mae popeth mor hen ffasiwn. Sgip. Rŵan.' Y mwyaf sydyn roedd gen i lwmp yn fy ngwddw, fel taswn i newydd lyncu rhywbeth heb ei gnoi'n drylwyr. Am ryw reswm, er nad Wncwl Iwan oedd ar y canfas go iawn, roedd y syniad o luchio'r darlun yn fy mrifo. Y Fleur-de-Lis oedd ei fywyd, ac ro'n i'n hoffi'r ffaith fod darn bach ohono'n dal yma.

'Wna i ei roi o i fyny'r grisiau hefo gweddill yr hen ddodrefn,' atebodd Duncan, yr un mor benderfynol â'i wraig. 'Mi fydda i'n mynd â rhai pethau i'r ocsiwn cyn hir, a gawn ni weld os werthith o.'

Chwarddodd Lydia'n gas. 'Duncan, pwy fyse'n talu ceiniog amdano?'

'Fi.' Sleifiodd y gair allan o 'ngheg fel lleidr. Edrychodd Duncan arna i mewn syndod.

Gwthiodd Lydia ei sbectol haul ar dop ei phen ac i mewn i'w chwrls tywyll. Rhedodd ei llygaid o 'nghorun i lawr at waelod fy nghlocsiau gwaith. Dydi gwisg cogydd dim yn dangos corff merch ar ei orau, ond wrth ochr Lydia teimlwn fel pry pric arbennig o hyll. Roedd ganddi wyneb siâp calon, croen melynfrown, rhaeadr o wallt du a llygaid oedd fymryn yn rhy fawr i'w hwyneb. Edrychai fel cymeriad cartŵn hynod o dlws, ond roedd rhywbeth annaturiol am ei phrydferthwch. Trodd a gwenodd ar ei gŵr, ond nid cyn i mi weld fflach o ddirmyg yn ei llygaid.

'Duncan, dwi ddim yn credu 'mod i wedi cael fy nghyflwyno i'r staff eto.'

'Dyma Alys,' atebodd, gan osod llaw ysgafn ar fy mraich. 'Ein Chef de Partie newydd. Mae KP newydd yn cychwyn ddydd Sadwrn – boi lleol o'r enw Lloyd. A dyma Tom, y Chef de Partie arall. Mae o wedi bod hefo ni ers tua chwe mis. Mi faset ti wedi'i gyfarfod o cyn heddiw taset ti wedi llusgo dy hun o Lundain am fwy na phenwythnos.'

'John,' meddai Lydia hefo gwên oedd yn gwrtais yn hytrach na chyfeillgar. 'Braf dy weld di eto.' Heb ddisgwyl am ymateb ganddo, trodd ata i. 'A faint yw dy oed di, cariad? Syth allan o'r coleg, ie?'

'Dwi 'di bod yn gweithio fel cogydd ers bron i bedair blynedd,' atebais. Do'n i ddim yn hoffi ei thôn nawddoglyd, fel petawn i'n ferch ifanc hollol ddibrofiad.

'Faswn i byth wedi dyfalu!' ebychodd. Edrychodd unwaith eto ar y tirlun. 'Ti'n hoff o'r llun 'ma felly?'

'Fy modryb a f'ewythr oedd pia fo, a fasa'n well gen i ei brynu a'i gadw fo yn y teulu na'i weld o'n mynd i'r sgip.'

'Dy fodryb a dy ewythr oedd pia'r lle 'ma?'

'Yma roedden nhw'n byw a bod,' atebais. Penderfynais beidio â sôn mai gorweithio yn y gegin hon a'i lladdodd o.

'Well i mi beidio dweud rhagor am y *decor* felly,' meddai'n ysgafn, ac roedd ganddi'r gras i ddangos mymryn o embaras. Cymerodd y llun allan o ddwylo Duncan a'i estyn allan fel petai'n cyflwyno cwpan aur.

'Cymera'r llun. Cadwa fo yn y teulu,' meddai.

'Diolch yn fawr.' Cymerais y llun ganddi a'i ddal o yn erbyn fy mrest fel tarian i f'amddiffyn rhag ei gwawd.

'Falle y galli di ateb cwestiwn i mi, Alys, gan fod gen ti gysylltiad â'r lle. O ble daeth yr enw? Fleur-de-Lis – dim y math o enw mae rhywun yn disgwyl ei glywed mewn pentre lle mae'r rhan fwyaf o'r trigolion yn stryglo i siarad Saesneg, heb sôn am Ffrangeg.' Tu ôl i'w chefn roedd Duncan a John yn gwingo.

''Sgen i ddim syniad o ble daeth yr enw, mae gen i ofn.' Bu bron i mi ddweud 'mod i'n un o'r 'werin anllythrennog', ond allan o barch at Duncan, brathais fy nhafod.

'Wel, o leia mi all pawb ddweud Fleur-de-Lis. Tydi o ddim yn llond ceg o lafariaid, fel enw'r pentre 'ma. Am enw gwirion i roi ar le mor ddi-nod! Wna i byth ddysgu sut i'w ynganu, heb sôn am sillafu'r blydi peth!'

Dechreuais weld pam nad oedd John yn or-hoff o Lydia, a gobeithiais mai anaml iawn y byse hi'n croesi'r trothwy.

8

Ro'n i'n anghywir. Gwelwn Lydia yn ddyddiol. Fel arfer byddai'n dod i'w gwaith hefo Duncan yn y bore a mynd adre jest cyn i ni agor am ginio. Doedd hi dim yn gwneud rhyw lawer tra oedd hi yn y bwyty, heblaw cwyno am waith y lanhawraig, gosod blodau ar y byrddau neu fwydro'i gŵr.

Rhedeg busnes dylunio o'i chartref oedd hi, medda hi, ond dwi'm yn meddwl rywsut fod ganddi lawer o gleientiaid. O'r dechrau, wnaeth hi fawr o ymdrech i fynd allan i gwrdd â'i chymdogion na gwneud ffrindiau ymysg y merched oedd yr un oed â hi. Roedd hi'n hoff o'n hatgoffa ni (yn aml) ei bod wedi byw yn Llundain a Pharis, a gallwn i weld sut fyse byw ym mhentref gwledig Santes-Fair-tanrallt yn teimlo fel artaith araf a phoenus i rywun cosmopolitaidd fel hi. Dwi'n amau mai dyna pam ei bod yn treulio gymaint o amser yn y Fleur-de-Lis, er gwaetha'i diflastod amlwg o'r fan honno hefyd.

Un bore, pan oedd hi'n swnian yng nghwmni'r gweinyddesau a'r cogyddion fod 'y blydi pentre 'ma mor ddiflas dwi isio sgrechian!' trodd Duncan ati.

'Pam nad ei di am ddiod efo'r genod, os wyt ti'n unig?'

'Sori, dwi'n brysur,' atebodd Catrin, fymryn yn rhy gyflym. Gwnaeth Julia esgus am orfod nôl ei mab o dŷ'r gofalwr. Trodd Lydia ata i, ei gwên yn llydan ac, am unwaith, yn ddiffuant.

'Jest ti a fi, felly, Alys! Be am ddiod ar ôl i ti orffen dy waith heno?'

Do'n i ddim isio mynd am ddiod hefo Lydia, ond fyse tri pherson yn gwrthod un ar ôl y llall yn sarhad clir iddi, felly ildiais a chytuno i fynd am 'un drinc bach sydyn'. Mi fyswn i wedi gorffen gweithio erbyn deg yr hwyr, ond yn cychwyn eto am naw y bore wedyn, ac roedd gen i bethau pwysicach i'w gwneud â f'amser na smalio mwynhau mân-siarad gwraig fy mòs. Pethau pwysig fel cysgu.

Ar ddiwedd y gwasanaeth swper aeth y ddwy ohonon ni dros y ffordd i'r Arad, gan eistedd y tu allan yn yr ardd er mwyn i Lydia gael 'smygu sigarét. Dim ond hanner peint ges i gan 'mod i'n gyrru adre, ond cleciodd hi dri fodca a thonic, un ar ôl y llall.

'Alys, dweda dipyn amdanat ti dy hun. Be ti'n obeithio'i wneud efo dy fywyd? Sut brofiad ydi gweithio i 'ngŵr i? 'Sgen ti gariad? Na? Ocê, pa fath o ddynion wyt ti'n ddewis fel arfer? Neu wyt ti'n chwarae i'r ochr arall? Dim byd yn bod hefo hynny, wrth gwrs, dim ond isio gwybod ydw i, rhag ofn i mi roi fy nhroed ynddi eto ...' Teimlai'r sgwrs fel sesiwn gwib-garu, ac allwn i ddim ymlacio yn ei chwmni.

Oedd, roedd Lydia chydig yn *needy*; ond roedd disgrifiad Catrin ohoni (*emotional vampire*) yn annheg. Sylweddolais yn ystod y sgwrs honno ei bod yn ddynes ddeallus ac egnïol oedd heb fawr o bwrpas i'w bywyd. Gan ei bod wedi dilyn Duncan o un bwyty ac o un ddinas i'r llall, doedd ganddi ddim teulu na ffrindiau yn byw'n agos, na gwaith o bwys i'w gyflawni. Roedd angen prosiect neu ddiddordeb arni – ac yn anffodus, gan mai fi aeth am ddiod efo hi, fi a fy mywyd carwriaethol ddatblygodd yn brosiect newydd sbon iddi.

O'i herwydd hi y dechreuodd yr helynt efo Jake, mab y cyfanwerthwr.

Ro'n i'n brysur yn paratoi'r cynhwysion ar gyfer pwdin sbwng enwog Duncan pan ddaeth Jake â chawell o ffrwythau draw at fy ochr i o'r gegin. Cymerodd eirinen wlanog allan o fag papur brown.

'*Peach for a peach*?' meddai'n hynaws, gan gynnig y ffrwyth i mi. Ar y pryd wnes i ddim sylweddoli mai rhoi compliment i mi oedd ei fwriad, a dyna pam atebais yn sych,

'Fase'n well gen i lemwn, os oes gen ti rai.'

'Un o'r dyddiau yma mi wna i lwyddo i gael gwên gen ti.'

''Wna i wenu pan fydd yr archeb 'ma'n gyflawn am unwaith.' Es i at ei focs a dechrau cyfri'r cynhwysion. Pwysodd Jake yn erbyn y cownter, gan wenu'n ddel arna i.

'Maen nhw gyd yna, 'sti. Dyro wên i mi.' Fflachiais wên sydyn, ffals, ond welodd o mo'r gwawd ynddi, mae'n rhaid. 'Os ga i bopeth yn iawn eto y tro nesa, ddoi di am ddiod hefo fi, Alys?'

'Gawn ni weld.'

Aeth â'r anfoneb draw at Duncan, ac allan o gornel fy llygad gwelais Lydia, oedd wedi bod yn sefyll yn nrws y swyddfa yn gwylio ein sgwrs.

'Gwrid dwi'n weld ar dy wyneb di, Alys?'

'Na,' atebais, gan fynd yn ôl at gymysgu fy mhwdinau. '*Blusher* Boots No.7 .' Do'n i ddim am iddi wybod fy mod i'n gwrido'n hawdd. Cymerodd gipolwg dros ei hysgwydd i sicrhau fod Jake wedi gadael.

'Ddylet ti fynd am ddiod hefo fo.'

''Tydi o ddim fy nheip i.'

'Ddwedest ti nad oedd gen ti deip!' heriodd. Cerddodd Duncan heibio a phlygodd i gusanu boch ei wraig.

'Rho'r gorau i geisio paru pawb. Gad lonydd i'r ferch druan!'

Dychwelodd Lydia'r gusan, gan adael lipstig coch ar ên Duncan.

'Dwi isio gweld pawb yr un mor hapus â ni, cariad.'

'Mi wyt ti isio ymyrryd ym musnes pobl eraill, hynny sy'n nes at y gwir,' dywedodd ei gŵr, gan roi ei freichiau am ei gwasg.

'Ydw i'n ymyrryd, Alys?' gofynnodd Lydia'n chwareus.

'*No comment.*' Ceisiais fwrw mlaen hefo fy mhwdinau, ond daeth Lydia draw at fy nghornel unwaith yn rhagor – yn amlwg, doedden ni ddim wedi gorffen ein sgwrs.

'Wyt ti 'di clywed am y rhaglen *The Best of British Banquet*, Alys?'

'Ydw. Dwi wedi gwylio ambell bennod, a dwi'n gwybod bod Duncan wedi cystadlu y llynedd.'

'Grêt. Felly mi fyddi di'n ymwybodol eu bod nhw'n dewis thema bob blwyddyn er mwyn cyfiawnhau'r costau cynhyrchu: codi ymwybyddiaeth o gynhyrchwyr lleol neu fanteision bwyta'n organig – rhywbeth fydd yn cyfleu'r rhaglen fel menter werth chweil yn hytrach na chystadleuaeth rhwng dynion egosentrig. Ond ar ôl deg cyfres maen nhw'n crafu gwaelod y gasgen. Y thema eleni ydi 'y diwydiant arlwyo yn cefnogi ieuenctid Prydain'. Maen nhw am ganolbwyntio ar sut mae'r diwydiant yn creu cyfleoedd gwaith a hyfforddiant i bobl ifanc. Eniwê, ddoe gawson ni alwad ffôn gan ymchwilydd o'r rhaglen, yn gofyn i Duncan gystadlu eto eleni, ond ar yr amod ei fod yn dod ag is-gogydd hefo fo … roedd y ddynes ar y ffôn wedi cyffroi'n lân pan soniais amdanat ti.'

'Fi?' gwichiais yn anghrediniol. Stopiodd pawb yn y gegin i wrando.

'Ti,' cadarnhaodd Lydia. 'Merch yn gweithio mewn diwydiant sy'n cael ei ddominyddu gan ddynion. Merch a adawodd y coleg hefo bron ddim cymwysterau, heb ffrindiau na theulu i'w helpu hi i ddringo'r ysgol yrfaol.'

Ro'n i'n sylweddoli eironi ei geiriau gan i John ddweud wrtha i fod teulu Lydia yn gewri ym myd lletygarwch. Mae o leiaf ugain gwesty ar draws Prydain yn dangos arfbais ei theulu uwchben y drws.

'*Aye*,' ychwanegodd John, 'Mi fyddan nhw wrth eu boddau hefo ti, Alys fach.'

'Ond dwi'm isio bod ar y teledu.' Allwn i ddim meddwl am ddim byd gwaeth.

'Am hunanol, Alys!' ebychodd Lydia. 'Meddylia am y cyhoeddusrwydd gaiff y bwyty! Oes ots gen ti am lwyddiant Duncan?'

'Wrth gwrs 'mod i isio gweld Duncan yn llwyddo. Ond be am i Tom fynd efo fo? 'Sgen Tom ddim cymwysterau o gwbl chwaith, ac mae o wedi bod yma'n hirach …'

'Na, mae'n rhaid i *ti* fynd Alys,' mynnodd. 'Os na wnei di hyn dros fy ngŵr myfïol, gwna fo dros ferched ym mhob man.'

Ysgydwais fy mhen, ond ddwedais i ddim byd achos do'n i ddim am ffraeo hefo hi o flaen pawb arall. Doedd gen i ddim bwriad o gwbl o fynd ar y rhaglen, ond doedd Lydia ddim yn fodlon ildio.

'Fyddi di'n iawn. Un cyfweliad, a gei di aros allan o olwg y camerâu wedyn, a gadael i Duncan wneud yr holl siarad. Mae o wrth ei fodd hefo'r sylw.' Gwenodd yn serchog arno, gan esmwytho'i farf â'i bys. Roedd hi'n ystyried bod y mater wedi ei setlo – mi fuaswn i'n mynd i Lundain er lles y busnes, er lles *ego* Duncan ac er lles merched mentrus ym mhob man. Doedd ganddi ddim ots o gwbl am fy marn na fy nheimladau i.

Martsiodd Lydia allan o'r gegin a llwyddais i ddal llygad Duncan cyn iddo fynd yn ôl at ei waith. Doedd dim rhaid i mi ddweud dim byd. Roedd o'n deall. Bu coginio ar lwyfan o flaen cant o bobl yn yr ŵyl fwyd yn ddigon o artaith, ac ro'n i'n ei chael yn ddigon anodd siarad hefo pobl do'n i ddim wedi'u cyfarfod o'r blaen heb sôn am berfformio i gamera gan wybod bod miliwn o bobl am wylio'r rhaglen.

'Wna i siarad hefo Lydia,' sibrydodd Duncan, gan wenu'n gysurlon. 'Paid â phoeni.'

Yr eiliad honno daeth Jake yn ôl drwy'r drws, a bocs yn llawn pupurau yn ei ddwylo.

'Wnest ti anghofio rhywbeth?' gofynnodd Duncan.

'*Cock up* efo archeb. Rhyw goc oen wedi archebu dwywaith cymaint o bupurau ag oedd eu hangen arno fo, ond mae o'n mynnu mai fi sydd ar fai ac yn gwrthod talu amdanyn nhw. Dwi ddim isio mynd â nhw yn ôl i'r warws, felly ro'n i'n meddwl y byswn i'n gwneud cymwynas â chdi. Pris arbennig o ddeg punt.'

'Be sy'n gwneud i ti feddwl 'mod i isio tri deg o bupurau?' gofynnodd Duncan, gan fyseddu'r ffrwythau coch a gwyrdd. 'Gen i lond twb o'r pethe'n barod.'

'Chwe deg. Mae bocs arall yng nghefn y fan,' atebodd Jake. 'Ac mae 'na lwyth o bethau allet ti wneud hefo pupurau. 'Rhoi *fajitas* ar y fwydlen ...?' Plethodd Duncan ei freichiau.

'*Fajitas* a be arall?'

'*Burritos* neu *enchiladas* ... C'mon. Rho ddegpunt i mi am y cwbl lot.' Tynnodd Duncan bapur degpunt allan o'r til a throdd Jake ata i. 'Ti am fy helpu fi i ddadlwytho'r bocs ola?' Roedd o'n siarad hefo fi er bod y gegin yn llawn dynion oedd yn gryfach na fi – ymdrech hollol amlwg i 'nghael i ar fy mhen fy hun.

'Ti sy'n cael dy dalu am ddadlwytho,' protestiodd Duncan cyn mynd yn ei ôl i dorri cig. Jake ddaeth â'r ail focs i'r gegin.

'Hoffet ti ddod am ddiod hefo fi rywbryd?' gofynnodd, o fewn clyw'r holl gegin. Roedd yn rhaid i mi edmygu ei wroldeb. ''San ni'n medru cyfarfod ar ôl gwaith un noson?'

'Alys, wnei di drefnu dy fywyd cymdeithasol tu allan i oriau gwaith?' gofynnodd Duncan, yn fwy diamynedd y tro yma.

'Be amdani, *Peaches*?' Teimlais lygaid Duncan yn fy nilyn wrth i mi wthio Jake i gyfeiriad y drws.

'Heno,' sibrydais. 'Dwi'n gorffen am ddeg.'

Am y tro cyntaf erioed ro'n i'n cyfri'r oriau tan ddiwedd fy shifft, ond roedd gan hynny fwy i'w wneud â phwysau gwaith nag edrych ymlaen at fynd am ddiod hefo Jake. Llwyddodd Tom i losgi'r *risotto* sawl gwaith, a chrynai dwylo John gymaint roedd yn rhaid iddo lanhau pob plât cyn ei weini. Danfonodd Duncan sawl un yn ôl gan ddweud,

'Mae'n edrych fel petai Jackson blydi Pollock yn gweithio 'ma!'

Er bod gen i hen ddigon i'w wneud roedd John yn stryglo, felly cefais fy ngalw draw i'w gynorthwyo. Erbyn i mi orffen gwneud hynny roedd gen i ugain o archebion pwdin yn disgwyl amdana i. Es yn ôl at fy nghownter a rhoi Lloyd i droi'r cwstard tra o'n i'n ymdrechu i blatio *tortes*, *tarte tatin* a *bavois* mefus. Llenwais resi o bowlenni a phlatiau gwyn hefo coulis a hufen. Rhedai chwys i lawr cefn fy ngwddw, ac er 'mod i'n amlwg ar ei hôl hi, ni chynigodd Duncan unrhyw gymorth. Erbyn diwedd y noson ro'n i'n barod i gwympo.

'Dwi angen diod ar ôl heno,' meddai John, gan sychu'i dalcen hefo lliain. Nid diod oedd ei angen arnon ni, ond pâr arall o ddwylo! Brathodd Duncan ei wefus.

'Pam fod 'na dri phwdin yn weddill?' gofynnodd, gan lygadu tair powlen ar y cownter.

'Sori, Chef,' ymddiheurais. "Nes i golli cyfrif o faint o'n i'n eu paratoi.'

Cipiodd Tom lwy ac un o'r powlenni. 'Grêt, dwi'n llwgu.'

Teimlais fod angen hwb ar fy egni innau, felly bwytais *tarte tatin*, a chymerodd John y bowlen olaf iddo'i hun.

Yna, daeth Julia draw a dangos powlen o bwdin sbwng lemwn i Duncan, gan sibrwd nad oedd y sbwng wedi'i goginio'n iawn. Disgwyliais i Duncan droi a chyfarth arna i gan mai fi oedd yn gyfrifol am y camgymeriad, a gan fod Tom newydd fwyta'r pwdin sbwng olaf un.

'Ymddiheura i'r ddynes,' meddai Duncan yn dawel, 'ac eglura nad ydyn ni'n medru cynnig pwdin arall iddi, felly does dim rhaid iddi dalu am ei bwyd heno.'

Diflannodd Julia mewn chwinciad. Rhaid ei bod wedi gweld y gynddaredd yn llygaid Duncan. Caeodd yntau ddrws y gegin ar ei hôl cyn hyrddio pentwr cyfan o bowlenni budur ar y llawr â sŵn byddarol.

'*Chill*,' rhybuddiodd John. Rhythodd Duncan arno fo, a throi i rythu arnon ni oll yn ein tro. Fflachiodd mellt oeraidd yn ei lygaid glas.

'Be sy'n bod arnoch chi heno? Llosgi, gwastraffu a llenwi'ch boliau fel blydi moch!' Trodd ar ei sawdl martsio i'r swyddfa, gan gau'r drws hwnnw hefyd yn glep ar ei ôl.

'Blodyn bach 'di cynhyrfu,' meddai John, gan orffen bwyta ei *tarte tatin*.

'Un pwdin wedi'i dangoginio oedd o,' dywedais, yn syfrdan o weld Duncan yn colli'i dymer.

'Nid y pwdin oedd y broblem, cyw.'

'Be oedd o 'ta?' mynnodd Tom. 'Be sy wedi'i wylltio fo gymaint? Ar wahân i bum padell o *risotto* ac un pwdin blydi lemwn, aeth popeth allan yn gywir. Wnaeth neb arall gwyno. Daeth dim byd arall yn ôl, naddo?'

'Nid y pwdin oedd y broblem,' dwedodd John eto. 'Mae

Duncan yn gweithio ar lefel fetaffisegol y tu hwnt i ddealltwriaeth cogyddion eraill. Paid â cheisio deall ei resymeg. C'mon, awn ni i glirio'r lle 'ma a mynd adre. Hei, KP, rho dy din mewn gêr a ty'd yma!'

Dechreuodd Lloyd lwytho'r peiriant golchi, sychodd John y cownteri, cliriodd Tom y sosbenni a'r padelli yn y sinc, ac es innau ati i sgubo'r llawr. Roedd darnau o grochenwaith ym mhob man: o dan y cownteri, tu ôl i'r drws, o dan y sinc ... Mi es i o gwmpas y gegin ar fy nghwrcwd fel cranc hefo padell lwch yn un llaw a brwsh yn y llaw arall. Wrth i mi sgubo tu allan i'r swyddfa, agorodd y drws a chamodd Duncan allan. Rhewais, a syllu ar ei sgidiau gwaith blaenau dur.

'Be ddiawl wyt ti'n wneud lawr fanna?' gofynnodd. Rhedais fy llygaid i fyny ei gorff, nes oedd gen i gric yn fy ngwddw.

'Moesymgrymu o dy flaen di?' cynigiais. Wnaeth o ddim gwenu.

'Coda. Mae rhywun yn disgwyl amdanat ti, yn does?'

'Dwi ddim wedi gorffen ....'

Cymerodd Duncan y brwsh allan o fy llaw. 'Jest dos.'

Roedd o'n dal i fod yn flin hefo fi, ond cymerais gyngor John a pheidio â chwestiynu ei resymeg. Molchais fy wyneb yn y sinc, a cheisio twtio rhywfaint ar fy ngwallt.

Roedd Jake yn pwyso yn erbyn ei gar yn y maes parcio.

'Sori 'mod i mor hwyr. Diolch am ddisgwyl ...'

'*De nada*,' atebodd. 'Ti'n edrych fel taset ti 'di blino. Ti'n siŵr dy fod ti ...'

'Wrth gwrs. Lle wyt ti am fynd?'

'Dim ond un lle sy 'na i fynd yn lleol,' chwarddodd, 'oni bai dy fod ti am fynd yn ôl i'r gwaith?'

'Yr Arad amdani, felly.'

Prynodd fodca i mi, a phowlen fach o olifau i'w rhannu, yna eisteddodd y ddau ohonon ni mewn cornel dawel. Gofynnodd gwestiwn ar ôl cwestiwn i mi a cheisiais fy ngorau glas i roi atebion hirach na brawddeg, yn ymwybodol 'mod i'n tueddu i ddweud cyn lleied ag y galla i mewn sefyllfaoedd fel hyn.

Gwrandewais arno'n siarad amdano'i hun, am gwmni ei dad, am ei hoffterau a'i hobïau a'i ffrindiau, ac o'r dechrau mi wyddwn na fysen ni'n siwtio'n gilydd.

Mae'n bechod na wnes i gynhesu ato, achos dwi'n siŵr y byse rhai yn ei ddisgrifio fel pishyn, ac yn amlwg roedd o am wneud argraff dda arna i. Roedd o'n glên a golygus, ond tua hanner awr ar ôl i ni gyrraedd y dafarn, penderfynais y byse'n well gen i fynd adref.

'Ddrwg gen i,' dwedais.

'Nid dy fai di ydi o ...'

'Falle 'swn i'n well cwmni ryw dro arall. Mae heddiw 'di bod yn ddiwrnod hir, braidd.'

''Sa'n well gen ti drefnu i fynd allan ryw noson arall?' Doedd dim golwg o siom ar ei wyneb wrth iddo ddal y drws yn agored i mi fel gŵr bonheddig.

Aethon ni rownd cefn y Fleur-de-Lis, lle ro'n i wedi parcio fy nghar. Wrth i mi droi i ffarwelio â Jake, estynnodd un bys allan i gyffwrdd fy moch a theimlais wefr yn rhedeg i lawr fy asgwrn cefn. Yna, goleuwyd ffenest tu ôl i ni a gwelais siâp tywyll Duncan trwy'r gwydr barugog.

'Dylai rhywun ddweud wrth y boi 'na i *get a life*,' meddai Jake. 'Bron yn hanner nos ac mae o'n dal yn y gwaith. Well i ti fynd adre hefyd, cyn i dy gar droi'n bwmpen.'

Yn fympwyol, pwysais fy ngwefusau yn erbyn ei foch. Cusan sydyn, ddiniwed i ffarwelio. Dim byd mwy. Cododd ei law arna i wrth i mi yrru allan o'r maes parcio.

Wrth gwrs, roedd Mam isio gwybod pam ro'n i mor hwyr yn cyrraedd adref.

'Mae'r Duncan 'na'n cymryd mantais,' cwynodd. 'Rwyt ti'n treulio mwy o amser yn y bwyty nag wyt ti adre. Prin dwi'n dy weld di!'

'Ddylwn i fod wedi ffonio i ddweud y byswn i'n hwyr,' ymddiheurais. 'Ond nid yn y gwaith o'n i. Es i am ddiod hefo ffrind.'

'Ffrind?' Cododd ei haeliau a'i llais.

'Ffrind.'

'Be 'di enw'r ffrind 'ma?'

'Mr Dim-o-dy-fusnes.'

Rhoddodd Mam y tegell i ferwi. 'Mi ofynna i i Irene os ydi'r Mr Dim yma yn mynd i'r Arad yn aml.'

'Jake ydi'i enw fo.'

'Does dim pwynt ceisio cuddio dim byd, Alys. Ti'n byw mewn pentre. Does dim gobaith i ti gadw unrhyw beth yn gyfrinach am yn hir iawn. Ddylet ti fod wedi sylweddoli hynny erbyn hyn.'

9

Roedd Mam yn iawn, fel arfer. Eiliadau ar ôl i mi gerdded trwy ddrws y Fleur-de-Lis y bore wedyn roedd Tom am wybod sut aeth fy 'noson nwydus'.

'Hisht!' sibrydais. Roedd Lydia yn y swyddfa, a do'n i ddim isio iddi glywed rhag ofn iddi fy nhroi'n destun sbort. Ond roedd y gair 'nwydus' yn ddigon i ddod â hi i'r gegin.

'Pwy? Pryd? Ble?' gofynnodd yn awchus.

'Es i am ddiod efo Jake.'

'A sut aeth pethau?'

'Mae o'n neis,' atebais. 'Doniol. Ffeind.'

'Gest ti gusan?' gofynnodd hi. Edrychais i'r cyfeiriad arall rhag i mi gochi. 'Do, mi gest ti!' gwichiodd. Disgwyliais i Tom fynd i lawr i'r seler cyn sibrwd fy ymateb.

''Sdim angen gwneud ffŷs,' protestiais, ond rhoddodd ei braich trwy f'un i 'nhynnu ar draws y gegin.

'Duncan!' O na. Yn ofer, ceisiais ddatglymu fy hun.

'Be, cariad?'

'Aeth Alys ar ddêt!'

'Dyna braf.'

'Tydw i ddim am ei weld o eto,' eglurais.

'Pam? Dwyt ti ddim yn ei hoffi fo?'

'Fel ffrind, efallai.' Sut allwn i egluro heb swnio'n arwynebol? Roedd o'n fachgen neis a golygus, roedd o'n gwneud i mi wenu, ond doedd fy mol ddim yn troelli wrth ei weld o. Fyswn i'n hapus i gerdded law yn llaw hefo fo, ond do'n i ddim yn ysu i gael agor ei grys a chyffwrdd ei groen â fy ngwefusau.

'Mae'n iawn os nad wyt ti'n ei hoffi fo, cariad,' meddai Lydia, 'Ond ddylet ti ddim gadael iddo fo dy gusanu di os mai dyna sut wyt ti'n teimlo. Dwi'n iawn, yn tydw, Duncan?'

'Eh?' Roedd Duncan yn brysur yn tynnu pen oddi ar gorgimwch. Rholiodd Lydia ei llygaid yn ddramatig.

'Ddwedes i na ddylai Alys fod wedi cusanu Jake os nad oedd hi'n ei ffansïo.' Digon diniwed oedd y gusan, yn fy marn i – dau ffrind yn ffarwelio. Ond do'n i ddim am egluro'r manylion iddi, rhag ofn iddi gymryd 'mod i'n awyddus am ragor o'i chyngor.

'Dwi'm yn gwybod am hynny,' meddai Duncan heb godi ei ben. 'Faswn i byth yn gwrthod cusan.' Trodd Lydia ata i.

'Dyna feddylfryd y dyn arferol, a dyna pam ddylet ti wastad fod yn ofalus, Alys. Dwyt ti ddim isio cael *enw*.' Sibrydodd y gair fel petai'n afiechyd.

'Diolch am y cyngor,' atebais, gan gydio mewn twb llawn ffrwythau. 'Wna i'n siŵr i beidio codi ei obeithion.'

'Pan fyddi di'n ddynes briod barchus fel fi, gei di gusanu dy ddyn hynny leci di,' meddai Lydia, gan bwyso ei gwefusau ar rai ei gŵr. Tu ôl i'w chefn rholiodd Tom ei lygaid a gwneud ystum chwydu.

Am rai wythnosau ro'n i wedi bod yn ceisio meddwl be'n union am Lydia oedd yn fy ngwneud i mor anghyfforddus, ond wrth ei gwylio'n sibrwd rhywbeth nwydus yng nghlust Duncan, daeth atgof yn ôl i mi. Cofiais fod Dad yn cusanu Mam fel'na, fel petai'n ceisio'i pherswadio hi – neu geisio perswadio'i hun – eu bod nhw dal mewn cariad â'i gilydd dros eu pennau a'u clustiau. Ceisio chwarae rôl y gŵr cariadus, diffuant oedd o. Bythefnos wedyn aeth i fyw yn Llundain hefo merch arall.

Ar ôl gorffen gwneud sioe ohoni'i hun a'i gŵr, gadawodd Lydia'r gegin a chefais lonydd i baratoi at y prynhawn. Disgynnodd tawelwch dros y gegin, ond ro'n i'n dal i fod yn aflonydd, yn methu canolbwyntio ar y dasg o 'mlaen i.

10

Un bore daeth Duncan i'r gegin a llyfr trwchus o dan ei fraich. Pan osododd o ar ben y cownter, gwelais mai hen lyfr ryseitiau oedd o, y papur yn felyn a marciau pensil dros bob tudalen.

'Ty'd yma, Chef Alys,' galwodd, gan amneidio arna i hefo'i fys. 'Gen i brawf bach i ti.' Wrth i mi weld tudalen lawn ysgrifen fân daeth yr hen deimlad a gawn yn yr ysgol yn ôl, fel dwrn yn fy stumog.

'Dwi am i ti roi cynnig ar goginio'r rysáit 'ma. Mae'r cynhwysion i gyd yn y pantri. Cofia ofyn os bydd angen cymorth arnat ti.' Gyda hynny, gadawodd fi ar fy mhen fy hun i weithio.

Cerddodd John heibio, a phan welodd yr olwg ofidus ar fy wyneb gosododd y bocs roedd o'n ei gario ar y cownter, fel petai'n cymryd seibiant. Wrth i Duncan ddiflannu i'w swyddfa, plygodd John tuag ata i.

''Sdim angen poeni, w'sti. Nid trio dy ddal di allan mae o, ond rhoi cyfle i ti ddangos dy ddoniau. Mae o'n gweld potensial ynddat ti, sy'n beth da. Jest gwna dy orau a fyddi di'n iawn.' Cododd ei focs ac aeth draw i ochr arall y gegin.

Cymerais anadl ddofn ac edrych i lawr ar y dudalen unwaith eto. Roedd un deg saith o gamau gwahanol i'r rysáit, a bron i ugain o gynhwysion. 'Un cam ar y tro,' sibrydais, 'jest gwna dy orau a fyddi di'n iawn.' Ond roedd y geiriau o 'mlaen i fel iaith estron.

Dechreuodd fy ymennydd redeg i lawr y llethr serth tuag at banig llwyr. Mae gen i oedran darllen tebyg i blentyn saith oed – yn y coleg arlwyo roedd y cyfarwyddiadau wastad ar lafar, felly doedd fy niffyg llythrennedd byth yn peri problem enfawr. Ers i mi adael yr ysgol roedd hi wedi bod yn eitha hawdd cuddio'r ffaith 'mod i'n stryglo i ddarllen. Er 'mod i'n ystyried darllen yn un o fy mhrif ddiddordebau, gwrando ar lyfrau llafar ydw i yn hytrach na darllen copi testun. Os oes diagram yn hytrach na chyfarwyddiadau ar gyfer rhywbeth dwi'n medru ei wneud o mewn chwinciad – ond darllen? Na. Mam fyddai'n fy helpu i ddehongli cyfarwyddiadau technegol a ffurflenni swyddogol, ac mae gen i gof ardderchog, er mai fi sy'n dweud. Mi alla i wrando ar rywun yn darllen rysáit yn uchel unwaith a'i gofio, bron air am air.

Ond os rhowch chi dudalen o gyfarwyddiadau i mi dwi'n rhewi ac yn methu gwneud dim. Bloc seicolegol, yn ôl Mam. Dim ots faint o weithiau y bydda i'n rhedeg fy llygaid i lawr y dudalen, wnaiff fy ymennydd ddim prosesu'r geiriau. Hyd yn oed ar ôl blynyddoedd o gymorth, y gwirionedd ydi fy mod i bron yn anllythrennog.

Wrth i mi ddarllen y rysáit o 'mlaen am y pumed tro, teimlais ddagrau yn pigo fy llygaid. Do'n i'n ddim gwahanol i'r ferch un ar ddeg oed yn eistedd yng nghefn y Dosbarth Arbennig, yn croesi bysedd na fyse hi'n cael ei dewis gan yr athrawes i ddarllen yn uchel. Llithrodd y dagrau i lawr fy mochau, a cheisiais eu sychu hefo fy llawes cyn i'r lleill weld. Penderfynais ddychwelyd at dorri lemonau ar gyfer y darten ro'n i'n ei choginio ar gyfer swper cyn i Duncan feddwl fy mod i'n diogi, ond wrth gwrs, o fewn ychydig o funudau, cerddodd Duncan heibio.

'Be am y dasg rois i i ti, Alys? Wyt ti wedi cychwyn arni?' Wnes i ddim ateb, a chadwais fy mhen i lawr i guddio fy wyneb llaith. 'Alys, wyt ti'n gwrando arna i?' Brathais fy ngwefus a gwasgais y gyllell yn dynn. 'Alys, be sy'n bod arnat ti bore 'ma?'

Llithrodd y gyllell drwy'r lemwn ac aeth y llafn yn syth drwy groen fy mys. Doedd o ddim yn doriad dwfn, a phrin roedd o'n gwaedu, ond argol, roedd yr asid sitrig yn llosgi! Sugnais fy mys tra safai Duncan o 'mlaen, yn sbio arna i. Edrychodd ar y llyfr coginio ro'n i wedi'i wthio o'r neilltu.

'Sgen ti ddyslecsia?' gofynnodd yn dawel, rhag ofn i Tom a John glywed. Fedrwn i ddim edrych arno am fod y dagrau wedi llenwi fy llygaid unwaith eto. Y cwbl fedrwn i wneud oedd nodio fy mhen. 'Pam na ddeudest ti rywbeth yn gynt?'

'Dwi ddim yn sôn wrth neb.'

'Ga i ofyn pam?'

Oedais cyn ei ateb. 'Achos fod pobl yn meddwl 'mod i'n gweithio mewn cegin achos 'mod i'n rhy dwp i wneud dim byd gwell.'

Dyna glywes i drwy'r ysgol uwchradd. Doedd TGAU Arlwyo dim cystal â TGAU Ffrangeg neu Ddaearyddiaeth. Soniais i ddim wrth Duncan, ond ro'n i'n cyfri fy nhad ymysg y bobl nawddoglyd hyn. Mae gen i gof ohono fo'n dweud, 'Wel, fyse wedi bod yn neis i ti ddilyn dy fam i fyd addysg, hyd yn oed os mai dim ond *home ec* neu *catering* oedd dy bwnc.' Roedd Dad o'r farn 'mod i wedi mynd i weithio yn y gegin am fy mod i wedi methu fy arholiadau, ac nad oedd y gallu gen i i wneud gwaith 'proffesiynol' fel fo a Mam. Doedd o ddim yn credu 'mod i wirioneddol yn mwynhau coginio, nac wedi dewis bod yn gogydd.

'Alys, dwyt ti ddim yn dwp,' meddai Duncan yn fwyn. 'Rwyt ti'n cael trafferth darllen, dyna'r cwbl. A'r tro nesa mae rhywun yn awgrymu bod gweithio mewn cegin yn hawdd, danfona nhw yma am ddiwrnod! Mae be wyt ti'n wneud yma tu hwnt i allu'r mwyafrif o bobl, felly paid byth â theimlo cywilydd os oes angen bach o help arnat ti i ddarllen. Does gan bawb ddim yr un doniau, ond mae gen ti dalent naturiol am goginio, wir.' Sychais fy llygaid a llwyddais i wenu arno. 'Ti'n rhan o dîm rŵan, ac os oes angen cymorth arnat ti o dro i dro, 'dan ni yma i gynorthwyo ein gilydd.' Gyda hynny diflannodd i'r swyddfa i nôl y cit cymorth cyntaf.

'Sut gwyddost ti 'mod i'n ddyslecsic?' gofynnais iddo pan ddaeth yn ôl.

'Dyfalu wnes i.' Lapiodd blaster glas o amgylch fy mys gan smwddio'r plastig â'i fawd. 'Dros y blynyddoedd dwi 'di cydweithio â mwy nag un person sy'n ei chael hi'n anodd darllen a sgwennu. 'Dio ddim yn broblem fawr os ydi rhywun yn gofyn am gymorth. C'mon, goginiwn ni'r rysáit yma hefo'n gilydd.' Rhestrodd Duncan y cynhwysion, ac es i i'r bwtri a'r oergell i'w nôl nhw. Yna, pan oedd popeth o'n blaenau, eglurodd y prosesau i'w dilyn er mwyn creu'r rysáit.

Roedd dwy elfen i'r pryd, *ballotine* ac aderyn wedi'i goginio *en papillote*. Doedd yr elfen *en papillote* ddim yn arbennig o gymhleth – rhoi'r cig a'r perlysiau yn y parsel papur a'i lapio'n dwt yn barod i gael ei bobi – ond ges i fwy o drafferth hefo'r *ballotine*.

Rholyn cig ydi *ballotine*. Mae'n cael ei lapio mewn cling-ffilm er mwyn ei gadw'n siâp silindr perffaith, ac mi ges i andros o drafferth wrth rolio'r cig i ddechrau. Dim ots pa mor ofalus o'n i, roedd y stwffin yn y canol yn symud ac yn creu sosej anwastad.

'Ti'n poeni gormod, Alys,' sylwodd Duncan. 'Ymlacia, a gychwynnwn ni eto.'

Torrodd ddarn arall o cling-ffilm a gosod arno stribedi o gyw iâr a dwy linell – un o sbigoglys ac un o gig moch. Gosododd y cyfan o 'mlaen i cyn mynd i sefyll y tu ôl i mi.

'Ymlacia,' gorchmynnodd, 'Dwyt ti ddim isio rhoi gormod o bwysau ar y cig. Tria osgoi trin gormod arno.' Arhosodd y tu ôl i mi gan gadw golwg ar fy ngwaith dros fy ysgwydd. Yn ofalus, ac yn boenus o araf, llwyddais i ddod â'r cwbl at ei gilydd yn daclus. Canolbwyntiais ar y dasg â difrifoldeb llawfeddyg. Dim ond darn o gig oedd o, ond ar yr eiliad honno, dyna oedd y peth pwysicaf yn y byd. Pwrpas fy modolaeth oedd cwblhau'r *ballotine*. Petai'r gloch dân wedi canu fyswn i ddim wedi ei chlywed – ac yn bendant fyswn i ddim wedi gadael y gegin.

Clymais y ddwy ochr i'r rholyn yn dynn, a rhoddais ochenaid o ryddhad. Sythais fy nghefn, ac wrth i mi wneud hynny cefais f'atgoffa fod Duncan yn dal i sefyll y tu ôl i mi. Am eiliad, am guriad calon, teimlais ei gorff solet yn erbyn fy nghefn, a'i anadl yn gynnes ar fy moch. Teimlwn fel petai wedi fy nghofleidio. Yna camodd yn ôl gan roi llaw ar fy ysgwydd a'i gwasgu'n gysurlon.

'Ardderchog, Alys. Arbennig o daclus am ymdrech gyntaf.' Cododd y *ballotine*, ac ar ôl bwrw golwg sydyn drosto, taflodd o i'r dŵr berwedig.

'Diolch, Chef,' atebais yn dawel.

'Dim problem o gwbl. Cofia ofyn os fedra i dy helpu di mewn unrhyw ffordd.'

11

Pan adnewyddodd Duncan y Fleur-de-Lis prynodd fyrddau a chadeiriau derw i gyd-fynd â'r llawr pren a'r waliau gwyn. Fel Wncwl Iw, deallai nad oedd angen papur wal llachar na dodrefn ffansi ar yr hen adeilad. Hyd yn hyn, unig gyfraniad Lydia oedd y gwaith celf haniaethol: smotiau pinc a phiws mewn fframiau aur trwchus. Yna, un bore, datganodd ei bod am gyflwyno 'chydig o steil' i'r lle.

Cafodd Duncan wybod am benderfyniad ei wraig fore trannoeth pan ddaeth fan i aros tu allan i'r bwyty, a phan ddechreuodd y gyrrwr ddadbacio bocsys cardfwrdd a chanfasau anferth.

'Maen nhw yma!' gwichiodd Lydia. Rhuthrodd i dynnu'r 'celf' haniaethol yn y fframiau aur oddi ar y waliau, i wneud lle i'r gyrrwr osod y canfasau anferth. A phan dwi'n dweud anferth, dwi'n golygu anferth – tua wyth troedfedd o led a chwe throedfedd o uchder.

'Tydyn nhw'n hardd?' gofynnodd Lydia i'w gŵr, wrth iddo ddod trwodd i'r stafell fwyta. Safai'r cogyddion eraill yn nrws y gegin yn chwilfrydig.

Lluniau o Baris oedden nhw – golygfeydd yn arddull Toulouse Lautrec o gaffis palmant a *boulevards* llawn pobl. Roedd pump ohonyn nhw, digon i lenwi tair allan o'r pedair wal. Safodd Duncan o'u blaenau, ei wyneb yn welw.

'Be ... be 'di'r rhain?' gofynnodd.

'Mae angen bywiogi'r hen le 'ma. Dwi 'di penderfynu mynd am arddull *shabby chic*.'

'A wnest ti ddim meddwl trafod y peth hefo fi gynta?'
Cymerodd Duncan anadl ddofn, ond gan fod Lydia wrthi'n
chwilota drwy un o'r bocsys welodd hi mo'r dicter ar wyneb ei
gŵr.

'Sbia!' ebychodd, gan godi rholyn o bapur wal, eto ar thema
Paris. 'Gawn ni *feature wall.*'

'Na,' meddai Duncan, yn sydyn ac yn benderfynol. 'Ffonia'r
gyrrwr rŵan, a dweud wrtho am ddod i nôl y rhain a mynd â
nhw'n ôl i'r siop.'

Taflodd Lydia y rholyn papur yn ôl i'r bocs a golwg bwdlyd
ar ei hwyneb tlws.

'Dyna ti eto, yn mygu fy nghreadigrwydd, yn fy nghau i allan
o dy freuddwydion ...' Yn ei thymer cododd tôn ei llais gan
f'atgoffa o gyfarthiad un o'r cŵn bach rheiny mae merched yn
eu cludo mewn bagiau llaw.

Taflodd Duncan gipolwg i'n cyfeiriad ni'r staff, yn dal i sefyll
yn y drws yn gwylio'r ffrae yn mudferwi. Agorodd y drws tân.

'Well i ni fynd allan i drafod hyn, Lydia.'

Aeth y ddau i eistedd yng nghar Lydia. Gadawyd y drws tân
yn agored, ac ni aeth neb i'w gau. Er eu bod nhw'n eistedd ugain
llath oddi wrth yr adeilad, mi glywson ni bron bob gair o'r ffrae
drwy'r drws tân agored. Wnaeth Duncan ddim codi'i lais
unwaith, ond roedd llais Lydia yn cario.

'HEB DY GANIATÂD? HEB DY GANIA-BLYDI-TÂD? O'N
I'N MEDDWL EIN BOD NI'N BARTNERIAID, OND NA, DY
DEYRNAS DI YW HON, A DWI'N STYC ADRE, YN MARW O
DDIFLASTOD! DWI'N FFED ÝP! FFED ÝP O'R TWLL 'MA!'
Yna, sŵn olwynion ei char yn gwichian wrth iddi yrru allan o'r
maes parcio.

'*Action stations,*' rhybuddiodd John, ac aeth pob un ohonon
ni'n ôl at ein gwaith, gan smalio na chlywson ni'r ffrae.
Brasgamodd Duncan yn ôl i'r bwyty, cydio yn y canfasau a'u
cario i'r stordy.

Y diwrnod wedyn daeth y dyn a'i fan i nôl y lluniau, ac
wythnos yn ddiweddarach hedfanodd Lydia i Marbella hefo'i

mam. Duncan gafodd ei ffordd ei hun ynglŷn â'r *decor* ond, yn amlwg, roedd pris i'w dalu am heddwch.

Er mwyn tawelu'r dyfroedd, cytunodd Duncan iddi gynnal prynhawn coffi elusennol yn y bwyty. Taflodd Lydia ei hun i'r trefniadau â'i brwdfrydedd egnïol arferol, gan archebu baneri lliwgar i hysbysebu'r digwyddiad a set o lestri ffansi ar gyfer y paneidiau. Lluniodd restr faith o'r math o gacennau roedd hi am eu gwerthu, a rhoi'r cyfrifoldeb am bobi pob un ohonyn nhw i mi.

Does gen i ddim pen busnes arbennig o dda, ond buan iawn y sylweddolais na fyse'r digwyddiad hwn yn llwyddo i godi dimai. Gwelais y talebau ar gyfer y baneri a'r llestri – buasai'n rhaid iddi werthu pob briwsionyn er mwyn gwneud unrhyw fath o elw. Ond doedd Lydia ddim yn poeni am y fathemateg – roedd hi ar goll mewn breuddwyd o stafell lawn merched yn bwyta pentyrrau o gacennau moethus yn llwythog o eisin a hufen, a hithau yng nghanol y cyfan mewn ffrog chwaethus, yn frenhines y tebot.

Trefnwyd y te ar gyfer dau o'r gloch y prynhawn gan mai dyna pryd y gorffennai'r gwasanaeth cinio. Bu'n rhaid i mi weithio drwy'r bore i orffen y cacennau, a chytunodd Julia i ddod i'r gwaith yn gynnar i helpu Catrin i weini'r te a'r coffi.

'Alys, cariad, wnei di sgwennu enwau'r cacennau i mi yn Gymraeg?' gofynnodd Lydia yn siriol, gan roi swp o gardiau bach i mi. Teimlais y panig arferol yn cydio yn fy mrest. Doedd dim ots gen i fod Duncan yn ymwybodol o fy nyslecsia, ond do'n i ddim am i Lydia gael gwybod.

'Mi wna i hynna,' meddai Catrin, gan gipio'r beiro o fy llaw. 'Mae gan Alys hen ddigon i'w wneud yn addurno'r cacennau.'

Gwenais fy niolch arni. Roedd hi'n cofio'r trafferthion ges i yn yr ysgol, ac ro'n i'n ddiolchgar iddi am ei chymorth er nad oedd ganddi hi, fwy na finnau, unrhyw syniad sut i gyfieithu *lemon drizzle* na *raspberry bavois*. 'Cacen lemwn glaw mân' oedd hi yn y diwedd, a doedd gen i ddim byd gwell i'w gynnig.

Wrth i mi bobi'r cacennau olaf clywais sŵn traed bach yn

carlamu ar draws y llawr pren. Es i at ddrws y gegin a gwelais Ieuan, mab Julia, yn rhedeg drwy'r stafell fwyta. Plygais a'i godi yn fy mreichiau cyn iddo fedru cyrraedd y gegin a'r popty poeth.

'Helô, Ieu!' dywedais, gan ei godi'n uchel yn yr awyr. Un o gyn-ddisgyblion Mam oedd Julia – roedd hi dipyn yn hŷn na fi, ac ro'n i'n arfer bwydo'i mab hynaf, Callum, yn yr ysgol bob amser cinio.

'Fyset ti'n lecio hon?' Cynigiais gacen fach yn drwch o eisin pinc i Ieu, a lledodd gwên enfawr dros ei wyneb bach crwn.

'Wel pwy 'di'r boi bach yma?' gofynnodd Duncan, yn gwenu wrth weld wyneb y bachgen yn eisin i gyd. 'Oes gen ti rywbeth i'w rannu hefo fi, Alys?'

'Nagoes, Chef,' atebais, gan geisio cuddio fy ngwrid. 'Nid fi ...' Cyn i mi orffen fy mrawddeg rhuthrodd Julia i'r gegin, ei hwyneb yn chwys gloyw.

'Dwi mor sori, Duncan. Nes i gytuno i ddod i helpu Lydia ond mae gofalwraig Ieu wedi 'ngadael i lawr ar y munud ola. Fedra i aros, ond bydd rhaid i Ieu fod yma hefyd nes daw ei dad o'i waith ...'

'Paid â phoeni,' meddai Duncan. 'Jest cadwa'r dyn bach allan o'r gegin ac oddi ar y grisiau a bydd popeth yn iawn. Dwi'n siŵr y gwneith o fihafio'i hun.' Mwythodd foch binc Ieu a gwenodd, ond doedd y bychan ddim yn fodlon â sylw'r dyn dieithr felly taflodd weddill ei gacen i'r llawr a chydio mewn llond llaw o 'ngwallt a'i dynnu bron o'i wraidd.

'Aaa!' ebychais wrth iddo dynnu'n galed. Cyn i Julia fedru datod bysedd stici Ieu o fy ngwallt, roedd Duncan wrth fy ochr. Cododd Ieu yn ei freichiau.

'Dos di i newid, Julia,' meddai, gan droi at Ieuan. 'Bydd y bychan yn iawn hefo fi am funud, yn byddi? Ti'n fwnci bach, 'ngwas i. Mwnci bach direidus.'

Edrychai mor fodlon ei fyd yn dawnsio o gwmpas y gegin a'r bychan yn ei freichiau, yn canu rhyw nonsens am lygod yn y cawl a chathod yn y pwdin. Erbyn i Julia ddychwelyd i'r gegin yn ei dillad gwaith roedd Ieuan yntau'n chwerthin a chwifio'i freichiau hefyd.

'Ti'n *natural*, Duncan,' meddai. '*Softie* ydi o rîli, Alys. Cofia hynny y tro nesa mae o'n dechrau bloeddio a malu platiau.'

Rhoddwyd Ieu yn ôl ym mreichiau ei fam.

'Reit,' meddai Duncan, yn newid y pwnc, 'gan fod popeth i'w weld yn barod at brynhawn coffi Lydia, dwi am bicied allan i gael bach o awyr iach.' Estynnodd ei gôt. 'Gan fod cacennau Alys yma i'w denu nhw bydd y lle 'ma dan ei sang ac yn swnllyd fel sw. Be amdani, Alys? Ti ffansi chydig o lonydd cyn i ni gychwyn paratoi at *service* heno? Ty'd efo fi.' Trois i edrych ar yr hambwrdd llawn cacennau oedd yn disgwyl i gael eu haddurno.

'Ryw dro eto,' atebais. 'Dwi angen gorffen y rhain cyn i'r drysau agor.'

'Wel, cofia gymryd seibiant. Ti 'di gweithio'n ddi-stop drwy'r bore. Mae angen i ti gael rhywbeth i'w fwyta.'

Drwy'r ffenest, gwyliais o'n cerdded i gyfeiriad y llwybr cyhoeddus. Mynd i dop Mynydd y Cwm oedd o, siŵr o fod, heibio fferm Tan y Bryn. Un o fy hoff deithiau cerdded.

Dechreuodd Julia osod y byrddau hefo llestri newydd sbon Lydia tra rhedai Ieu bach rhwng y cadeiriau, yn chwarae pi-po, a daeth Lloyd a Tom yn ôl o gael smôc, i ddechrau paratoi at y gwasanaeth swper. Roedd y bwyty'n llawn heno, a fyddai dim llawer o amser i'r staff gweini orffen y te-parti am bedwar, clirio a chael y lle'n barod ar gyfer cwsmeriaid y nos.

Clywais gar Lydia yn dod i aros tu allan i'r bwyty. Carlamodd Ieu bach at y drws i'w chyfarch â gwaedd, 'Bŵ!' Ond doedd Lydia ddim mewn hwyliau chwareus. Edrychodd ar Ieu fel petai'n domen o faw wrth ei thraed ac o fewn llai na munud roedd hi'n bloeddio yn wyneb Julia.

''Sdim ots gen i be ddwedodd Duncan. Fi sy'n trefnu hyn! Dod â phlentyn i fwyty? Oes gen ti unrhyw synnwyr cyffredin o gwbl?' Roedd rhywbeth annaturiol o ffyrnig am dôn ei llais. Edrychais dros fy ysgwydd i gyfeiriad Lloyd a Tom – roedden nhw'n sefyll yn stond, eu cyllyll yn eu dwylo.

Roedd Lydia'n dal i refru a rhuo a Julia yn dal ei thir, yn ailadrodd ei bod wedi cael caniatâd i'w mab fod yno, ond torrodd Lydia ar ei thraws.

'Dwi ddim isio plant swnllyd yn difetha pethau a rhoi bysedd budron yn y cacennau! Ty'd i'r gwaith yn barod i weithio neu paid â dod o gwbl. Cer adre, a phaid â meddwl y cei di dy dalu heddiw!' Trodd Julia ar ei sawdl gan godi Ieu yn ei breichiau, a gadael y stafell fwyta heb air arall.

Brysiais i orffen rhoi eisin ar fy nghacennau, gan weddïo na fyse Lydia'n dod â'i thymer ddrwg i'r gegin. Yna, es i nôl fy mhecyn bwyd o fy locer. Gan fod Lydia yn y stafell fwyta arhosais yn y stafell newid i'w fwyta, gan eistedd ar un o'r meinciau. Ymhen dipyn ymunodd Tom â fi.

'Ti 'di gweld hwn?' gofynnodd, gan gynnig ei ffôn i mi.

'Naddo, dwi'm ar Facebook.' Cymerais ei ffôn a darllenais neges ar y sgrin gan Julia:

Paid â mynd i de-parti'r Fleur-de-Lis os gen t blant! Y perchennog d danfon v adre am ddod â Ieu i'r gwaith!

Roedd y neges wedi cael ei rhannu hanner dwsin o weithiau mewn cwta bum munud, a ffrindiau Julia wedi ychwanegu sylwadau o gefnogaeth iddi gan ddweud y bysen nhw'n siŵr o gadw draw.

Pan es i'n ôl i'r gegin cefais gip ar Lydia yn sboncio o un ochr o'r stafell fwyta i'r llall, yn gosod blodau ffres ar y byrddau hefo gwên freuddwydiol ar ei hwyneb. Roedd ei hwyliau hi'n newid yn gyflymach na cheiliog y gwynt.

Ar ôl iddi orffen, aeth Lydia i fyny'r grisiau i newid ac ymbincio. Daeth i lawr yn edrych fel menyw o'r pumdegau, mewn ffrog a dynnai sylw at ei chanol main a'i mynwes siapus.

'Ydw i'n edrych yn iawn, Alys?' galwodd, gan chwyrlïo o gwmpas i mi gael gweld symudiad ei sgert. Teimlais gwlwm o densiwn yn tynhau yn fy mol.

'Yn berffaith, fel arfer.' Wrth ei gwylio'n prancio yn ei sodlau uchel, cefais fy atgoffa o eneth ifanc ar ddiwrnod ei phen blwydd, yn disgwyl yn ddiamynedd i'w ffrindiau gyrraedd ei pharti. Ro'n i wastad ar bigau'r drain yn ei chwmni, wastad ofn agor fy ngheg rhag iddi golli ei thymer.

Am ddau o'r gloch agorodd Lydia y drws ffrynt i groesawu'r ymwelwyr. Safodd y tu allan i'r bwyty â gwên groesawgar ar ei hwyneb, ei bysedd wedi'u plethu dros ei ffedog. Ac yno y bu'n disgwyl, a disgwyl, a disgwyl. 'Ddaeth yr un enaid byw ar gyfyl y bwyty. Dim un.

Am chwarter i dri, ciciodd ei sodlau uchel oddi am ei thraed ac edrych ar y byrddau tlws yn llawn danteithion, ei theyrnas wag. Yna, cyn i mi fedru dianc i ochr bellaf y gegin neu'r seler, daeth hi drwodd i'r gegin ata i.

'Be aeth o'i le, Alys?' gofynnodd yn grynedig. 'Pam na ddaeth neb?' Fy ngreddf gyntaf oedd dweud wrthi na ddylai hi fod yn droednoeth yn y gegin, ond sylweddolais fod ei llais yn crynu â dicter, nid tristwch. Gwelais Tom a Lloyd yn sbio arni'n lled-ofnus. Oedais, a chymryd anadl ddofn cyn ei hateb.

'Falle fod yr amser yn anghyfleus i bobl ... yn hwyr i gael cinio ond rhy gynnar i de? Neu falle fod rhai wedi cadw draw achos bod "dim plant dan 13" ar y poster,' mentrais. Doedd hyn dim yn anwiredd – mamau i blant ifanc oedd y mwyafrif o ffrindiau Julia.

Ond ro'n i'n tybio bod rheswm arall dros fethiant y digwyddiad. Defnyddiai Duncan gyfanwerthwyr a chyflenwyr lleol. Daethai siopa bwyd Lydia o siop egsgliwsif yng Nghaer –a doedd hi ddim yn gyndyn o frolio hynny. Roedd Duncan yn gefnogol o'r iaith Gymraeg a'r diwylliant lleol, yn wahanol i'w wraig. Ro'n i wedi clywed y ddau yn ffraeo ynglŷn â'r gwaith cyfieithu fwy nag unwaith.

'Pam bod yn rhaid i ti dalu'n ddrud i ryw gwmni am gyfieithu popeth? Mae Alys yn medru siarad Cymraeg – pam na all hi wneud?'

'Cogydd ydi Alys, nid cyfieithydd,' oedd ymateb Duncan, ac ro'n i'n ddiolchgar iawn iddo.

'Ond pam bod rhaid cyfieithu popeth?' protestiodd Lydia,

yn anfodlon rhoi'r gorau i fwydro. 'Mae pawb yn siarad Saesneg beth bynnag!'

Unwaith, clywais Lydia yn dweud wrth Catrin nad pobl y pentref oedd marchnad darged y Fleur-de-Lis. O dôn ei llais roedd yr ystyr yn hollol glir: doedden ni, y werin, ddim yn ddigon soffistigedig i werthfawrogi'r profiad. Roedden ni'n iawn i weithio tu ôl i'r llenni ac i weini, ond dyna hi.

Hyd at fethiant y te-parti dwi ddim yn meddwl bod gan Lydia fawr o ots ei bod hi wedi creu argraff ddrwg drwy edrych i lawr ar y gymuned leol. Ond cafodd goblyn o sioc pan sylweddolodd fod pobl y pentref hefyd yn sbio lawr eu trwynau arni hi, y wraig nawddoglyd wrth-Gymreig.

Trodd Lydia ar ei sawdl ac aeth i eistedd wrth un o'r byrddau, gan blethu ei breichiau a gwgu i gyfeiriad y drws. Penderfynais mai aros yn y gegin hefo Tom a John fyddai orau, nes i Duncan gyrraedd yn ôl o'i daith gerdded.

'Y parti wedi gorffen yn barod?' gofynnodd hwnnw pan ddaeth drwy'r drws cefn. Ysgydwodd Tom ei ben.

'Heb gychwyn,' meddai, gan bwyntio at y stafell fwyta a oedd yn wag heblaw am Lydia. Doedd dim angen eglurhad ar Duncan. Cerddodd ati i'w chysuro hefo gwên gynnes ar ei wyneb.

'Tro nesa, cyw,' meddai, gan gyffwrdd ei gwallt yn ysgafn. 'Tro nesa mi gaewn ni'r bwyty am y prynhawn cyfan, a gall pobl ddod draw ar ôl eu gwaith. A'r tro nesa mi fyddai'n well i ni wahodd plant hefyd. Llogi neuadd yr ysgol, falle ...' Plethodd Lydia ei breichiau'n benderfynol.

'Os wyt ti am fy ngwneud i'n hapus rhaid i ti gael gwared ar yr ast dew 'na.'

'Pwy?'

'Julia. Dwi'm isio'i gweld hi eto. Byth eto.'

'Be wnaeth hi?'

'Digon i haeddu colli ei swydd. Paid â gadael iddi ddod 'nôl yma.' Nid ymatebodd Duncan; yn hytrach aeth at fwrdd gorlawn a dechreuodd glirio'r cacennau.

'Alys, wnei di fy helpu i glirio?' gofynnodd Duncan. Cododd gacen sbwng a phlât o sleisys *Bakewell* a herciodd ei ben i gyfeiriad y gegin yn arwydd i mi ei ddilyn. Disgwyliodd nes ein bod ni yn y gegin ac allan o glyw Lydia cyn gofyn be oedd wedi digwydd. Ro'n i'n ofalus iawn wrth egluro'r ffeithiau, gan beidio â gorliwio'r stori, ond stopiais siarad pan glywais dwrw o'r stafell fwyta. Sŵn crochenwaith yn malu.

Brysiodd Duncan allan o'r gegin. Ro'n i'n dynn ar ei sodlau, a gwelais Lydia wedi'i hamgylchynu gan ddarnau mân o grochenwaith. Yn ei llaw roedd pentwr arall o'r soseri pinc ac aur. Syllodd yn herfeiddiol ar Duncan wrth eu taflu i'r llawr.

'Oeddet ti isio help i glirio?' gofynnodd, ei llygaid yn fflachio. 'Neu oeddet ti isio esgus i siarad tu ôl i 'nghefn i? Wrth gwrs y bydd y staff yn ei hamddiffyn hi, ac mi fyddi di'n ochri hefo *nhw*, fel arfer! Julia oedd yn gyfrifol am ddifetha popeth, ac maen *nhw* ...' pwyntiodd fys i gyfeiriad Tom a Lloyd, 'maen nhw'n chwerthin ar fy mhen i!'

'Stopia, Lydia!' sibrydodd Duncan rhwng ei ddannedd. 'Paid â gwneud sioe o flaen y staff.' Rhythodd Lydia ar ei gŵr fel petai'n barod i ymosod arno, ond ar ôl eiliad pylodd y tân yn ei llygaid wrth iddyn nhw lenwi â dagrau. Lapiodd Duncan ei freichiau'n dynn o'i chwmpas, a thu ôl i'w chefn gwnaeth ystum i ni gilio i'r gegin.

'Mae'r ferch 'na'n *emotional car crash*!' sibrydodd Catrin.

'O'n i'n meddwl mai *emotional vampire* oedd hi?' gofynnodd Tom yn wawdlyd.

'Dydi fampir ddim yn gwneud hanner cymaint o lanast.' atebodd Catrin, gan daflu cipolwg slei allan i'r stafell fwyta. 'Maen nhw 'di mynd, diolch byth. Alys, ty'd i roi hand i mi i glirio'r lle, nei di?' Cododd Catrin y badell lwch, ac es innau i glirio gweddill y llestri. Gweithiodd y ddwy ohonon ni'n gyflym ac ymhen hanner awr, erbyn i Duncan ddod yn ôl, roedd y lle fel pìn mewn papur.

'Ydi hi'n iawn?' gofynnais. Nodiodd Duncan ei ben.

'Wedi gorgynhyrfu a gorymateb, fel arfer. Geith hi aros adre am chydig ddyddiau. Awn ni â rhai o'r cacennau 'ma i'r cartref gofal lawr y lôn, a rhai draw i'r ysgol, Alys. Geith y plant eu gwerthu nhw i godi pres at elusen leol. Mi wnawn ni weini'r gweddill yma. Paid â phoeni, fyswn i ddim yn breuddwydio gwastraffu dy waith caled.' Edrychodd o gwmpas y stafell fwyta yn werthfawrogol. 'Does neb ddim callach bod Lydia 'di bod 'ma,' meddai, a cheisiais anwybyddu'r rhyddhad amlwg yn ei lais. Doedd hyd yn oed ei gŵr ddim yn gwybod sut i drin Lydia.

12

Tachwedd

Synhwyrais yn syth fod rhywbeth o'i le pan gerddais i'r gegin. Doedd y radio ddim ymlaen ac roedd pawb yn eu corneli, fel gwiwerod yn paratoi at y gaeaf.

'Bore da, Chef,' galwais yn siriol.

'Cyn i ti ofyn – na,' oedd ymateb swta Duncan.

'Gofyn be?'

'Beth bynnag ti am ofyn. Na 'di'r ateb.'

Brathais fy nhafod ac estyn fy nghyllyll heb air arall. Tu ôl i gefn Duncan gwenai John fel blaidd.

'Mae Ei Fawrhydi yn *pissed* achos bod y werin yn gwrthryfela,' eglurodd â mwynhad amlwg. Trodd Duncan aton ni.

'*Fi* sy'n trefnu'r rota a chaiff neb ddweud pryd maen nhw'n *fodlon* gweithio!' poerodd i gyfeiriad Lloyd, 'Ac os nad ydi fy staff yn fodlon hefo'r trefniant mae croeso iddyn nhw fynd i weithio i rywle arall!'

'Roedd Catrin a Tom wedi gofyn am yr un dydd Sadwrn i ffwrdd,' sibrydodd John yn fy nghlust, 'a llwyddodd Duncan i drefnu'r rota fel eu bod nhw'n cael mynd i ryw barti. Ond roedd Lloyd isio mynd hefyd, a dechreuodd strancio pan ddwedodd Duncan bod yn rhaid iddo weithio yn lle Tom. Dechreuodd ymddwyn fatha *wee gobshite*, heb sylweddoli bod Duncan yn medru ei glywed o'r swyddfa.' Cuddiai Lloyd yn y gornel, allan o olwg Duncan.

Parhaodd y tawelwch nes i Lydia gerdded i'r gegin. Ceisiodd

fwytho boch ei gŵr yn gariadus ond am unwaith anwybyddodd Duncan hi. Ochneidiodd Lydia a hwyliodd draw at yr hysbysfwrdd i wneud sioe fawr o binio amserlen ffilmio a dau docyn trên i'r bwrdd corcyn. Roedd un o'r tocynnau ar fy nghyfer i.

'Ond wnes i ddim cytuno i fod ar *The Best of British Banquet*,' protestiais, ond cododd Lydia ei hysgwyddau'n ddifater.

'Mi siaradais i hefo'r tîm cynhyrchu, Alys, ond doedden nhw ddim yn fodlon newid dy enw di am un Tom. Ti 'di'r unig ferch sy'n cystadlu eleni, a bydd yn edrych yn wael os fydd hi'n dod i'r amlwg eu bod nhw wedi cael gwared arnat ti cyn cychwyn.'

'Ond ...'

'Dwi'n gwybod pa mor wirion yw'r sefyllfa, ond dydw i ddim am achosi ffrae na pheryglu siawns Duncan o gystadlu.' Trois at Duncan i brotestio, ond cyn i mi fedru agor fy ngheg newidiodd y pwnc.

'Sgen ti awydd gwneud *Eton mess* fel sbeshial heddiw?' Roedd o'n ymddwyn fel tase fo heb glywed gair o'r sgwrs rhyngdda i a'i wraig. Gwenodd Lydia yn glên arna i.

'Gwna fo er mwyn Duncan,' sibrydodd. 'Be sy'n dy boeni di? Ti'n gogydd da, mi fyddi di'n edrych yn ddel ar y sgrin ... sgen ti ddim rheswm i wrthod, heblaw dy fod di'n hunanol.'

Mae'n siŵr ei bod hi'n amhosib i rywun hyderus a byrlymus fel Lydia ddeall faint o rwystr all swilder fod. Roedd yn gas, gas gen i'r syniad o fod ar y teledu, ond ar ôl iddi fy ngalw i'n hunanol byddai'n amhosib i mi wrthod heb edrych yn ... wel, hunanol. Wedi'r cwbl, maddeuodd Duncan fy nhwyll a 'mhenodi'n Chef de Partie, ac roedd o wedi buddsoddi oriau o'i amser yn fy hyfforddi. Byddai ei gynorthwyo ar y rhaglen deledu yn ad-dalu ei garedigrwydd. Os oedd yn rhaid i mi fynd i Lundain i fod ar y teledu, mi fyswn i'n gwneud hynny er ei fwyn o.

Cytunais i recordio'r rhaglen, ond do'n i ddim yn fodlon cael fy nghyfweld ar gamera, a do'n i ddim yn bwriadu treulio fy holl amser yng nghwmni Duncan a'r cystadleuwyr eraill.

Penderfynais y byddwn i'n cymryd y cyfle i ymweld â Dad yn Wandsworth. Byddwn yn mynd i Lundain er mwyn Duncan, ond er fy lles fy hun, byddwn yn cadw hyd braich.

RHAN 2

13

Am hanner awr wedi pedwar yn y bore bibiodd corn car Lydia y tu allan i'r tŷ. Fel bwled, roedd Mam allan ar y landin, yn tynnu ei gŵn nos yn dynn am ei chanol.

'Popeth yn barod gen ti, cariad?'

'Ydi,' atebais, gan roi fy llaw ar ben fy mag fel petai'n gi ffyddlon. Er i mi gael wythnos i baratoi at y daith, yn sydyn roedd gen i bili palod yn fy mol, a gallwn deimlo fy nghalon yn curo'n galed. Ar wahan i un daith i Lan-llyn, do'n i erioed wedi bod i ffwrdd o adre heb Mam o'r blaen. Aeth hi at y ffenest i sbecian allan.

'A dyna'r Duncan enwog, ie?'

'A'i wraig.'

'Maen nhw'n gwpwl reit olygus.'

'Plis paid â dweud bod gen ti grysh ar fy mòs.'

'Does dim o'i le ar edmygu bach o *eye candy* ...' Daeth Mam i lawr y grisiau i roi cusan ar fy nhalcen. 'Dos, tria dy orau i fwynhau, a phob lwc, 'nghariad i. Mae'n brofiad ffantastig – ceisia wneud y mwya ohono. Mae Llundain yn lle anhygoel. Dos allan i'r theatr neu i amgueddfa neu i siopa. Joia dy hun.' Ro'n i wedi trefnu i gwrdd â Dad un noson, ond doedd gen i ddim clem be oeddwn i am ei wneud ar y noson arall. Yn bendant, do'n i ddim yn bwriadu treulio'r noson yng nghwmni criw o gogyddion yn brolio am y gorau.

Agorais y drws i weld Duncan yn sefyll ar y stepen, yn edrych braidd yn welw yng ngolau gwan y cyntedd.

'Barod i fynd?' gofynnodd, ac o'r cyfarchiad swta gwyddwn ei fod o'r un mor nerfus â fi. Nodiais fy mhen. Heb air arall, rhoddodd fy mag yng nghist y car, a dringais innau i'r sedd gefn. Lydia oedd yn gyrru, ei cholur yn berffaith fel arfer er ei bod hi'n oriau mân y bore.

'Rydych chi'n edrych fel tasech chi'n mynd i gael eich dienyddio, y ddau ohonoch chi!' meddai hefo chwerthiniad bach. ''Sdim isio bod yn nerfus!' Roedd yn hawdd iddi hi ddweud hynny – fyddai hi ddim ar y teledu o flaen miliynau o bobl!

Cefais fy synnu faint o bobl oedd o gwmpas tre'r Rhyl am bump o'r gloch y bore. Roedd strydoedd Santes-Fair-tanrallt yn hollol wag, ond yn y Rhyl roedd lorïau yn danfon nwyddau, siopwyr yn agor eu drysau, pobl yn mynd â'u cŵn am dro ac ambell feddwyn yn eistedd ar ochr y palmant.

Ni oedd yr unig bobl ar blatfform yr orsaf, ond roedd dwsinau o golomennod ac ambell wylan i gadw cwmni i ni. Disgwyliais y buasai'r trên yr un mor wag â'r platfform, ond wrth iddo ddod i aros o'n blaenau gwelais fod y rhan fwyaf o'r seddi eisoes yn llawn.

'Trên y fferi o Gaergybi. Bydd hyn yn uffernol,' cwynodd Duncan wrth wthio ein cesys i'r rhesel bagiau gorlawn. Dilynais o drwy'r trên, yn ofnus o faglu dros draed pobl neu eu taro hefo fy mag ysgwydd. Ffeindiodd Duncan un sedd wag, cydiodd yn fy mraich a gwthiodd fi iddi cyn i rywun arall ei chipio.

'Stedda'n fanna ac mi a' i i'r car nesa i chwilio am sedd wag arall.'

'Sut fydda i'n gwybod pryd i adael y trên?' holais.

'Dilyna bawb arall. Wela i di ar y platfform yn Euston.'

Ro'n i'n eistedd wrth ochr hen ddynes a aeth i gysgu yn reit handi, ac wrth i'r wawr dorri medrwn weld cefn gwlad Lloegr yn gwibio heibio. Treuliais y rhan fwyaf o'r daith yn edrych allan drwy'r ffenest ar y trefi, eglwysi, plastai, caeau a chamlesi yn y pellter. Roedd Lloegr yn wahanol iawn i Ddyffryn Clwyd – yn un peth, roedd y wlad bron yn hollol wastad!

Rai oriau yn ddiweddarach llithrodd y trên i mewn i orsaf Euston. Ymddangosai pawb arall ar frys gwyllt i adael y trên, ond ro'n i'n sownd yn fy sedd nes i ddyn ffeind adael i mi fynd o'i flaen o. Estynnais fy nghês allan o'r rhesel â chryn drafferth (gan ddenu dipyn o sylwadau diamynedd gan y bobl oedd y tu ôl i mi), ond o'r diwedd cyrhaeddais y platform lle'r oedd Duncan, yn y pellter, yn aros amdana i.

Roedd hi'n ddeg erbyn i ni gyrraedd y stiwdios teledu. Yn y stafell werdd (a oedd mewn gwirionedd yn biws) roedd deunaw dyn: naw cogydd a naw cynorthwyydd. Roedd y cogyddion fel *Who's Who* y byd arlwyo.

Aeth rhyw wefr drwydda i pan welais Charles Donohue yn eistedd o 'mlaen. Roedd ganddo ymerodraeth *gourmet*: bwytai yn Llundain, Caeredin, Dubai, Paris ac Efrog Newydd i enwi ond rhai. Oedd o wedi dod ar y sioe i brofi ei fod o'n dal yn haeddu ei statws yn y byd arlwyo, tybed, gan ei fod yn fwy o ddyn busnes na chogydd bellach?

Dyna, yn sicr, oedd bwriad Brian Marubbi: seren rhaglen ddogfen pry-ar-y-wal o'r enw *Burn Down the Kitchen*. Roedd o wedi bod allan o'r gegin ers rhai blynyddoedd bellach ... ai dyma fyddai ei *comeback*? Doedd yr un o'r cogyddion eraill yn wynebau adnabyddus ar y teledu, ond roedd eu henwau i'w gweld ar eu siacedi ac roedd bron bob un yn enw cyfarwydd. Howard Gill, wyneb newydd o fewn y diwydiant ond un a enillodd seren Michelin cyn iddo droi'n chwech ar hugain; Richard Jones-Joyce, Daniel Banks ... Roedd cymaint o dalent yn y stafell a chefais fy llorio gan barchedig ofn.

Yn llawn o'i hyder arferol, aeth Duncan o amgylch y stafell yn cyfarch ac ysgwyd dwylo'r cogyddion eraill. Pan holodd Daniel Banks am ei fenter newydd yng Nghymru, a phwy oedd wedi dod i'w gynorthwyo, trodd Duncan ata i.

'Dyma Alys, fy Chef de Partie. Mae hi'n *pâtissière* o fri.'

Trodd pob llygad i 'nghyfeiriad i. 'Mae 'ngwraig wedi'i danfon hi draw,' ychwanegodd, 'er mwyn i ni, ddynion, gael gweld lle rydan ni'n mynd o'i le yn y gegin.' Er i bawb chwerthin ar ei jôc, gwridais – do'n i ddim am i neb feddwl 'mod i'n hunanbwysig – ac ro'n i'n falch iawn pan ddaeth y cyfarwyddwr a'r cynhyrchydd i'n cyfarch a mynnu sylw pawb.

Eglurwyd trefn y diwrnodau nesaf i ni. Dros y tridiau mi fyse'r deg cogydd yn paratoi pedwar platiaid o fwyd yr un: cwrs cyntaf, cwrs pysgod, prif gwrs a phwdin, a chyflwyno'u platiau i bedwar beirniad oedd yn ffigyrau adnabyddus yn y diwydiant arlwyo: David LePage, y critig; Martin Maccauley a enillodd y gyfres gyntaf o *The Best of British Banquet*; Hannah Smith oedd yn adnabyddus fel awdur llyfrau coginio a Marilyn Bithell, rheolwr bwytai niferus a chyflwynydd y rhaglen *How To Be An Excellent Hotelier*.

Yn ystod y diwrnod cyntaf roedd gofyn i'r cogyddion baratoi'r cwrs cyntaf a'r cwrs pysgod. Y diwrnod wedyn mi fydden nhw'n cyflwyno'r prif gwrs ac yn cael cyfle i baratoi'r pwdin os oedd angen, ac ar y trydydd diwrnod, yn ogystal â chyflwyno'r pwdin byddai amser i ffilmio cyfweliadau ac unrhyw *re-takes* oedd eu hangen i gwblhau'r cyfan. Byddai cynnwys y tri diwrnod yn cael eu dangos dros bedair rhaglen, a'r beirniaid yn rhoi adborth ar ddiwedd pob cwrs.

Ar ôl i ni dderbyn gwybodaeth am yr amserlen mi gawson ni ddarlith o ugain munud ynglŷn â sut i ymddwyn o flaen y camera. Wedyn, rhoddwyd y diffiniad technegol o 'gynorthwyo' i ni: roedden ni, y cymhorthwyr, yn cael paratoi cynhwysion crai ond doedden ni ddim yn cael gorffen nac addurno'r prydau. Dylai'r cogyddion fod yn gyfrifol am wneud o leiaf 80% o'r holl waith. Yna, cyfarwyddiadau iechyd a diogelwch gan reolwr y stiwdio, ac roedd yn rhaid i ni arwyddo ffurflen yn datgan na fysen ni'n siwio'r cwmni cynhyrchu petaen ni'n cael ein hanafu yn ystod y broses ffilmio. Llofnodais y ffurflenni heb eu darllen – mi fyse wedi cymryd wythnos gyfan i mi wneud synnwyr o'r tudalennau llawn print mân.

O'r diwedd, aeth y cogyddion i newid ac i ffilmio'r cyfweliadau cychwynnol. Wedi iddyn nhw adael lledodd ochenaid o ryddhad drwy'r stafell a dechreuodd y cymhorthwyr siarad ymysg ein gilydd – am y siwrne i'r stiwdio ac ers faint roedden ni wedi bod yn gweithio yn ein swyddi presennol. Er bod rhai o'r bechgyn yn iau na fi, sylweddolais 'mod i'n llawer llai profiadol na phawb arall.

O fewn cwpl o funudau roedden nhw wedi cael digon o fân siarad a dechreuodd y cwestiynau mawr gael eu gofyn. Sut brofiad oedd gweithio i Brian Marubbi? Ydi o'n gymaint o fastard ag y mae o'n ymddangos ar y teledu? Ydi o'n wir fod Richard ar fin mynd yn fethdalwr? Ges i sgwrs hir hefo Jamie, Commis Chef Charles Donoghue, ac yn wahanol i weddill y cymhorthwyr doedd ganddo ddim ond canmoliaeth am ei fòs. Roedd rhai o straeon y bechgyn eraill yn ddigon i godi gwallt fy mhen, a sylweddolais fy mod i'n ffodus iawn i fod yn gweithio i Duncan. Do, fe wnaeth o ddryllio pentwr o blatiau ar y llawr, ond o leia wnaeth o ddim eu hanelu nhw at bennau ei staff!

Daeth rhywun o'r tîm cynhyrchu â choffi ffres i ni, gan ein hatgoffa i siarad yn dawel gan fod y cogyddion yn recordio drws nesa. Yna, cawsom ein tywys o amgylch y stiwdio, a oedd yn llawn goleuadau llachar, camerâu teledu, pob math o offer cegin technegol a dwsinau o bobl brysur.

Tu ôl i'r stiwdio roedd cegin arall, un ddigon tebyg i unrhyw gegin broffesiynol, a theimlais ryddhad pan glywais mai dyma lle byddai'r cymhorthwyr yn gweithio, allan o olwg y camerâu. Rhoddwyd cyfarwyddiadau i ni ar sut i ddefnyddio'r offer a ble cedwid yr holl declynnau; yna, o'r diwedd, aethom i newid i'n gwisgoedd ac i recordio'n 'ddarnau i gamera' i gyflwyno ein hunain. Do'n i ddim yn hapus i glywed bod y cyfweliad yn orfodol, ond cysurodd Janine, y cynorthwyydd cynhyrchu, fi mai brawddeg neu ddwy yn unig oedd y cyfarwyddwr ei angen. Byddai gwneud i'r frawddeg neu ddwy rheiny swnio'n synhwyrol yn fater arall, meddyliais.

Tra o'n i wrthi'n newid daeth merch goluro draw, a

mynnodd roi 'smotyn' o liw ar fy amrannau a 'ngwefusau, a phowdro fy nhrwyn – 'i'w stopio fo rhag sgleinio dan y goleuadau', eglurodd. Welais i mohoni'n ceisio rhoi colur ar y cogyddion gwrywaidd chwaith, hyd yn oed y rhai oedd â phennau moel, sgleiniog.

Yn barod am y camerâu, aethon ni'n ôl at ein partneriaid i gael tynnu'n lluniau ar gyfer teitlau agoriadol y rhaglen. Rhoddwyd pawb i sefyll mewn gwahanol ystumiau gan y ffotograffydd.

'Edrychwch yn ddifrifol! Plygwch eich breichiau – ia, da. Rŵan ceisiwch fod yn chwareus ... neis, ie, gefn wrth gefn. Chwarddwch – rydych chi i fod yn mwynhau eich hunain!'

Daeth tro Duncan a finnau i gamu o flaen cefnlen *The Best of British Banquet*.

'Ceisia ymlacia, wnei di?' gofynnodd Duncan, gan wasgu fy ysgwydd yn gysurlon.

Cefais fy nallu gan fflach y camera. 'Unwaith eto, am lwc ... Dyna fo. Diolch. Nesaf!' Roedd y sesiwn ffotograffiaeth drosodd, ond roedd gwaeth i ddod.

'Y cwbl sy'n rhaid i ti 'i wneud ydi sbio i ochr chwith y camera a dweud dy enw, o ble wyt ti'n dod ac ers faint rwyt ti wedi bod yn gweithio yn dy swydd bresennol,' meddai Janine, gan wenu'n gyfeillgar arna i. Yn amlwg roedd hi'n hen law ar y gwaith. 'Dyna'r cwbl ... o, a falle bydd yr ymchwilydd yn gofyn cwpl o gwestiynau i ti hefyd. Dim byd anodd. Ceisia anghofio bod y camera yna.'

Fy enw, fy swydd ac o ble dwi'n dod – be oedd yn anodd am hynny? Ond bob tro yr agorwn fy ngheg âi fy ymennydd yn hollol wag, gan wneud i mi edrych fel pysgodyn aur.

'Ddylen ni greu *flash cards* i ti?' gofynnodd y cyfarwyddwr, yn ddiamynedd braidd. Wrth gwrs, doedd o ddim yn ymwybodol y byse gofyn i mi ddarllen yr wybodaeth yn gwneud y sefyllfa'n anoddach fyth. Teimlais fy hun yn cochi, ac yn waeth, dechreuodd dagrau o gywilydd bigo fy llygaid.

'Wrth gwrs does dim angen *flash cards* arni!' meddai Duncan yn flin, gan gamu i sefyll wrth ochr y camera. 'Dyma'i thro cyntaf hi ar y teledu, ac rwyt ti'n rhoi pwysau arni.' Trodd i edrych arna i. 'Jest siarada hefo fi, Alys. Paid â sbio ar y camera, iawn?' Roedd hi bron yr un mor anodd i mi syllu i fyw llygaid Duncan ag yr oedd i mi siarad hefo'r cyfarwyddwr, ond rywsut llwyddais i ddweud digon i fodloni'r criw teledu. Ro'n i'n ddiolchgar iawn i gael ffoi oddi ar y set a chilio i'r stafell werdd. Cymerodd hanner awr go dda i mi stopio teimlo'n sâl, ac i'r lliw piws hyll gilio oddi ar fy mochau. Ro'n i dal i grynu fel deilen pan aethon ni drwodd i'r gegin i ddechrau paratoi at y gystadleuaeth.

Ar gyfer y cwrs cyntaf roedd Duncan am goginio salad poeth – un llawn blas, deniadol ei olwg, ond o'i gymharu ag ymdrechion y cogyddion eraill, roedd o'n eithaf syml. Roedd rhai o'r rysetiau eraill yn fwy cymhleth a llafurus – pethau wedi'u lapio mewn plastig i'w coginio mewn faciwm, a llysiau wedi'u sychrewi a'u dihydradu dim ond i gael eu defnyddio fel garnais. Sôn am greu gwaith dianghenraid! Ystyriai Duncan beiriannau dihydradu a gajets tebyg yn gimig, ond roedd peryg y byddai ei ymroddiad i dechnegau traddodiadol yn cael ei weld gan y beirniaid fel diffyg dychymyg, neu waeth, ofn datblygu ac arloesi.

Sawl awr wedyn daeth Duncan allan o siambr y beirniaid a gwelais fy mod yn llygad fy lle.

'Chwech allan o ddeg,' meddai'n dawel, a gwelais ei fod wedi'i siomi'n arw. Roedd o'n medru coginio bwyd oedd yn blasu fel manna o'r nefoedd – dyna'r rheswm pam fod byrddau'r Fleur-de-Lis yn llawn bob nos. Ond, yn amlwg, doedd ei gwrs cyntaf ddim yn ddigon *haute cusine* ar gyfer y beirniaid.

Ro'n i'n fwy gobeithiol y byddai'n cael sgôr uchel am ei ail gwrs – potes o gregyn gleision Cymreig hefo corgimwch a bara ffres. Eto, doedd o ddim yn saig ffansi, ond roedd o'n blasu'n anhygoel. Gan ei fod yn un o brydau mwyaf poblogaidd y bwyty roedd ganddon ni'r fantais o fod wedi'i goginio ganwaith o'r blaen, ac roedd amseriad a mesuriadau'r rysáit mor gyfarwydd i mi â rhifau ffôn fy nheulu. Cyn i Duncan orfod gofyn i mi basio rhywbeth byddwn wedi ei estyn at y cownter o'i flaen, a chyn iddo fedru 'ngalw draw ro'n i wrth ei ochr, yn barod i helpu. Mae coginio mewn tîm yn debyg i ddawnsio, ac roedd y ddau ohonon ni wedi dod i fedru cydsymud i'r un rhythm.

Biti na allwn i ddweud yr un peth am rai o'r cogyddion eraill. Yn amlwg, doedd rhai ohonyn nhw ddim yn ymddiried rhyw lawer yn eu cymhorthwyr. Brian Marubbi oedd y gwaethaf – roedd o wastad yn edrych dros ysgwydd Ryan druan, hyd yn oed yn ystod y tasgau symlaf. Gallwn ddeall ei fod am i bopeth fod yn berffaith, ond pam dod â Ryan i'r gystadleuaeth os nad oedd o'n ymddiried ynddo i wneud job dda?

Daeth fy mara allan o'r popty wedi ei grasu'n berffaith. Yn ofalus, torrais o yn ddarnau trwchus, a mynd â fo i'r stiwdio lle'r oedd Duncan wrthi'n paratoi'r corgimwch i fynd ar ben y potes. Gwyliais y powlenni'n cael eu cario i siambr y beirniaid gan deimlo cynnwrf yn fy mol.

Aethon ni'n ôl i'r stafell werdd am hanner awr i gael hoe, paned a brechdan. Ro'n i wedi bod ar fy nhraed ers pump o'r gloch y bore, ac ro'n i'n barod i gwympo. Yn rhy fuan, daeth yr amser i'r cogyddion dderbyn eu marciau. Ceisiodd pob un gadw wyneb niwtral wrth gerdded allan o siambr y beirniaid, ond yn syth ar ôl i'r camerâu gael eu diffodd dechreuodd rhai wenu, a thywyllodd talcennau eraill wrth iddynt wgu a phwdu. Daeth Duncan yn syth ata i, yn gwenu'n gynnil.

'Naw,' sibrydodd. 'Dwi'n bedwerydd allan o ddeg.' Rhedodd law drwy ei wallt tywyll. 'Mi oedd hynny'n dipyn o sioc, a dweud y gwir.'

'Nid i mi,' atebais. 'Dwi'n synnu dim.'

Gorffennodd y ffilmio am y diwrnod a chefais gipolwg o'r beirniaid yn gadael y stiwdio. Ddaethon nhw ddim draw i siarad â'r cystadleuwyr.

Aeth y rhan fwyaf o'r cogyddion i'r stafell newid ac yn ôl i'r gwesty, ond arhosodd llond llaw ohonon ni yn y stiwdio. Piciodd Charles allan am funud, a daeth yn ei ôl yn cario bocs llawn cynhwysion i wneud cacennau, a photel o siampên.

'Pwy sydd am dderbyn yr her eleni?' gofynnodd yn gellweirus.

'Gawn ni bach o hwyl rŵan,' sibrydodd Duncan yn fy nghlust. 'Bob blwyddyn, ar ddiwedd diwrnod cynta'r ffilmio, mae'r tîm cynhyrchu yn gosod her o ryw fath i ni. Llynedd roedd yn rhaid i ni falansio bag o flawd ar ein pennau wrth ddefnyddio chwisg trydan a thaflu crempogau ar yr un pryd. Y flwyddyn cyn hynny roedd yn rhaid torri cyw iâr gan ddefnyddio un llaw yn unig.'

'Eleni ...' meddai Jamie, cynorthwyydd Charles, '... penderfynwyd ein bod ni angen glynu at y thema o gydweithio a bod yn rhan o dîm.' Estynnodd ddau beth o'r bocs a'u dal i fyny i bawb gael eu gweld: darn o gortyn a mwgwd i orchuddio'r llygaid. 'Foneddigion ... a boneddiges,' meddai, gan ymgrymu i fy nghyfeiriad i, 'eich tasg heno yw paratoi cacen sbwng. Bydd dwylo un ohonoch chi ynghlwm y tu ôl i'ch cefn, a bydd y llall yn medru defnyddio'i ddwylo, ond yn methu gweld dim. Bydd hyn yn herio'ch sgiliau cyfathrebu i'r eithaf. Bydd y cogydd buddugol yn derbyn potel o siampên yn wobr ... a chaiff y cymhorthydd buddugol gadw'i swydd!'

Erbyn hyn roedd aelodau'r tîm cynhyrchu wedi rhoi'r gorau i gadw'r offer, ac yn sefyll o gwmpas i wylio'r miri.

Aeth Jamie ati i ddosbarthu'r mygydau a chlymu dwylo, a dechreuwyd ar y dasg. Roedd y gegin yn llanast – fel petai plant meithrin wedi mynd yn rhemp wrth bobi cacennau bach, ac roedd dwylo a wynebau pawb yn stremp o flawd a menyn.

O'r diwedd daeth ein tro ni. Penderfynodd Duncan roi'r cyfarwyddiadau, a byddwn innau'n coginio'n ddall. Cymerais fy amser, gwrandewais yn astud ar gyfarwyddiadau Duncan a llwyddais i gael pob diferyn o'r cymysgedd i mewn i dun pobi oedd wedi ei iro'n drylwyr. Aeth ein cacen ni i'r popty i ganlyn rhai'r lleill, a thra oedden ni'n disgwyl iddyn nhw bobi ac oeri mi gawson ni botel o gwrw bob un, a chyfle i sgwrsio a dod i adnabod y criw yn well.

Diflannodd tensiwn y prynhawn a doedd y cogyddion ddim yn ymddangos hanner mor ddychrynllyd ag yr oedden nhw ar ddechrau'r diwrnod.

'Wel, mae pawb wedi llwyddo i gyflawni'r her, felly does ganddon ni ddim enillydd,' meddai Charles pan ddaeth y cacennau allan o'r popty. 'Bydd yn rhaid cael her arall. Jamie, rho'r mygydau dros lygaid y cogyddion.' Torrodd bob cacen yn chwarteri, a rhoddwyd plât yn fy nwylo. 'Gogyddion, eich her yw bwydo chwarter y gacen i'ch partner, heb ollwng mwy na briwsion. Y pâr cynta i orffen hanner y gacen sy'n ennill y siampên.'

'Ydi un botel o siampên werth y cywilydd?' gofynnodd rhywun.

'Ydi,' mynnodd Brian. 'Duncan enillodd llynedd a dwi am guro'r bastard tro yma, felly bwyta dy blydi cacen!'

'Dos di gynta, Alys,' meddai Duncan. Daliais y plât yn fy llaw dde, ac estynnais fy llaw chwith allan i geisio teimlo ble'n union roedd o'n sefyll. Cyffyrddais â'i benelin a symudais fy llaw i fyny at ei ysgwydd. Codais y gacen i lle tybiwn y dylai ceg Duncan fod, a chlywais sŵn cnoi, fel ceffyl yn snwffian ei ffordd trwy wair. Brathodd fy mys yn ddamweiniol.

'Ow!'

'Sori,' meddai drwy lond ceg o gacen. Yn amlwg roedd yntau yr un mor benderfynol o ennill.

'Barod am dy dro di?' gofynnodd, a'i geg yn dal yn llawn. Rhedodd ei fysedd ar hyd fy moch hyd at flaen fy nhrwyn, yna cymerodd fy ngên yn ei law a theimlais y gacen o 'mlaen i. Bu bron i mi lyfu bys Duncan wrth iddo fwydo'r gacen i mi, ac wrth i mi orffen y tameidiau olaf oedd rhwng ei fysedd, gwyddwn na allwn i edrych ar ddeisen sbwng heb gywilydd byth eto.

'Mae ganddon ni enillwyr!' galwodd Charles. Tynnais fy mwgwd i weld Charles yn cydio yn llaw Duncan chodi ei fraich i'r awyr fel bocsiwr buddugol. Ro'n i'n falch fod llygaid pawb ar Duncan yn hytrach nag arna i, achos ro'n i'n siŵr, am yr eildro y diwrnod hwnnw, fod fy wyneb yr un lliw â mafonen.

'Damia!' poerodd Brian, gan rwygo'i fwgwd oddi ar ei wyneb. 'Dwy flynedd yn olynol, y bastard lwcus.'

'Nid lwc oedd o,' atebodd Duncan gan roi ei fraich o amgylch fy ysgwyddau a 'nhynnu o dan ei gesail. '*Dynamic duo*, fi ac Alys. Ddaethon ni yma i ennill.'

Na, ddes i yma achos roedd gen i ofn dweud 'na' wrth dy wraig, meddyliais. Gei di ganolbwyntio ar ennill, mi wna inna ganolbwyntio ar beidio â gwneud ffŵl ohona i fy hun eto.

14

Am wyth o'r gloch daeth bws mini i'n cludo ni i'r gwesty yng nghanol Llundain. Eglurodd y cyfarwyddwr ei fod wedi trefnu i ni gael pryd o fwyd ym mwyty'r gwesty, er mwyn i ni gael cyfle i ddod i adnabod ein gilydd yn well. Yn amlwg, doedd llyfu cacen o fysedd rhywun ddim yn ddigon o weithgaredd tîm.

O'r tu allan edrychai'r gwesty fel palas mewn drama gyfnod, ond unwaith i mi gamu drwy'r drws ffrynt gwelais fod y tu mewn yn debycach i long ofod, a phopeth yn farmor gwyn ac yn sgleinio fel rhew. Roedd arwydd ar ffrâm bren: *Croeso i Gogyddion The Best Of British Banquet*, ac roedd gweinydd yn disgwyl amdanon ni yn cario hambwrdd ac arno wydrau llawn *bucks fizz*. Yn bendant, dyma'r gwesty crandiaf i mi fod ynddo erioed. Gwenodd y ddynes tu ôl i'r dderbynfa, ei bochau yn loyw fel afalau cochion.

'Mr a Mrs Stuart?' gofynnodd hi.

'Mr Stuart a Miss Ryder,' atebodd Duncan.

'Mewn stafelloedd ar wahân,' ychwanegais yn gyflym.

'Y peth ola sy angen arnon ni ydi *repeat* o'r Fenni, yn de?' gofynnodd Duncan yn gellweirus. Trodd yn ôl at y ddynes tu ôl i'r dderbynfa. 'Gafodd hi'r profiad anffodus o rannu gwely hefo fi unwaith o'r blaen.' Siaradodd yn ddigon uchel i mi fod yn siŵr bod Daniel Banks a Howard Gill, a oedd yn sefyll tu ôl i ni, wedi'i glywed.

'Rydych chi yn yr ystafelloedd *deluxe*,' meddai, gan basio'r allweddau dros y cownter. 'Ffoniwch y dderbynfa os medrwn ni wneud unrhyw beth i wella'ch profiad yn y gwesty.' Nid *concierge* oedd ei angen arna i, ond llonydd a thawelwch. Ro'n i'n ysu am gyfle i ddianc rhag Duncan, y camerâu, y cyfarwyddwr diamynedd, y golurwraig yn cosi fy wyneb hefo'i brwshys gwirion, y criw o gogyddion ymffrostgar a'u mintai yn brefu chwerthin fel mulod.

'Wela i di 'nôl yn fama mewn hanner awr?' gofynnodd Duncan.

Gan fod rhes hir o bobl yn disgwyl am y lifft, dechreuais dynnu fy nghês i gyfeiriad y grisiau.

'Wyddost ti be, bòs, dwi'n meddwl yr a' i i'r gwely yn gynnar. Wela i di fory.'

'Fory? Chlywaist ti mo'r cyfarwyddwr yn dweud eu bod nhw wedi trefnu swper ar ein cyfer ni?'

'Sgen i ddim awydd bwyd heno.'

'Ond mae pawb arall yn mynd.' Edrychodd yn flin, yn wirioneddol flin. 'Cyfle i gyfarfod rhai o gogyddion enwocaf Prydain, ac rwyt ti am aros yn dy stafell wely?' Syllais ar y carped glas o dan fy nhraed, yn methu'n lân a chodi fy llygaid i gwrdd â'i rai o. 'Ti'm yn meddwl y byddi di'n edrych yn anghwrtais?'

'Iawn, mi ddo i,' atebais. Dwi erioed wedi bod yn un dda am ddelio â gwrthdaro.

'Gad i mi helpu ...' Estynnodd Duncan ei law i gymryd fy mag, ond tynnais fy mraich yn ôl o'i gyffyrddiad a llusgais fy nghês fy hun i fyny'r grisiau.

Ro'n i'n ymwybodol 'mod i'n swnio ac yn ymddwyn fel plentyn pwdlyd, ond wedi'r cwbl, ro'n i wedi treulio'r diwrnod cyfan yn grynedig ac yn dafodrwym ym mhresenoldeb y camerâu teledu. Pam na chawn i ddianc i fy stafell wely a mwynhau fy nghwmni fy hun am weddill y noson?

Oedd, roedd fy stafell yn *deluxe* ond doedd gen i ddim amser i'w hedmygu. Cymerais gawod sydyn cyn brysio i lawr y grisiau i'r swper doedd gen i ddim awydd ei fynychu.

Agorwyd drws stafell fwyta breifat gan weinydd.

'*Madam*,' meddai'n dawel, gan fy nhywys i stafell grand lle'r oedd y cogyddion eraill yn sgwrsio. Ar y waliau roedd pennau ceirw a phenglogau anifeiliaid gwyllt. Rhedodd ias i lawr fy nghefn wrth edrych ar eu llygaid gwydr trist, yn syllu heb weld. Does gen i ddim problem lladd anifail i'w fwyta, ond peth hollol wahanol ydi eu llenwi nhw efo blawd llif, gwnïo llygaid gwydr arnyn nhw a'u troi'n dlysau i bobl gyfoethog.

Daeth Charles draw a rhoddodd gusan ar fy moch. Gwnaeth hynny i mi deimlo braidd yn lletchwith, a gobeithiais na fyse'n rhaid i mi gyfarch pawb yn yr un modd.

'Alys, mi oeddet ti'n odidog heddiw,' meddai, ei lygaid tywyll yn gynnes ag edmygedd. 'Mae'r camera wrth ei fodd hefo ti.'

'Fase'n well o lawer gen i petai'r beirniaid wrth eu boddau hefo bwyd Duncan.' Chwarddodd Charles fel taswn i wedi dweud rhywbeth ffraeth ofnadwy. Roedd o'r un mor garismatig yn y cnawd ag yr ymddangosai ar y teledu.

'Ty'd, awn ni i nôl diod i ti. Dwi'n credu ei bod hi'n hen bryd i ti gael dy siampên.' Cymerais lymaid o'r gwydr a roddodd yn fy llaw. Gwelais oddi wrth y label ei bod yn botel ddrud, ond roedd y ddiod yn rhy sych gen i. Siŵr y byse Lydia'n dweud nad o'n i'n ddigon soffistigedig i'w werthfawrogi'n llawn – ac efallai ei bod hi'n iawn. Josgin o'n i yn y bôn, heb arfer cyfarch pobl ddieithr â chusan, mân-siarad dros siampên na bwyta canapés ffyslyd. Yn amlwg ro'n i allan o fy nyfnder, a dwi'n meddwl mai dyna pam y treuliodd Charles cyhyd yn siarad hefo fi.

Roedd o'n fy holi'n dwll – ers faint ro'n i'n gweithio i Duncan? Ble fues i'n gweithio cyn y Fleur-de-Lis? Oedd gen i hoff arddull coginio? Ble hoffwn i weithio yn y dyfodol? Teimlais fy hun yn gwrido wrth ei ateb. Am ryw reswm ro'n i wedi disgwyl y byse'r cystadleuwyr, yn enwedig y rhai byd-enwog fel fo a Brian Marubbi, yn rhy hunanbwysig i dalu sylw i rywun fel fi.

Cyrhaeddodd Duncan ychydig cyn hanner awr wedi saith. Roedd dau fwrdd wedi'u gosod, a lle i ddeg ar bob un.

Eisteddodd y cogyddion ar un bwrdd a'r cymhorthwyr ar y llall, a chefais fy rhoi i eistedd gyferbyn â Jamie, oedd tua'r un oed â fi. Roedd ei wallt golau a'i aeliau trwchus yn fy atgoffa o Lee, fy mrawd, ac roedd ganddo synnwyr digrifwch tebyg i fy mrawd hefyd, felly cymerais ato'n gyflym. Roedd o'n llawn jôcs a straeon doniol, a thra oedd o wrthi'n diddanu'r bwrdd cyfan doedd dim rhaid i mi wneud dim heblaw gwrando a chwerthin. Dechreuais ymlacio a mwynhau fy hun.

Ro'n i'n hapusach fyth pan sylweddolais mai un pryd oedd i'w weini i bawb, gan f'arbed rhag y straen o orfod pori trwy fwydlen. Cawl, lleden, cig eidion a tharten lemwn. Hen ffasiwn ond digon blasus. Am hanner wedi naw, pan oedd y platiau wedi'u clirio a'r cwpanau coffi'n wag, awgrymodd Charles fod pawb yn mynd i'r bar cyn noswylio. Awgrymodd Jamie, ar ran y to iau, ffonio am dacsi a mynd i glwb neu dafarn, felly aeth hanner y criw i ganlyn Charles ac arhosodd yr hanner arall yn yr ystafell fwyta tra ffoniodd Jamie am fws mini. Diflannais i'r tŷ bach, a phan ddes i'n ôl roedd y stafell fwyta'n wag. Mi gawn i ddianc i 'ngwely o'r diwedd, felly. Ro'n i wedi blino'n lân, ond roedd yn rhaid i mi gyfaddef i mi gael fy siomi ar yr ochr orau gan y cinio ffurfiol. Faswn i ddim yn dweud 'mod i wedi mwynhau fy hun, ond doedd o ddim mor ddrwg â'r disgwyl chwaith.

Lapiais fy hun yn y gŵn wisgo oedd wedi'i phlygu'n dwt ar fy ngwely a gorwedd ar bentwr o glustogau i wylio'r teledu mwyaf i mi ei weld yn fy mywyd. Ro'n i wedi bod yn effro ers pump y bore, yn llawn dop o fwyd a diod moethus ... ac o fewn dau funud ro'n i wedi cysgu.

Deffrais y bore wedyn i sŵn curo ar fy nrws.

'Alys, mae'r bws yn gadael mewn deng munud!' galwodd Duncan.

Ro'n i wedi cysgu cyn gosod fy larwm. Lluchiais fy nillad amdanaf a charlamu i lawr y grisiau, fy ngwallt fel nyth brain a 'nghareiau yn fflapio rownd fy fferau.

'Sut wnest ti fethu dy *wake up call*?' gofynnodd Duncan, gan agor drws y bws i mi. 'Mi oedden ni i gyd i fod i gael galwad i'n deffro.'

Eglurais nad oeddwn i wedi clywed dim nes iddo fo ddod i chwilio amdana i.

'Tybed oes rhywun yn ceisio chwarae tric arnat ti?' gofynnodd Jamie, wrth i ni ddringo i gefn y bws mini.

'Faswn i ddim yn synnu,' sibrydodd Duncan, gan giledrych i gyfeiriad Brian. 'Mae 'na ambell un yma sy'n rhy gystadleuol o lawer. Mr Marubbi draw fanna, er enghraifft. Daeth o'n ail ddoe, ac roedd o'n edrych fel plentyn bach 'di cael cweir.'

Cymerodd y prif gyrsiau ddiwrnod cyfan i'w ffilmio. Roedd Duncan am baratoi ei bastai enwog – ffesant, cwningen, petrisen, gŵydd a cholomen hefo *jus* Madeira a chrwst brau. Mae'n bastai wych, ond mae'n rhaid i mi gyfaddef nad ydw i'n hoff o'i gweld hi ar fwydlen y bwyty. Daw dipyn o'r cig o'r stad leol ac mae hynny'n golygu ein bod ni'n ei dderbyn heb ei baratoi – croen a phlu, pennau a chynffonnau oll angen eu torri. Mae'n dipyn o waith. Mae'n deimlad od blingo cwningod am saith y bore, ond o leia roedd fy nwylo gwaedlyd yn ddigon i gadw'r golurwraig draw.

Roedd ganddon ni awr i blufio a blingo'r pentwr o gyrff o'n blaenau, a phedair awr i goginio'r bastai. Gweithiodd Duncan hefo fi yn y gegin tu ôl i'r stiwdio, ac ro'n i'n ddigon bodlon nes i'r dyn camera a'r ymchwilydd ddod aton ni i ffilmio, gan ofyn o ble cawson ni'r cig ar gyfer y rysáit.

'Ti'n ferch o'r ardal, Alys, sgen ti awydd gwneud pwt bach i gamera i hybu cynnyrch lleol?' gofynnodd Duncan yn gellweirus.

'Dim diolch,' atebais, heb godi fy mhen. Do'n i ddim am fynd drwy'r un artaith â'r diwrnod cynt eto!

Gan na ches i frecwast roedd fy mol yn rhuo am fwyd erbyn hanner dydd. Pan ddaeth amser cinio llanwyd y stafell werdd â thensiwn mor drwchus â thriog – bron na allwn i anadlu nerfau'r cogyddion eraill. Doedd dim chwerthin.

Canolbwyntiais ar lenwi fy mol er mwyn dianc yn reit handi o'r atmosffer dwys.

Gwelodd Brian Marubbi fi'n rholio'r toes a gwnaeth ryw sylw gwawdlyd bod Duncan yn rhy ddiog i goginio crwst ei hun. Saethodd Duncan yn ôl, mor gyflym â mellten,

'Realistig, nid diog. Dwi'm yn meddwl 'mod i'n gwneud popeth yn berffaith, a dwi'n trystio Alys i wneud job well nag y byswn i'n ei gwneud.' Tawodd Brian ar ôl hynny, ond roedd golwg mor hunanfoddhaol arno wrth wylio'i blatiau'n cael eu cario i siambr y beirniaid nes 'mod i'n ysu i gael cnocio ei sbectol ffasiynol oddi ar ei wyneb. Doedd o ddim yn chwarae rôl ar gyfer y camera – roedd o wirioneddol yn meddwl ei fod o'n well na phawb arall, ac yn siŵr ei fod am ennill.

Acth y bastai i mewn i'r popty mewn digon o bryd. Roedd Duncan yn hoffi'r syniad o baratoi un bastai anferth er mwyn ei rhannu ymhlith y gwesteion, ond wrth wylio'r ddysgl fawr yn mynd i siambr y beirniaid, dwi'n meddwl ei fod o wedi sylweddoli ei gamgymeriad. Edrychai rhai o'r prydau eraill fel gwaith celf ar blât, ac i fod yn blaen, ymgais Duncan oedd y wannaf o'r cwbl o ran edrychiad. Roedd yn rhaid disgwyl tan ddiwedd y dydd i gael adborth ar y blas.

Daeth y ffilmio i ben am saith yr hwyr. Gan fod fy rôl i ar ben wedi i Duncan orffen coginio doedd dim i mi ei wneud heblaw eistedd yn y stafell werdd yn gwrando ar ddramâu'r cogyddion drws nesaf.

Pan alwyd y cogyddion i'r siambr ges i gynnig gan Janine, y cynorthwyydd cynhyrchu, i wylio'r cyfan ar fonitor. Canmolwyd pastai Duncan am ei blas anhygoel, ond roedd y beirniaid o'r farn ei bod yn edrych yn debycach i *pub grub* na *haute cusine*. Cafodd Duncan wyth allan o ddeg am ei ymdrech. Gallwn weld bod y sgôr wedi'i siomi, gan mai pedwerydd allan o ddeg oedd o o hyd. Dim ond y tri gorau oedd yn mynd i'r rownd derfynol.

'Dwi'n meddwl y bydd angen cwpl o ddiodydd arna i heno,' meddai'n ddigalon.

Roedd y daith yn ôl i'r gwesty yn un dawel. Fel arfer roedd

yn well gen i dawelwch, ond roedd hwn yn dawelwch anesmwyth, llawn blinder. Er i'r dynion ysgwyd dwylo a llongyfarch ei gilydd roedd nifer ohonyn nhw yn amlwg yn cymryd y gystadleuaeth o ddifrif. Doedd neb (heblaw Brian) eisiau edrych yn rhy lawen, ond doedd neb chwaith eisiau edrych fel petaen nhw'n pwdu. Y canlyniad oedd llond bws o ddynion oedd â wynebau fel chwaraewyr pocer proffesiynol. Yn syth ar ôl i ni gyrraedd y gwesty aeth pawb i gyfeiriadau gwahanol.

'Be sy gen ti ar y gweill at heno?' gofynnodd Duncan. 'Oes 'na rywle hoffet ti fynd?'

'Dwi'n cyfarfod Dad am naw.'

'O'r gorau. Dim problem. Cnocia ar fy nrws os oes gen ti awydd mynd am ddiod yn nes ymlaen. A gofynna i'r *concierge* ffonio tacsi i ti – paid â cherdded o gwmpas y ddinas ar ben dy hun gyda'r nos.'

Es yn ôl i fy stafell. Roedd yn biti fod gen i gyn lleied o amser i'w dreulio yno, achos hon oedd y stafell wely neisiaf ro'n i erioed wedi cysgu ynddi – gallwn orwedd yng nghanol y gwely ac ymestyn allan heb gyffwrdd yr ochrau. Cymerais un o'r pentwr anferth o dyweli meddal a rhedais fàth poeth. Tra oedd y bàth yn llenwi gosodais fy nillad ar gyfer y noson honno allan: ffrog ddu a phâr o sodlau coch. Jest cyn i mi dynnu fy nillad, daeth cnoc ar y drws.

'Miss Ryder?' gofynnodd porthor oedd yn dal basged enfawr o'i flaen. Ar ôl ei chymryd o'i freichiau gosodais hi ar y bwrdd ac edrych ar y cerdyn:

Drycha ar ôl Duncan i mi! Mwynhewch eich hunain – ac enillwch!! Cariad, Lydia xxx.

Yn y fasged roedd potel o siampên, paced o *madelines* a *longue de chats*, sudd oren ffres, mefus, mafon a bocs o siocledi ... gormod o lawer i un person! Penderfynais fynd â'r siocledi adre i Mam, a mynd â'r bisgedi yn anrheg i Dad a'i wraig newydd, ond y siampên? Wel, penderfynais gadw hwnnw i mi fy hun. Ro'n i isio medru dweud 'mod i wedi yfed potel gyfan o siampên o leia unwaith yn fy mywyd. Agorais y botel dros y sinc, tywallt gwydraid a neidio i'r bàth, gan droi'r ffrydiau ymlaen i lenwi'r twb â swigod meddal.

Golchais fy ngwallt a gorwedd yn ôl i ymlacio ond ar ôl dipyn dechreuais deimlo'n benysgafn (doedd dŵr poeth ac alcohol ddim yn cymysgu, mae'n rhaid), felly lapiais fy hun yn y gŵn trwchus a gwisgo'r sliperi gwyn oedd yn disgwyl amdana i wrth droed y gwely. Y camau nesaf oedd ymbincio, sychu fy ngwallt a gwisgo'r ffrog, ac yn olaf, triniaeth sydyn i fy nwylo i geisio gwneud iddyn nhw edrych yn llai garw.

Pan weles i Dad ddiwetha *tomboy* oeddwn i, yn malio dim am fy edrychiad, ac ro'n i'n gobeithio y byddai'n gweld y gwahaniaeth yndda i. Ers i Al ddiflannu ac Alys ailymddangos ro'n i wedi dechrau talu mwy o sylw i fy edrychiad, yn benderfynol na allai neb fy nghamgymryd am ddyn byth eto!

Unwaith ro'n i'n fodlon ar yr hyn oedd yn edrych yn ôl arna i yn y drych, ffoniais y dderbynfa i ofyn iddyn nhw drefnu tacsi i 'nghludo i ganol y ddinas. Ond wrth i mi gyrraedd gwaelod y grisiau clywais blîp fy ffôn. Yn syth, gwyddwn be fyddai'r neges destun yn ei ddweud.

Sori cariad, methu dod heno. Rhaid i ni aildrefnu. Pryd wyt ti'n dod i Lundain nesa? Dad xxx

Wrth gwrs. Roedd wastad ryw broblem funud olaf, ymddiheuriad, addewid i aildrefnu rywbryd eto ... ac yna tawelwch. Y tro diwethaf iddo ganslo cyfarfod wnes i faddau iddo – roedd y daith o Lundain i Santes-Fair-tanrallt yn un hir, ond y tro hwn do'n i ddim wedi gofyn iddo deithio i Gymru. Oedd o'n ormod i ofyn, i weld fy nhad unwaith y flwyddyn? O'n i'n golygu cyn lleied iddo nad oedd o'n fodlon teithio deng milltir i 'ngweld i?

Gwasgais y botwm gwyrdd ar fy ffôn. Y tro yma ro'n i am gael eglurhad ac esboniad, i mi gael deall be'n union oedd yn bwysicach na'i unig ferch. Ond, fel arfer, aeth ei ffôn yn syth i'r peiriant ateb. Dyna oedd ei ffordd o osgoi gwrthdaro. Wnes i ddim gadael neges gan ei fod yn amlwg ddim isio siarad hefo fi.

Es i lawr i'r dderbynfa i ddweud wrthyn nhw nad oedd angen tacsi arna i bellach, gan obeithio na fyse'r gyrrwr yn codi arna i am siwrne ddiangen.

Roedd Duncan yn sefyll wrth y cownter, yn gwisgo crys gwyn a siwt lwyd tywyll. Yn amlwg, roedd o'n mynd allan i rywle crand i gael swper. Trodd i fy nghyfarch, ond pylodd ei wên yn syth. Rhaid bod fy wyneb wedi dweud y cyfan.

'Be sy?' gofynnodd. 'Oes 'na broblem hefo dy dad?'

'Mae o newydd ganslo.'

'Dwi'n siŵr bod ganddo fo reswm da.'

'Wel, os oes, tydi o ddim yn fodlon ei rannu hefo fi. Mae o 'di diffodd ei ffôn.'

'Be wnei di?' gofynnodd Duncan.

Doedd dim byd i f'atal rhag mynd allan i gael pryd o fwyd neu i'r sinema ar fy mhen fy hun, ond do'n i ddim yn teimlo fel mynd allan mewn dinas gwbl ddieithr. A dweud y gwir, yn sydyn iawn do'n i ddim yn teimlo fel mynd allan o gwbl.

'A' i 'nôl i fy stafell ac archebu rhywbeth oddi ar y fwydlen *room service*.'

'Pam na ddoi di hefo fi? Dwi 'di bwcio bwrdd i un, ond mi fysa'n neis cael cwmni. Ty'd hefo fi.'

Daeth rhywun i ddweud wrth Duncan bod tacsi yn disgwyl amdano, ac agorais fy ngheg i wrthod ei gynnig, ond cyn i mi allu dweud dim, meddai,

'Os nad wyt ti'n bwyta hefo dy dad ti'n dod am swper hefo fi.' Y peth olaf ro'n i eisiau oedd *tête a tête* lletchwith efo Duncan, ond doedd gen i ddim rheswm da i'w wrthod chwaith. Yn llawn gofid, dringais i gefn y tacsi.

Daeth y tacsi i aros tu allan i fwyty mewn rhan gyfoethog yr olwg o'r ddinas. Roedd popeth yn y stafell fwyta yn rhuddgoch ac aur ac yn ffurfiol iawn: roedd pedair set o gyllyll a ffyrc a thri gwydr gwin ar y bwrdd o 'mlaen. Diolch i Dduw 'mod i wedi gwrando ar y tiwtor arlwyo yn y coleg pan ddysgodd ni sut i osod bwrdd cinio ffurfiol.

Ysgydwodd y gweinydd y napcyn cyn ei osod ar fy nglin.

'Be hoffai *Madam* i'w yfed?' gofynnodd.

'Dŵr, os gwelwch yn dda.'

'Pefriog neu lonydd?' Cyn i mi fedru dweud, 'tap' atebodd Duncan yn gyflym,

'Gawn ni botel o ddŵr pefriog i rannu, a gwydraid o win gwyn bob un.'

Madam? Oedd o'n meddwl ein bod ni'n briod? Cuddiais fy wyneb yn y fwydlen cyn iddo fedru gweld fy mochau'n cochi. Do'n i ddim yn medru dehongli'r disgrifiadau, ond roedd y prisiau yn ddigon i wneud i mi deimlo'n sâl. £32 ... £35 ... £47 ... Y peth rhataf, hyd y gwelwn i, oedd salad am £27! Faint o oriau fyse'n rhaid i mi eu gweithio er mwyn medru fforddio pryd cyfan?

'Dwi ddim isio cwrs cyntaf,' dywedais yn dawel wrth y gweinydd. 'A ga i'r salad yn brif gwrs.'

'Mi wna i archebu dros y ddau ohonan ni,' meddai Duncan yn gadarn, ac archebodd *aperitif, entrée* a *plat principal* mewn Ffrangeg rhugl cyn i mi fedru protestio. 'Ymlacia,' sibrydodd, pan giliodd y gweinydd. 'Fi sy'n talu am heno. I ddiolch i ti am dy holl waith caled dros y misoedd diwetha.'

'Ddylet ti fod wedi gadael i mi archebu'r salad,' atebais.

'Mae'r bwyd yma yn wych. Ddois i yma i fwynhau fy hun, a fedra i ddim gwneud hynny a titha'n eistedd gyferbyn â fi yn llwgu ar ôl salad pitw. Gobeithio nad wyt ti'n meindio i mi archebu drostat ti, ond ...'

'Dim o gwbl. Roedd o'n gyflymach na gorfod darllen y fwydlen gyfan ...'

'A'i chyfieithu o'r Ffrangeg.'

'A hynny hefyd. Wna i dalu fy siâr i.'

'Na, wnei di ddim.' Estynnodd Duncan dros y bwrdd a rhoi ei law yn ysgafn dros fy llaw i. Heb i mi sylweddoli, ro'n i wedi bod yn ffidlan hefo un o'r ffyrc gan ei tharo yn erbyn fy ngwydr dŵr.

'Alys?' gofynnodd, mewn llais isel, 'Ydw i'n gwneud i ti

deimlo'n anghyfforddus?' Lapiais fy mysedd rownd y fforc a gwasgais yn dynn.

'Na ... ti ddim yn gas na dim byd felly ...'

'Ond pam dwi'n cael y teimlad ... wel, y byse'n well gen ti fod unrhyw le heblaw hefo fi? Ti byth yn edrych arna i, ddim hyd yn oed pan ydan ni'n siarad.'

Tu mewn ro'n i'n gwingo. Oeddwn, ro'n i'n trio fy ngorau i osgoi sbio arno a siarad hefo fo – nid am ei fod o'n gwneud i mi deimlo'n anghyfforddus, ond achos fod gen i ofn y buasai'n sylweddoli faint ro'n i'n serchu drosto. Roedd fy wyneb wastad yn barod i 'mradychu drwy wrido, a fy nhafod yn rhwymo'n glymau bob tro y gofynnai gwestiwn i mi.

'Mae'n ddrwg gen i. Dwi wastad wedi bod yn swil. Dwi'm yn trio bod yn anghwrtais, ond dwi'n ei chael hi'n anodd siarad hefo ...'

'Paid ag ymddiheuro. Ti'n dawel, 'sna ddim byd yn bod ar hynny. O'n i jest isio tshecio 'mod i ddim wedi gwneud rhywbeth yn anfwriadol i dy ypsetio di.'

'Ti ddim wedi f'ypsetio i.'

'O'r gorau 'ta. Dwi 'di bod yn poeni 'mod i wedi gwneud jôc amhriodol neu rywbeth. Dwi'n falch o glywed na tydw i ddim wedi dy bechu. Jest ... fyse'n neis i ni fedru cael sgwrs o dro i dro. Ti'n gogydd da a dwi'n gweld gwir botensial ynddat ti. Ond 'dio ddim yn hawdd gweithio hefo rhywun sy ddim hyd yn oed yn edrych i dy lygaid di ...' Codais o fy sedd yn gyflym a disgynnodd fy napcyn i'r llawr. 'Alys ...' meddai Duncan, ond dihangais i'r stafell ymolchi heb ei ateb.

Roedd hyn yn gymaint o lanast! Pam oedd yn rhaid i mi ddatblygu teimladau tuag at ddyn oedd yn briod ac, ar ben hynny, yn fòs arna i? Mi fyse'n lot haws taswn i wedi ffansïo Jake. Fyse crysh ar Lloyd neu Tom, hyd yn oed, wedi bod yn haws i ddelio hefo fo na chrysh ar Duncan!

Eisteddais o flaen y drych yn y toiledau merched clyd, oedd yn arogli o fricyll, i geisio tawelu fy nerfau ac i dwtio'r masgara oedd wedi smwtsio o dan fy llygaid. Cyfrais i ddeg gan anadlu'n ddwfn rhwng pob rhif. Unwaith i'r cochni ar fy ngruddiau ddiflannu, codais, sythais fy sgert a mynd yn ôl i eistedd gyferbyn â Duncan. Roedd y gweinydd newydd ddod â'r cwrs cyntaf, ac edrychodd Duncan i lawr ar ei blât, heb ddweud na chyffwrdd mewn dim. Oedd o'n disgwyl i mi ddweud gras bwyd? Am ennyd hir eisteddon ni gyferbyn â'n gilydd fel dau gerflun, ac o'r diwedd roedd yn rhaid i mi godi fy llygaid i gwrdd â'i rai o.

''Dio ddim mor ddrwg â hynny, nac'di?' meddai'n dawel.

'Be?'

'Edrych arna i.' Gwenodd, a gwelais nad oedd o'n flin hefo fi am ruthro i'r lle chwech. Roedd ei lygaid yr un lliw â phlatiau Wedgewood, a chysgodion tywyll oddi tanddyn nhw o ganlyniad i'r holl nosweithiau hwyr y bu o'n eu gweithio'n ddiweddar.

'Do'n i ddim yn bwriadu dy ypsetio di, Alys,' eglurodd. 'Na beirniadu dy bersonoliaeth. Meddwl am dy yrfa di ydw i. Wir rŵan, dwi'n meddwl bod gen ti'r sgiliau angenrheidiol i fynd yn bell yn y diwydiant yma – ond mi wnei di stryglo os na fedri di fod yn fwy awdurdodol. Os wyt ti wastad yn ymddwyn fel KP, dyna sut gei di dy drin gan bawb arall yn y gegin. Os wyt ti am ddod yn Sous Chef neu'n brif gogydd ryw ddydd, rhaid i ti ddechrau ymddwyn fel un ... ond dyna ddiwedd y ddarlith. Ty'd, i ni gael bwyta hwn cyn iddo oeri. Iechyd da!'

'Iechyd da,' atebais, gan gyffwrdd fy ngwydr yn ysgafn yn erbyn ei wydr o. Roedd y gwin gwyn yn ffres, yn asidig ac yn cyd-fynd yn berffaith hefo'r pryd ddewisodd Duncan.

'Mae 'na restr aros i gael bwyta yma fel arfer, ond dwi'n cael mynd i flaen y rhes achos o'n i arfer gweithio hefo'r prif gogydd.'

'Yn Llundain?'

'Ym Mharis. Weithies i yn fanno am gwpl o flynyddoedd, tra o'n i'n ddigon ifanc i bacio fy mywyd mewn bag. Yna, symudais i Lundain, ac yna 'nôl i'r Alban am dipyn. Dyna lle byswn i wedi licio aros, ond roedd yn well gan Lydia fyw yn Lloegr.'

'Pam symudoch chi i Gymru felly?' gofynnais, gan fwyta'r cig oedd yn feddal fel menyn.

'Prynodd tad Lydia westy ar arfordir Cymru, a 'ngwneud i'n brif gogydd. Wnaethon ni ddim aros yno'n hir iawn ... gwahaniaethau creadigol, fel maen nhw'n dweud ... ond roedd Cymru'n ymddangos yn gyfaddawd da: rhywle ger y môr a'r mynyddoedd i mi, ond ddim yn rhy bell o Lundain i Lydia.'

'Cymru? Yn agos i Lundain?'

'Tafliad carreg i gymharu â'r daith o'r Alban. Ond be amdanat ti? Wyt ti wastad wedi byw yng Nghymru?'

'Do. Mae Dad yn dod o Loegr, ond mi ddysgodd y Gymraeg yn oedolyn. Mae teulu Mam wedi ffermio'r un tir yn Santes-Fair-tanrallt ers cenedlaethau.'

'Well i mi beidio cael gwared arnat ti felly, rhag i drigolion y pentre foicotio'r bwyty!' Fel y gwnaethon nhw pan wylltiodd Lydia hefo Julia, meddyliais, ond ddwedais i ddim byd wrth Duncan.

Daeth y *sommelier* â'r gwin i fynd hefo'r prif gwrs: *bœuf bourguignon*, ac ar ôl i ni orffen hwnnw, *tarte tatin* i bwdin – yr orau i mi ei bwyta erioed.

'Un diwrnod,' dywedais, a 'ngheg yn llawn o'r afalau melys, braf, 'dwi'n gobeithio bydda i'n medru neud *tarte tatin* fel hon. Dyna ydi fy uchelgais.'

'Mae gen ti ddawn am bwdinau yn barod – does neb yn y gegin cystal â ti. Neb hanner cystal.' Gwnaeth y ganmoliaeth i mi wrido â balchder, a oedd yn newid braf o wrido oherwydd swilder neu gywilydd.

Gorffennodd Duncan ei bwdin a gosod ei fforc arian yn ofalus ar ymyl ei blât. 'Ond ydi, mae'r *pâtissier* sy'n gweithio yma yn fyd-enwog. Pan fedri di ail-greu'r *tarte* cystal â fo, bydd yn rhaid i mi ysgaru Lydia a dy briodi di, rhag ofn i ti geisio 'ngadael i ...'

'Neu fyset ti'n medru prynu *patisserie* a fy rhoi fi i weithio yna. Fyse hynny'n llawer rhatach a llawer, llawer llai trawmatig i bawb.'

'Alys bach, yn jocian am fy ngwraig ... O ble mae'r hyder yma wedi dod, tybed?'

'Y gwin, mwy na thebyg,' atebais, gan orffen fy nhrydydd gwydraid. Achos 'mod i wedi yfed hanner potel o siampên a thri gwydraid o win efo swper, penderfynais gael coffi du yn lle'r *cognac* archebodd Duncan. Roedd y gwin wedi fy helpu i ymlacio a magu rhywfaint o hyder, ond ro'n i'n ddigon call i gofio mai tenau iawn yw'r ffin rhwng doniol a haerllug.

'Wel ...' meddai Duncan yn araf, gan edrych ar ei watsh. 'Mae'n dal yn gynnar. Wyt ti'n teimlo fel mynd ar antur?'

'Pa fath o antur?'

'Rhywle liciwn i ei ddangos i ti,' meddai. 'Mae'n ddefod. Dwi'n mynd yno bob tro dwi'n dod yn ôl i Lundain.'

'Os yw'n ddefod, sut alla i wrthod?'

Daeth gweinydd â'r bil mewn llyfr bach lledr. Rhoddodd Duncan swp o bapurau degpunt tu mewn i'w gloriau, ac mae'n rhaid i mi ddweud 'mod i'n i falch nad oedd yn rhaid i mi roi hanner y bil ar fy ngherdyn debyd.

'Sut mae dy draed?' gofynnodd Duncan, gan edrych ar y sodlau coch. 'Mae'n dipyn o bellter i gerdded, ond mae'r daith yn un ddiddorol, os medri di gerdded heb gael swigod ar dy draed.' Ro'n i wedi arfer hefo aros ar fy nhraed am oriau maith, felly dechreuais gerdded wrth ochr Duncan, heibio i theatrau, bariau a bwytai oedd yn sïo hefo pobl. Aethon ni drwy Covent Garden heb i mi weld yr un ardd, a phan brysurodd y dorf ro'n i'n ddiolchgar fod Duncan wedi cydio yn fy llaw i'n cadw ni hefo'n gilydd.

Wrth basio ffenest siop cefais gipolwg ar ein hadlewyrchiad, a phrofiad od iawn oedd gweld be welai pobl eraill. Doedden ni'n edrych ddim byd tebyg i gogydd ac un o'i staff. Gwelais gariadon yn y gwydr, efallai gŵr a gwraig oedd newydd briodi.

Yna diflannodd y darlun mewn ffrwydrad o olau neon. Byseddais y bocs o fisgedi yn fy mag: anrheg gan Lydia i'm hatgoffa ei bod hi ar y daith hefo ni.

O'r diwedd, stopiodd Duncan o flaen bwyty Rwsiaidd a

oedd yn hysbysebu 30 math gwahanol o fodca. Aethon ni drwy'r drws ffrynt ac yn syth at y bar, a chofleidiodd Duncan y boi oedd yn tywallt y fodca. Estynnodd wydraid i mi, gan ystumio y dylwn yfed yr hylif y tu mewn iddo mewn un llwnc. Gwnaeth yntau yr un fath, cyn cymryd allwedd gan y barman. Dilynais o drwy ddrws ac arwydd STAFF YN UNIG arno, gan deimlo fel Alys yng Ngwlad yr Hud wedi iddi yfed o'r botel *Drink Me*. Ro'n i'n hanner disgwyl i'r drws arwain i gwningar – ond na, rhes o risiau oedd y tu ôl iddo.

'Cafodd y bwyty yma ei agor yn yr wythdegau gan y teulu Vetrov,' eglurodd Duncan wrth i ni ddechrau dringo, 'ond fydd o ddim yma am lawer hirach.'

Roedd yr adeilad ei hun yn hen, y grisiau'n gul ac yn serth a'r rheiliau wedi eu gorchuddio â haenau trwchus o baent. Agorodd Duncan ddrws tân a arweiniai at ragor o risiau.

'Ges i fy swydd gyntaf yma, yn golchi llestri i Mr Vetrov. Roedd o'n gogydd chwedlonol. Dysgais bopeth ganddo, a ddes i'n Sous Chef cyn i mi droi'n un ar hugain. Caewyd y bwyty ar ôl iddo farw, a dim ond un mab sy yma bellach, yn rhedeg y bar ...'

Roedden ni wedi dringo i lawr ucha'r adeilad. Jest wrth i'r cyhyrau yn fy nghoesau ddechrau llosgi, oedodd Duncan a thynnu'r allwedd allan o'i boced. Agorodd y drws ac ymbalfalu am switsh y golau, a goleuwyd y stafell gan fwlb noeth. Yr unig ddodrefn ynddi oedd gwely, cwpwrdd a sinc fach yn y gornel.

'Dyma fo, y *love shack*,' meddai, a llamodd fy nghalon cyn troi'n deimlad annifyr fel yr eiliad honno rhwng baglu a tharo'r llawr. Daeth delwedd o Duncan a minnau'n gorwedd ar y gwely i 'mhen, dim ond am eiliad.

Roedd Duncan yn edrych o amgylch y stafell fach yn freuddwydiol.

'Creda neu beidio, ro'n i'n falch o fedru galw fama'n gartref ar un adeg,' meddai. 'Roedd o'n grêt i lanc ifanc fedru gofyn i ferch, "ty'd 'nôl i fy lle i" heb boeni am ddeffro'i rieni.'

Dringodd i sefyll ar y gwely, ac ar ôl ymestyn ei ddwylo at y nenfwd gwthiodd yn erbyn y ffenest yn y to nes iddi agor.

'Arhosa fanna am eiliad.' Cydiodd yn silff y ffenest, ac mewn chwinciad roedd o wedi llusgo'i hun allan drwy'r ffenest er mwyn sefyll ar y to. Es i at droed y gwely ac edrych i fyny arno.

'Rhaid i ti ddod i weld hyn!' Estynnodd ei fraich i lawr drwy'r twll. 'Ty'd, wna i ddim dy ollwng di.' Tynnais fy esgidiau a chamu ar y gwely. Roedd yn bosib i mi gyffwrdd y ffenest yn y to hefo blaen fy mysedd, ond mae 'na wahaniaeth mawr rhwng medru cyffwrdd to a medru tynnu dy gorff cyfan drwy dwll bum llath uwch dy ben.

'Dwi'm yn meddwl y medra i ...' petrusais. Aeth Duncan i lawr ar ei liniau a dal ei freichiau allan.

'Wna i dy dynnu di i fyny,' meddai, gan gydio'n dynn yn fy nau arddwrn. 'Ar ôl tri, neidia mor uchel ag y gelli di. Un ... dau ...' Neidiais yn rhy gynnar, a bu bron i mi ei dynnu i lawr ar fy mhen.

'Fedra i ddim. Mae gen i ofn!' Ceisiais dynnu fy mreichiau'n rhydd.

'Un waith eto,' meddai'n amyneddgar. 'Un, dau, tri ...' Neidiais, ac er na neidiais yn uchel, teimlais fy hun yn codi drwy'r awyr. Llwyddodd Duncan i gael ei fraich o dan fy nghesail, a thynnodd dop fy nghorff drwy'r twll fel taswn i'n pwyso dim mwy na phluen.

'Paid â gadael i mi ddisgyn!' gwichiais wrth i fy nhraed gicio a chwilio'n ofer am ddaear solet. Glaniais ar y llechi a rhoddodd Duncan fraich o amgylch fy nghanol wrth i fy nghoesau droi yn jeli.

'Wnei di ddim disgyn,' meddai. 'Dydi'r llechi ddim yn llithrig a wna i ddim dy ollwng di. Stedda i lawr – ti'n berffaith ddiogel.' Suddais i'r llawr gan grynu fel deilen. 'Ceisia ymlacio a mwynhau'r olygfa. Gyda'r nos fel hyn mae hi'n werth ei gweld.'

Roedd o'n iawn: unwaith i mi fy ngosod fy hun ar y llechi doedd dim peryg o lithro na disgyn. Ac oedd, roedd yr olygfa'n anhygoel. Roedd goleuadau ymhob man: rhesi symetrig o olau gwyn mewn tyrau, goleuadau traffic yn newid o wyrdd i oren i goch, goleuadau lliw yn tywallt allan o glybiau a thafarndai ac yn cael eu hadlewyrchu gan ffenestri siopau a thai. Ro'n i'n teimlo fel taswn i'n eistedd yng nghanol sioe o dân gwyllt.

Eisteddodd y ddau ohonon ni mewn tawelwch, yn gwrando ar gerddoriaeth yn treiddio o'r bar islaw, ceir ac awyrennau yn rhuo a sgrech ambell seiren yn y pellter. Anghofiais fy ofn wrth syllu'n awchus ar y ddinas wrth fy nhraed.

'Mi fyddwn i'n dod fyny i fama bron bob nos,' meddai Duncan. 'Pwy sy angen teledu pan mae hyn gen ti yn adloniant? Y cwbl oedd ei angen arna i oedd cwpl o duniau o gwrw ac ro'n i'n berffaith hapus yma am oriau ...'

Lapiais fy mreichiau o gwmpas fy nghoesau.

'Dwi'n gweld pam wyt ti mor hoff o ddod yma. Mae 'na rywbeth reit heddychlon am y lle, er gwaetha'r holl sŵn. Rwyt ti ar ben dy hun heb deimlo'n unig.'

'Mae o'n lle da i feddwl,' atebodd Duncan. 'Ti ddim yn darganfod llefydd fel'ma'n aml iawn. Hefo Lydia adre a'r holl brysurdeb yn y gwaith, weithiau dwi'n ei chael hi'n anodd clywed fy hun yn meddwl. Dwi'n hoffi bwrlwm, ond mae'n bwysig cael llefydd fel'ma – rhywle i fod ar dy ben dy hun. Dwi ddim wedi dod â neb yma o'r blaen.'

'Neb?' gofynnais yn ddireidus. 'Dim un o dy ferched?'

'Dim un,' atebodd. 'Ti'n arbennig.' Ac er mai jocian oedd o, yr eiliad honno mi oeddwn i'n teimlo'n arbennig. Allan o bawb yn y byd, fi oedd yr unig berson i gael gweld lle oedd mor agos at ei galon. 'Eniwê, doedd y merched ddim mor niferus â hynny. Ro'n i'n rhy brysur yn gweithio a meddwl am fwyd i redeg ar ôl merched.'

Roedd y llechi wedi rhewi fy mhen ôl a fy nhraed noeth. Doedd gen i ddim awydd mynd yn ôl i'r gwesty, ond roedd hi'n anodd cuddio'r ffaith fod yr oerfel wedi gwneud i mi ddechrau crynu. Sylwodd Duncan, a thynnodd ei siaced yn fonheddig gan ei gosod dros fy nghoesau i'w cadw nhw'n gynnes.

Eisteddon ni ochr yn ochr mewn tawelwch cyfforddus am dipyn, nes i mi ofyn,

'Sut ddest ti i weithio i Mr Vetrov yn y lle cynta? Mae Llundain yn dipyn o bellter o ucheldir yr Alban. Pam ddoist ti yma?'

Roedd Duncan yn hapus i rannu ei stori. Yn un ar bymtheg cafodd ei dynnu allan o'r ysgol gan ei dad a'i roi i weithio yn olchwr llestri yng nghegin gwesty lleol. Treuliodd ei ddyddiau yn plygu dros sinc mewn dŵr seimllyd hyd at ei geseiliau, ac ar ddiwedd yr wythnos âi ei baced cyflog yn syth i'w dad. Cafodd lond bol ar y drefn honno, ac yn ddeunaw oed paciodd ei fag a symud i Lundain i chwilio am waith.

'Do'n i ddim yn nabod neb yma, ond fy rhesymeg i oedd ei fod o'n lle digon mawr i fod angen lot o olchwyr llestri. Gweithiais fel KP am chwe mis a dysgais fod yn gogydd drwy ddod i mewn i'r gwaith yn gynnar a gadael yn hwyr; drwy gynorthwyo Mr Vetrov a rhoi cynnig ar bopeth. Fel wyt ti'n 'i wneud. Roedd gen i obsesiwn hefo dysgu sut i goginio, achos allwn i ddim diodde'r syniad o olchi llestri am weddill fy oes. Doedd gen i mo'r cymwysterau na'r gallu i wneud dim byd heblaw coginio. Dysgais yn gyflym, achos dyna'r unig ffordd o ddianc o swydd ro'n i'n ei chasáu. A phan ddes i'n brif gogydd yn bump ar hugain, ges i alwad ffôn gan Dad. "I mi mae'r diolch am dy ddyrchafiad di. Wnest ti ddringo'r ysgol yn gyflymach nag un o'r crachach o'r coleg arlwyo, yn do?" meddai.'

Doedd y gair 'crachach' ddim yn un y gallwn ei ddefnyddio i ddisgrifio'r myfyrwyr oedd ar fy nghwrs arlwyo i, oedd yn creu gêm reolaidd o daflu gwm cnoi i 'ngwallt i o gefn y dosbarth. Mi ges i ddigon o'u herio am fy edrychiad a fy nyslecsia, a gadewais y cwrs yn gynnar cyn iddyn nhw ddechrau ymarfer taflu cyllyll, ddeufis cyn diwedd y tymor, heb sefyll yr un arholiad.

Ro'n i'n ddigon cyfforddus yng nghwmni Duncan ar y to i gyffesu fy nhwyll bach olaf iddo.

'Es i ddim mor bell â'r coleg, a wnaeth hynny ddim drwg i mi,' meddai Duncan yn ei ffordd ymarferol ei hun. 'Ffurfioldeb oedd pasio'r arholiad, beth bynnag. Mae'n amlwg dy fod ti wedi dy eni i fod yn gogydd. Duwcs, gest ti amser anodd, yn do? Dyslecsia a chael dy fwlio.'

Roedd y ddau wedi mynd law yn llaw. Treuliais chwe blynedd yn eistedd yng nghefn dosbarth yr ysgol yn smalio bod yn anweledig. Ro'n i'n darged naturiol i fwlis: yn annaturiol o dal a thenau, ac yn methu darllen na sgwennu'n iawn, ond yr hyn a wnaeth bethau'n waeth oedd fy annwyl rieni. Doedden nhw ddim yn medru derbyn 'mod i'n blentyn arferol, heb ddawn academaidd, ac roedden nhw'n benderfynol o 'ngweld i'n llwyddo mewn un maes, o leia. O ganlyniad, roedd fy mhlentyndod yn gyfres o glybiau a gwersi allgyrsiol: bale, merlota, paentio, gymnasteg, gwersi canu, dawnsio tap, dawnsio modern, dawnsio gwerin, sglefrio ac yn y blaen. Mi wn i y dylwn fod yn ddiolchgar iddyn nhw am roi cymaint o brofiadau i mi, ond do'n i ddim, er iddyn nhw wario ffortiwn arna i. Yn eironig, y cwbl wnaethon nhw oedd tanseilio fy hyder yn fwy byth, ac erbyn i mi adael yr ysgol ro'n i'n swil ac yn lletchwith, yn dioddef o *panic attacks* ac yn anfodlon i adael y tŷ oni bai bod raid i mi. Tasen nhw ond wedi gwrando arna i a rhoi llonydd i mi i arbrofi yn y gegin ar fy mhen fy hun, dwi'n siŵr y byswn i dipyn yn fwy bodlon fy myd.

'Mae'n ddrwg gen i, Alys,' meddai Duncan ar ôl i mi orffen dweud wrtho am ymdrechion fy rhieni i ddarganfod fy nhalentau amgen.

'Pam?'

'Yn gynharach wnes i bregethu am yr angen i fod yn fwy blaengar ac awdurdodol ... 'sgen i ddim hawl i geisio newid pwy wyt ti. Dyna'n union be geisiodd fy nhad wneud i mi – fy ngwneud i'n gryfach, yn well cogydd, yn well dyn. Roedd o'n ceisio fy helpu fi, ond yn y diwedd aeth pethau'n ffrae. A dyma fi'n ceisio gwneud yr un peth â fo, yr un peth â dy rieni. Ro'n i'n ymwybodol nad oeddet ti'n awyddus i fod ar y teledu, a wnes i adael i Lydia dy fwlio di. Dwi'n deall rŵan pam nad wyt ti'n hoffi sylw, ac mae'n ddrwg gen i am dy orfodi i gymryd rhan yn y rhaglen, ac am dy lusgo di draw i'r ŵyl fwyd heb ofyn a oeddet ti'n hapus i fynd.'

'Mae'n iawn,' atebais yn dawel. 'Rhaid i mi ddysgu sut i ddweud "na" ambell waith.'

'Y tro nesa mae dy fòs di'n trio dy lusgo di ar antur, gei di ddweud wrtho am fynd i grafu.'

'Actiwali, dwi wedi mwynhau heno. Do'n i ddim yn disgwyl gwneud, ond mae hyn wedi bod yn gyfle braf i ddod i nabod ein gilydd.'

Trodd Duncan i fy wynebu, gan wenu'n glên.

'Wnes innau fwynhau hefyd,' meddai'n ddiffuant. Roedd cymysgedd o win a gonestrwydd wedi torri'r iâ, a gwyddwn na fyswn i, o hyn allan, yn rhwym fy nhafod nac yn boenus o swil yn ei gwmni.

Edrychodd ar ei watsh. 'Yn anffodus mae'n dechrau mynd yn hwyr a rhaid i ni godi'n gynnar eto fory. Well i ni fynd 'nôl i'r gwesty.' Llithrodd drwy'r twll yn y llechi, a chlywais sbrings y gwely yn gwichian wrth iddo lanio yn ei ganol.

Tynnais fy sgert i lawr dros fy mhengliniau ac eistedd ar ymyl y ffenest. Dim ond wyth troedfedd oedd o i'r llawr, a llai na hynny i ganol y gwely, ond edrychai dipyn yn uwch na hynny wrth i mi baratoi i ollwng fy hun i'r llawr. Gwelodd Duncan fy mhryder a chamodd yn ôl ar y gwely, gan droi fel bod ei gefn tuag ata i.

'Rho dy freichiau rownd fy ngwddw,' cynigiodd, 'a ty'd i lawr ar fy nghefn i.' Daliais yn dynn ynddo a gadewais i fy mhwysau ddisgyn yn erbyn ei ysgwyddau cryf. Camodd Duncan oddi ar y gwely, ac mewn chwinciad ro'n i wedi llithro yn lled-urddasol i lawr ei gefn nes 'mod i'n ddiogel ar y llawr unwaith eto. Gwasgais fy nhraed dolurus yn ôl i'r sodlau uchel.

Edrychodd Duncan o amgylch y stafell yn drist.

'Mae Aleksey am werthu'r lle.'

'Ond roedd y bar yn orlawn.'

'Oedd. Mae o am gadw'r bar. Ond dyma ble'r oedd ei rieni'n byw. Does ganddo ddim rheswm i gadw lloriau ucha'r adeilad, gan iddo golli ei fam y llynedd. Mae o am werthu i ddatblygwr, a chanolbwyntio ar redeg y busnes bar fodca. Bu farw enw da'r lle fel bwyty ar ôl iddo gladdu ei dad.'

'Am drist.'

'Biti na fedrwn ni rewi amser a chadw pethau'n berffaith am byth. Ond does dim byd da yn para, dim byd yn aros 'run fath.'

Do'n i ddim wedi ei weld mor fyfyriol o'r blaen.

Aethon ni i lawr y grisiau, heibio'r gegin fach ac yn ôl i'r bar coch, cynnes. Roedd y lle'n dawelach, ac Aleksey yn glanhau'r bar hefo cadach llwyd.

'Un cyn i chi fynd, ffrindiau?' gofynnodd, gan estyn tri gwydr a photel o hylif tryloyw. Daliodd y botel yn uchel a thywallt y ddiod heb ollwng diferyn. Yfon ninnau'r fodca mewn un llwnc. 'Un arall. Bendith ar eich ymdrechion yfory, gan obeithio y cewch chi well hwyl na llynedd.' Joch arall, ond y tro yma tagais ar y dŵr tanllyd.

'Mae'n anlwcus i beidio ag yfed dy ddiod,' meddai Aleksey mewn llais caled, 'rhaid i ti yfed gwydraid arall cyn i ti ddod ag anlwc i Duncan ...' Estynnodd am y fodca unwaith yn rhagor, ond chwarddodd wrth weld fy wyneb. 'Jôc, jôc, fy ffrind bach,' meddai, gan chwifio'i law. 'Cer â hi adre, Duncan. 'Gysgwch chi'n dda heno.'

Galwodd Duncan am dacsi a chefais i fy ngwthio i'r sedd gefn. Teimlwn mor ysgafn â seren wib, fel petai fy nghorff wedi ymdoddi i felôr y sedd, a gorffwysais fy mhen yn erbyn y ffenest er mwyn gwylio goleuadau llachar y siopau a'r tafarndai yn gwibio heibio.

'Gwylia rhag i ti daro dy ben ...'

Aeth braich Duncan rownd fy ysgwyddau er mwyn lapio ei siaced o 'nghwmpas i. Disgynnais yn ei erbyn a swatio o dan ei gesail, gan ddefnyddio'i ysgwydd fel clustog. Gallwn deimlo'i gyhyrau drwy gotwm ei grys, a chaeais fy llygaid.

'Amser gwely,' mwmialodd, wrth i'r tacsi stopio tu allan i'r gwesty.

Arweiniodd fi drwy'r dderbynfa ac i'r lifft. Tynnodd allwedd fy stafell allan o fy mhwrs er mwyn agor y drws, a throdd y goleuadau ymlaen.

'Bydd dy larwm yn canu am chwech a bydd angen i ti fod yn barod i fynd cyn saith. Dwi am fynd i lawr am frecwast am hanner awr wedi chwech, os wyt ti am ymuno â fi. Yfa beint o ddŵr cyn mynd i gysgu.'

Disgynnais i wynder eang y gwely.

'Nos da,' meddai'n dawel, a chlywais sŵn clicied y drws wrth iddo adael. O fewn eiliad roedd fy amrannau'n drwm, a doedd gen i mo'r nerth i godi o'r gwely i lanhau fy nannedd na nôl diod o ddŵr. Syrthiais i gysgu â siaced Duncan o 'nghwmpas, wedi fy amgylchynu gan bersawr ei *eau de cologne*.

15

Codais cyn i'r larwm fy neffro â syched mawr. Ges i baned a chawod, ac am chwarter wedi chwech es i lawr i'r stafell frecwast. Roedd Duncan yna'n barod, yn yfed *espresso*.

'Coffi?' gofynnodd, gan dynnu cadair i mi gael eistedd arni. 'Gaethon ni gwpl yn ormod neithiwr, do?' Tywalltodd goffi i mi, a daeth gweinydd draw hefo basged o *viennoiserie* anhygoel. Cymerais *croissant* a'i bwyta wrth wrando ar gynlluniau Duncan.

'Wel, dydi'r sefyllfa ddim yn anobeithiol,' meddai'n ddwys, 'ond bydd yn her go iawn cyrraedd rownd derfynol y gystadleuaeth.'

'Wel, ryden ni'n hoffi her, yn dyden ni?'

Aethon ni i'r stiwdio yn syth ar ôl brecwast. Duncan oedd y cyntaf i goginio'r diwrnod hwnnw, felly roedd pwysau mawr arno i wneud argraff dda. Ei bwdin oedd triawd o *semifreddo* – un lemwn, un mafon ac un cnau pistasio. Roedd o eisoes wedi cymysgu'r hylif (oedd yn debyg i gwstard) a'i osod yn y rhewgell dros nos.

Tra oedd o'n brysur yn ffilmio cyfweliad es i drwodd i'r gegin i weld sut olwg oedd ar ei bwdin ... a gwelais yn syth fod y cymysgedd yn y tybiau yn dal i fod yn hylif. Yn waeth na hynny, roedden nhw'n dwym.

Rhuthrais at Duncan i'w rybuddio fod problem, ond wrth i mi gyrraedd y stiwdio mi ges i fy nal gan y cyfarwyddwr. Rhoddodd fys ar ei wefusau i fy siarsio i gadw'n dawel, a thrwy wydr y drws gwelais Duncan yn sefyll hefo'r cogyddion eraill a bŵm y meicroffon yn hofran uwch eu pennau.

'Mae rhywbeth mawr yn bod ar bwdinau Duncan,' sibrydais, ond 'Ssssh!' blin gefais i'n ateb. Cydiodd y cyfarwyddwr yn fy mraich i'n symud ni'n dau allan o ystod y meicroffon.

'Weithiau mae pethau'n mynd o'i le,' atebodd. 'Teledu realiti ydi hwn. Fedrwn ni ddim diffodd y camerâu na rhoi ail gynnig ar bethau. Bydd raid i ti ddisgwyl i Duncan orffen ffilmio, neu dos i sortio'r broblem dy hun.' Gorffennodd y sgwrs drwy droi ei gefn arna i.

Martsiais yn ôl i'r gegin mewn tymer. Doedd 'na ddim ffordd yn y byd y gallai'r tair powlen beidio â rhewi, heblaw bod rhywun wedi diffodd y rhewgell yn ddamweiniol. Do'n i ddim yn meddwl y byse neb yn ddigon ffiaidd i ddifrodi pwdin Duncan yn fwriadol ... ond eto, roedd sawl cogydd uchelgeisiol yma ...

Prociais y *semifreddo*. Doedd dim siawns o'u cael nhw'n ddigon solet i'w gweini i'r beirniaid – pwdin arall oedd yr unig opsiwn. Edrychais yn y bwtri i weld pa gynhwysion oedd ar gael i ni, gan ddod i'r casgliad yn reit gyflym mai'r pwdin gorau i roi cynnig arno fyse *soufflé* mafon. Doedd gennyn ni mo'r cynhwysion am lawer o ddim arall, na'r amser chwaith. Os oedden ni am gael plât yn barod erbyn deg o'r gloch, pan oedd Duncan i fod i gyflwyno ei gwrs olaf i'r beirniaid, mi fyse'n rhaid i mi gychwyn ar y gwaith. Byddai hynny'n mynd yn erbyn rheolau'r gystadleuaeth, ond ar y llaw arall, roedd y cyfarwyddwr ei hun wedi dweud wrtha i am 'sortio'r broblem' felly dyna be o'n i am ei wneud.

Gweithiais yn araf, gan obeithio y byddai Duncan yn dod draw i gymryd drosodd, ond ddaeth o ddim yn ôl nes fy mod i wedi tywallt y cymysgedd mafon i ddysglau bach, ac yn rhedeg blaen fy ewin yn ofalus rownd ymylon y powlenni er mwyn i'r *soufflé* godi'n hafal.

Aeth Duncan yn syth at y rhewgell, gan frasgamu'n hyderus ar draws y gegin. Eiliadau wedi iddo agor y drws gwelais ei wyneb yn disgyn.

'Alys!' sisialodd, a golwg o banig llwyr ar ei wyneb. Gwelais o'n ymbalfalu am ddatrysiad wrth edrych ar yr hylif slwtsh yn y powlenni.

'Mae rhywun wedi diffodd y peiriant yma dros nos,' sibrydodd, gan edrych dros ei ysgwydd ar y cogyddion eraill.

'Paid â phoeni,' atebais.

'Paid â phoeni?' meddai, gan syllu arna i fel taswn i'n wallgof. 'Sut ddiawl dwi i fod i rewi'r rhain mewn amser? Mae'r pwdin wedi ei ddifetha. Fedra i ddim cyflwyno plât, ac os fydda i'n cyfaddef nad oes gen i bwdin mae'r gystadleuaeth drosodd i mi ...' Cydiodd yn handlen y rhewgell, ac am eiliad meddyliais ei fod am rwygo'r drws oddi ar ei golyn. Galwodd Janine arno o ochr arall y gegin.

'Duncan, fyddwch chi'n barod i fynd o flaen y beirniaid mewn hanner awr?'

'Fyset ti'n medru gweini pwdin arall ...' sibrydais yn dawel fach wrtho.

'A phryd ga' i amser i goginio pwdin newydd?'

Gwelais y camera yn cael ei lywio i'n cyfeiriad ni, felly dychwelais at y bwrdd a chodi'r hambwrdd oedd yn dal y dysglau bach gwyn, llawn cymysgedd pinc. Cododd aeliau Duncan.

'*Soufflé*?'

'Wnes i drio dod i ddweud wrthat ti yn syth pan welais fod problem, ond ches i ddim dod atat ti gan y cyfarwyddwr felly roedd yn rhaid i mi ddechrau coginio'r rhain ... Dyma'r unig beth fedrwn i ei baratoi hefo'r cynhwysion oedd yn y bwtri. Maen nhw'n barod i fynd i'r popty ... ond dwi'n deall yn hollol os nad wyt ti'n fodlon mentro hefo nhw.'

'Duncan, oes 'na broblem?' galwodd Janine, â llai o amynedd y tro hwn. Edrychodd Duncan arna i am eiliad hir cyn troi ati.

'Fydda i'n barod mewn ugain munud. Ac un newid bach, Janine ... dwi 'di penderfynu newid un elfen o fy mhwdin. Yn hytrach na *semifreddo* mi fydda i'n gweini *soufflé*.'

Aeth ati i wneud bisgedi *tuille* hefo gweddillion y cnau

pistasio, a threuliodd weddill yr amser yn camu'n ôl ac ymlaen yn boenus o flaen y popty. Ond roedd lwc ar ein hochr ni, a chododd y *soufflés* yn berffaith. Hefo dipyn o siwgr eisin roedden nhw'n barod i gael eu gweini.

Wnes i ddim cynhyrfu nes i mi eu gweld nhw'n cael eu cario i siambr y beirniaid, ond bryd hynny teimlais law oer ofn yn cydio yn fy nghalon. Roedd adrenalin wedi fy ngwneud i'n feiddgar, yn ddigon beiddgar i roi fy mhwdin o flaen rhai o gogyddion a beirniaid mwyaf adnabyddus Prydain. Be ddiawl o'n i newydd ei wneud?

Trodd wyneb Duncan mor welw â llaeth sgim wrth i'r pwdinau ddiflannu i gyfeiriad stafell y beirniadu. Dwi'n siŵr ei fod yntau hefyd yn cael traed oer, ond cymerodd anadl ddofn a rhoi llaw gysurlon ar fy mraich.

'Ty'd am baned,' meddai. 'Wnaiff poeni ddatrys dim. Mi wnaethon ni ein gorau, do?' Diflannodd unrhyw arwydd o ofid wrth iddo dywallt paneidiau cryf, melys i'r ddau ohonon ni yn y stafell werdd.

'Does dim ots gen i os na awn ni drwodd i'r rownd derfynol, wir. Wnest ti greu rhywbeth ffres fydd yn blasu gan gwaith gwell na *semifreddo* oedd wedi bod eistedd mewn rhewgell glaear dros nos. Dim ots be fydd adborth y beirniaid, Alys.' Gwenodd yn glên arna i, a gorfodais fy hun i wenu'n ôl.

Llwyddodd Duncan i ymlacio, ond cynyddodd y tensiwn yn y stiwdio drwy'r dydd nes ei fod bron yn annioddefol. Bu'n rhaid i ni wylio pwdin anhygoel ar ôl pwdin anhygoel yn cael eu cario i siambr y beirniaid.

Cymerodd y pedwar ddigon o amser i benderfynu pwy oedd yr enillydd. Ar ôl sawl awr o ddisgwyl, cawson ni'n tywys allan i'r coridor a'n rhoi i sefyll mewn rhes, yn nhrefn ein taldra.

'*Action*!' gwaeddodd rhywun o'r tu ôl i'r camera.

'Dos!' sisialodd y cynhyrchydd, a cherddais drwy'r drysau ac i mewn i siambr y beirniaid, gan gadw fy llygaid ar y llawr. Safodd Duncan y tu ôl i mi, yn sbio dros dop fy mhen at fwrdd y beirniaid.

Eisteddai'r panel tu ôl i fwrdd mawr gwyn, eu dwylo ymhleth a'u hwynebau'n hollol ddiemosiwn wrth wylio'r cogyddion a'r cymhorthwyr yn cerdded i'w llefydd priodol. Yna, yn sydyn, fel petaen nhw'n robotiaid a rhywun wedi pwyso'r botwm i'w tanio, daethon nhw'n fyw.

'Croeso, croeso'n ôl, bob un ohonoch chi. Mae'n bleser cael cymaint o gogyddion talentog a chymhorthwyr egnïol yma o'n blaenau ...' Roedd gan bob un o'r pedwar araith fach am ein hymdrech a'n safonau uchel. Cawsom ein hatgoffa o reolau'r gystadleuaeth, trefniadau'r rownd derfynol a'r wobr oedd ar gael: buasai'r tri chogydd gorau yn derbyn adborth ac yn cael cyfle i addasu rhai elfennau o'u bwydlenni cyn dod yn ôl i goginio ar gyfer panel arall o feirniaid enwog. Un cogydd fyse'n ennill y rownd derfynol, a fo (a'i gymhorthwr) fyse'n cael y fraint o baratoi gwledd ar gyfer achlysur arbennig iawn.

O'r diwedd cyhoeddwyd y marciau ar gyfer y pwdinau, ac yn syth ar ôl hynny rhoddwyd cyfanswm ar gyfer pob cogydd unigol. Ddywedon nhw nad oedd y marciau'n cael eu datgan mewn unrhyw drefn arbennig, ond am ryw reswm Duncan oedd yr olaf i'w derbyn. Roedd y tri sgôr uchaf hyd yn hyn yn perthyn i Brian Marubbi, Charles Donoghue a Howard Gill.

'*The good, the bad and the ugly,*' sibrydodd Duncan yn fy nghlust, ond do'n i ddim mewn hwyliau i wenu.

Howard oedd y boi i'w guro os oedd Duncan am fynd drwodd i'r rownd derfynol. Yn yr eiliadau cyn iddyn nhw ddatgan sgôr y *soufflé*, mi wnes i'r mathemateg pen cyflymaf wnes i erioed:

7/10 = Duncan yn bedwerydd

8/10 = Duncan a Howard yn gydradd drydydd

9/10 = Duncan yn drydydd a Howard allan o'r gystadleuaeth.

Penderfynais y byse pedwerydd neu gydradd drydydd yn barchus, yn enwedig o ystyried safon y gystadleuaeth. Fyse pumed yn gwneud y tro. Hyd yn oed ar ddechrau'r ffilmio doedd Duncan ddim wedi disgwyl cyrraedd y brig. Byddai pedwerydd yn safle parchus tu hwnt, ystyriais.

Cydiodd Duncan yn fy llaw a gwasgodd fy mysedd i guddio'i nerfau. Roedd y beirniaid yn benderfynol o odro pob eiliad o ddrama o'r sefyllfa.

'Felly, pwy fydd yn mynd drwodd i'r rownd derfynol?' gofynnodd Martin. 'Gadewch i ni weld. Duncan, dy sgôr di ydi ....' Cymerodd oes iddo agor yr amlen. Ciledrychais i fyny ar Duncan, a oedd yn brathu ei wefus yn galed. Curodd y cogyddion eraill eu dwylo, a throis fy mhen i weld Martin yn dal cerdyn â'r rhif 10 wedi ei argraffu arno. 10!

'Llongyfarchiadau Duncan,' meddai Marilyn. 'Gest ti'r marciau uchaf ar gyfer dy bwdin. Hefo rhywbeth mor syml â *soufflé* rhaid iddo fod yn hollol berffaith – ac mi oedd hwn yn bwdin perffaith.'

'Y *soufflé* gorau i mi ei fwyta erioed,' llafarganodd David. 'Da iawn ti!'

Cymerodd Duncan fy wyneb yn ei ddwylo a 'nghusanu'n fyrbwyll ar fy ngheg.

'*Ya wee beauty*!' gwaeddodd.

Rhuthrodd yr ymchwilydd a'r dyn camera draw i ofyn cwestiynau i ni, a hefo bochau fflamgoch a'i gusan yn llosgi fy ngwefusau, parablais fy mod i 'wrth fy modd' ac yn edrych ymlaen at gynorthwyo Duncan unwaith eto yn y rownd derfynol. Parhaodd yr ysgwyd dwylo a'r llongyfarch am ryw bum munud, ond ymysg y miri gallwn weld bod Howard druan yn wirioneddol siomedig wrth i Duncan, Charles a Brian agor eu poteli o siampên.

Er mai Duncan gafodd y ganmoliaeth a'r clod, roedd rhan fach ohono'n perthyn i mi. 'Y soufflé gorau i mi ei fwyta erioed' a 'pwdin perffaith' – ro'n i'n bwriadu sgwennu'r sylwadau rheiny ar bapur a'u cadw nhw at y tro nesaf y byddwn angen hwb i'm hyder. Cafodd fy mhwdin i, *soufflé* syml, farciau uwch na phwdinau rhai o gogyddion mwyaf adnabyddus Prydain! Roedd Duncan yn cael mynd drwodd i'r rownd derfynol o'm herwydd i. Doedd dim ots gen i na fyse fo'n medru cydnabod fy nghyfraniad – roedd yn ddigon 'mod i wedi clywed y ganmoliaeth, a gwybod 'mod i wedi cyfrannu at fuddugoliaeth Duncan.

Ymhen dipyn, gadawodd y cogyddion a'r cymhorthwyr eraill, a dim ond Duncan, Brian, Charles, Jamie, Ryan a finnau oedd ar ôl yn y stiwdio. Dim ond bryd hynny y cawson ni wybod manylion y rownd derfynol – coginio ar gyfer panel o gogyddion oedd â sêr Michelin. Mi fyse'r cogydd buddugol yn mynd yn ei flaen i gynllunio a choginio gwledd ar gyfer elusen genedlaethol oedd yn cefnogi plant a phobl ifanc, a'r cwbl yn cael ei ddarlledu ar y teledu yn y flwyddyn newydd.

Cyn ymadael roedd yn rhaid i ni sicrhau bod ein dyddiaduron yn wag ar gyfer y ddau achlysur, ac arwyddo swp o waith papur cyfreithiol gan gynnwys cytundeb cyfrinachedd yn cadarnhau na fysen ni'n datgelu canlyniadau'r gystadleuaeth i neb arall. Ro'n i'n ddiolchgar i Duncan am ddarllen ambell gymal pwysig yn uchel, fel 'mod i'n ymwybodol o gynnwys y cytundebau. Doedden ni ddim i fod i drafod be ddigwyddodd hefo Lydia na Mam, na hyd yn oed ymysg ein gilydd os oedd rhywun arall o fewn clyw.

Ar ôl dymuno'n dda i bawb ac ysgwyd dwylo unwaith yn rhagor, daeth yr amser i fynd adref. Siwrne fer oedd gan Brian a Charles gan eu bod yn byw ac yn gweithio yn Llundain, a daeth tacsi i gludo Duncan a finna'n ôl i Euston ar gyfer y daith i ogledd Cymru.

Wrth i ni ddringo i gefn y tacsi rhedodd Janine allan o'r stiwdio.

'Dwi wedi uwchraddio'ch tocynnau i rai dosbarth cyntaf,' meddai gan wenu. 'Llongyfarchiadau, a mwynhewch y siwrne adre.'

Felly, mi dreulion ni'r prynhawn mewn seddi moethus oedd â digon o le i Duncan ymestyn ei goesau hirion, hefo staff yn gweini te a chacennau i ni ar alw. Ond ar ôl prysurdeb y dyddiau cynt ro'n i wedi blino'n lân, a chysgais am y rhan fwyaf o'r daith adre. Deffrais rywle yng nghanolbarth Lloegr i weld ei bod yn bwrw'n drwm a'r awyr yn llechen lwyd.

Eisteddai Duncan gyferbyn â fi. Roedd yntau hefyd wedi disgyn i drwmgwsg, ei ên yn pwyso ar ei frest a'i wallt yn fop anhrefnus. Sylwais fod angen iddo eillio'i farf, a bod y cysgodion tywyll yn dal i fod o dan ei lygaid. Er iddo ddweud nad oedd ennill yn bwysig iddo, daeth yn amlwg i mi ei fod wedi buddsoddi llwyth o amser ac egni yn y gystadleuaeth. Ro'n i'n falch fod fy mhwdin wedi plesio – y peth ola ro'n i isio'i wneud oedd ei siomi.

Mi gyrhaeddon ni derfyn ein taith ychydig ar ôl amser te. Eisteddai Lydia ar blatfform gorsaf y Rhyl dan ymbarél enfawr, yn disgwyl amdanon ni.

'Dwi'n gwybod na chei di ddweud dim byd am ganlyniad y ffilmio, Alys,' meddai, gan gusanu boch ei gŵr, 'Ond wnaeth o fihafio'i hun?'

'Do,' atebais. 'Yn llwyr. Chafodd o ddim ffrae hefo 'run cogydd arall, er bod mwy nag un yn barod i'w bryfocio.'

'Ceisio tynnu sylw'r camerâu,' chwarddodd, 'fel bechgyn bach. Ateba un cwestiwn arall, Alys: fyddi di a Duncan yn mynychu ... cynhadledd arlwyo? ... yn Llundain fis nesa?'

'Dwi'n credu y byddwn ni'n mynd i Lundain eto cyn diwedd y mis,' atebais, a gwenodd Lydia'n slei.

16

Roedd staff y Fleur-de-Lis bron â marw eisiau gwybod beth yn union ddigwyddodd i lawr yn Llundain, ond ar wahân i hynny croeso digon llugoer ges i, a sylweddolais fod Tom, yn enwedig, wedi suro yn fy erbyn. Falle ei fod o'n genfigennus ohona i gan na chafodd o ei ddewis i fynd i Lundain. Gallwn ddeall ei siom, ond roedd y ffaith fod gweddill y staff yn amlwg wedi dewis ochri hefo fo yn fy mrifo. Cefais fy nhrin fel yr oedd plant ysgol yn trin *teacher's pet* – sefyllfa hollol annheg o ystyried na wnes i ofyn am gael mynd i Lundain ac wedi mynd mor bell ag awgrymu sawl gwaith mai Tom ddyle gael mynd.

Doedd cael fy ngadael allan o sgyrsiau ddim yn broblem enfawr. Dwi erioed wedi bod yn un siaradus. Ond roeddwn yn ei chael yn amhosib cyflawni fy ngwaith tra oedd y staff eraill (heblaw John) yn gwrthod fy helpu i na hyd yn oed ymateb i fy nghwestiynau. Roedd yn ddigon o boen gorfod gofyn cwestiwn bedair neu bum gwaith cyn cael ateb, ond cyn hir gwaethygodd pethau eto. Sylweddolais fod rhywun wedi dechrau difrodi fy ngwaith.

Dim ond pethau bach i gychwyn: platiau ro'n i wedi'u cadw'n oer yn cael eu symud i'r cylch trydan ac offer yn diflannu eiliadau ar ôl i mi ei estyn o'r cwpwrdd. Ond yna dechreuais ddarganfod ewinedd a blew yn y bwyd ro'n i wrthi'n ei baratoi. Roedd y blew yn gyrliog ac yn dywyll, ac yn amlwg ddim yn perthyn i mi nac i John, oedd yn foel fel wy. Gwallt cyrliog oedd gan Tom, ond gan y gallai'r peth fod wedi digwydd yn ddamweiniol, ddwedais i ddim byd wrtho. Ond un bore ddes i o hyd i flaen ewin reit yn ganol *bavois* mefus – yn amlwg, nid damwain oedd hynny. Bu'n rhaid i mi luchio'r pwdin cyfan – oriau o waith pobi ac addurno wedi'u gwastraffu.

'Rhaid i rywun yma wella'i hylendid personol,' datganais mewn llais uchel. 'Os geith fy mwyd i ei ddifetha eto fydda i'n flin iawn.' Cododd Tom ei ben i syllu arna i cyn mynd yn ôl i dorri ei gig moch hefo gwên sbeitlyd ar ei wyneb. Doedd dim angen tystiolaeth bellach arna i – gwyddwn yn syth mai Tom oedd yn gyfrifol, a bod y difrod yn fwriadol.

Cyn i mi fedru dweud dim wrtho, daeth Jake at y drws cefn yn cario bocs o lysiau. Ar ôl ein noson allan ro'n i wedi ceisio egluro, yn garedig, nad o'n i am fynd ar ddêt arall hefo fo, ond ofer fu f'ymdrechion. Roedd o'n groendew ofnadwy, a heblaw am weiddi, 'Yli, dwi'm yn dy ffansio di! A stopia 'ngalw fi'n *Peaches!*' wn i ddim be arall allwn i ei wneud i'w stopio fo rhag gwneud llygaid llo bach arna i. Do'n i ddim am frifo'i deimladau, felly ers ein dêt cyntaf ro'n i wedi gadael i'r dynion ddelio hefo'r archebion fel nad oedd yn rhaid i mi sgwrsio hefo fo. Ond heddiw rhuthrodd Tom i ben draw'r gegin a galw ar Lloyd i'w gynorthwyo. Roedd Duncan a John yn y swyddfa felly dim ond fi oedd ar gael i dderbyn yr archeb. Edrychais dros y cyfan, llofnodi'r gwaith papur a rhoi'r clipfwrdd yn ôl i Jake.

'Ga i air sydyn, Alys?' gofynnodd yn lletchwith.

'Wrth gwrs,' atebais, ac aros i glywed beth oedd ganddo i'w ddweud. Ond amneidiodd i gyfeiriad y drws cefn, ac yn anfodlon braidd, dilynais o allan i gefn y bwyty.

'Fedra i ddim bod yn hir neu bydd Duncan yn sylweddoli 'mod i ar goll,' dywedais.

'Ti 'di bod yn brysur,' atebodd, ei lais yn fflat. 'Yn ffilmio rhaglen deledu hefo fo.'

'Ie, ro'n i lawr yn Llundain wsnos diwetha.'

'Aethon ni ddim am ddiod arall, naddo?' Ciciodd Jake y wal ag ochr ei esgid.

'Na. Aethon ni ddim.'

'A ti wedi bod yn fy osgoi i ers hynny.' Dechreuodd gribo'r

graean â blaen ei droed gan sbio ar y llawr yn hytrach nag arna
i, ac ro'n i'n ddiolchgar am hynny. Do'n i ddim isio ei frifo, ond
yn amlwg roedd o'n benderfynol o drafod ein darpar berthynas.

'Mae'n ddrwg gen i, Jake. Ges i amser braf yn dy gwmni di,
ond fel mêt. Falle ddylen i fod wedi gwneud hynny'n gliriach.'

Rhoddodd gic go galed i'r graean. 'O'n i'n rêli hoffi ti,'
atebodd, ei lais yn dechrau bradychu ei dymer. 'Ond dwi'n
meddwl falle 'mod i'n ffodus, wedi'r cwbl.'

'O?' oedd fy unig ymateb, fy llwnc yn sych fel gwlân dur.

'Ro'n i'n iawn fel adloniant, yn do'n i? Tan i rywun gwell
ddod i'r golwg.'

'Does 'na neb arall.'

'Paid â 'nhrin fi fel taswn i'n dwp,' poerodd. 'Dwi 'di clywed
amdanat ti a Duncan.' Teimlais y gwaed yn draenio o fy wyneb,
ac roedd yn rhaid i mi lyncu'n galed cyn medru ei ateb.

'Duncan?'

'Mae'r boi mewn cariad efo ti dros ei ben a'i glustiau. Est ti
ffwrdd i Lundain am benwythnos rhamantus hefo fo, a rŵan
dwi'm yn cael cymaint â "helô" gen ti.'

'Na! 'Sgen Duncan ddim byd i wneud hefo hyn o gwbl. Sut
fedri di ddweud y fath beth? Mae o'n briod!'

'Pa ots gen ti os 'dio'n briod?'

'Jake, be dwi 'di wneud i haeddu'r driniaeth 'ma?'

'Ddeudodd Terry dy fod ti'n un dda am ymddwyn yn
ddiniwed ...'

'Terry? Be ddiawl mae Terry wedi'i ddweud amdana i?'

'Gofynna iddo fo.'

''Sgen i ddim awydd siarad efo Terry byth eto.'

'Dim syndod, ar ôl be wnest ti ...'

'Be wnes i? Jake, mi wnaeth Terry fy nghloi mewn rhewgell
a cheisio fy mlacmêlio fi i gysgu hefo fo! Ddylwn i fod wedi
mynd at yr heddlu ...' Cymerais anadl ddofn i geisio tawelu fy
hun, ond roedd y niwl coch o flaen fy llygaid. 'Pa gelwyddau
mae'r bastard 'di bod yn eu lledu amdana i?' Rhythais ar Jake a
gofynnais eto, yn ffyrnig, 'Be ddwedodd o amdana i?' Gwelwodd

wyneb Jake. Ro'n i wedi codi ofn arno. 'Be ddwedodd o, Jake?' mynnais.

'Ddwedodd o wrth bawb yn yr Arad ei fod o wedi colli ei swydd achos dy fod ti wedi bod yn "gwasanaethu" Duncan.'

'*Gwasanaethu?*'

'Yn y llofft uwchben y bwyty. Ddwedodd o fod Duncan wedi penderfynu cael gwared ar un aelod o staff – a Terry gafodd y sac achos bod yn well gan Duncan gadw merch ddel roedd o'n medru cael secs efo hi.'

'A wnest ti ei gredu o?'

'Ti'n treulio mwy o amser yn y gegin 'na na neb arall ...'

'Yn gweithio!'

Rhwygais fy ffedog i ffwrdd a brasgamu allan o'r maes parcio, i gyfeiriad yr Arad. Dilynodd Jake, ond gan gadw'i bellter.

Cerddais yn syth i mewn i far y dafarn lle safai Terry tu ôl i'r bar yn siarad â chwsmer. Cododd ei ben wrth i mi gyrraedd, a gwenodd yn nerfus.

'Helô, dynes ddiarth ...' Cyn i mi lawn sylweddoli be o'n i'n ei wneud, cipiais beint llawn oddi ar y bar a thaflu'r hylif brown dros Terry. Glaniodd y cwrw yng nghanol ei wyneb gan wlychu ei ben a'i ysgwyddau.

'Rho'r gorau i ddweud c'lwyddau amdana i! Dwi *erioed* wedi cael perthynas rywiol hefo neb yn fy ngwaith. Erioed! 'Sgen ti ddim hawl o gwbl i ledu celwydd amdana i. Wnest ti golli dy swydd am aflonyddu arna i, ac os wyt ti'n parhau i ddweud c'lwyddau mi fydda i'n mynd at yr heddlu i wneud cŵyn swyddogol amdanat ti! Wyt ti'n clywed?'

'Dwi'n meddwl bod pawb yn dy glywed di, Alys.' Irene, landledi'r Arad oedd yn siarad. 'Chaiff neb gam-drin fy staff i. Cer o'ma, a phaid â dod yn ôl.' Gosodais y gwydr yn ôl ar y bar, gan ddal i rythu ar Terry. Cerddais allan gan ddal fy mhen yn uchel a gwasgu fy nyrnau ynghau i guddio'r ffaith eu bod nhw'n ysgwyd. Roedd Jake yn sefyll tu allan, yn gegrwth.

'Rŵan wyt ti'n credu be ddeudes i am Duncan?' gofynnais yn ffyrnig.

'Ydw,' meddai'n dawel. Cerddais yn ôl i'r Fleur-de-Lis heb air arall.

Erbyn i mi gyrraedd yn ôl roedd Duncan yn y gegin, a gwgodd arna i.

'Cymryd brêc? Pam wnest ti ddim gofyn cyn diflannu?'

'Busnes, Chef,' atebais.

'Ti a'r boi sy'n delifro'r ...'

'Busnes arall, Chef,' atebais yn swrth. Penderfynais beidio â dweud wrth Duncan am sibrydion hyll Terry. Roedd y ddau ohonon ni'n gwybod bod ein perthynas yn gwbl broffesiynol – pa les wnâi tynnu sylw at gelwyddau ei gyn-Chef de Partie twyllodrus?

Aeth Duncan yn ôl at ei waith, a cheisiais fynd yn ôl at fy ngwaith innau. Ond roedd y bastard ffiaidd wedi codi fy ngwrychyn, ac ro'n i'n dal i grynu â dicter. Sylweddolais nad oedd neb eto wedi cadw'r ffrwythau na'r llysiau roedd Jake wedi'u danfon. Trois at Lloyd.

'Pam fod y rhain yn dal yma?' gofynnais yn flin. 'Ddylen nhw fod wedi cael eu cadw'n syth.'

Cododd Lloyd ei ysgwyddau. 'Ti oedd yn delio hefo Jake.'

'Ond pwy 'di'r KP, Lloyd? Pwy sy'n gyfrifol am gadw'r stoc?'

Do'n i erioed wedi codi fy llais ar neb o'r blaen, a theimlad braf oedd dangos fy nannedd am unwaith. Gwelais fod Duncan a Tom wedi rhoi'r gorau i weithio er mwyn clustfeinio ar y ffrae. Trois i edrych ar Duncan. 'Chef, os gweli di'n dda wnei di atgoffa pawb be ydi fy rôl i?'

'Chef de Partie,' atebodd. Rhythais ar Lloyd eto.

'Pam felly ydw i'n cael fy nhrin fel golchwr llestri o hyd? Dyna dy waith di, Lloyd, felly cer ati! Gen i bethau pwysicach i wneud!'

Brysiodd Lloyd i glirio'r ffrwythau a'r llysiau heb air arall. Allan o gornel fy llygad gwelais wên slei ar wyneb Duncan – yn amlwg roedd o'n meddwl fy mod i wedi cymryd ei gyngor a phenderfynu ymddwyn yn fwy awdurdodol. Fyse fo byth yn cael gwybod y gwir reswm am fy nhymer.

'Tom,' galwodd Duncan, 'Dos i helpu Alys i baratoi'r cig oen at heno.'

Ysgydwodd Tom ei ben, gan ddweud o dan ei wynt, 'Dwi'm yn mynd yn agos ati.'

'Pardwn?' Rhewodd Duncan, ei lygaid a'i lais mor oeraidd â'r Arctig. 'Atgoffa fi, wnei di, i bwy wyt ti'n gweithio?'

'Ti,' mwmialodd Tom.

'A phwy ofynnodd i ti gynorthwyo Alys?'

'Ti.' Heb air arall daeth Tom draw i fy nghornel i o'r gegin. Doedd dim angen cymorth arna i, ond deallais fod Duncan wedi rhoi Tom o dan fy arolygiaeth er mwyn dysgu gwers iddo – nid fo oedd yn rhedeg y gegin, ac nid fo oedd yn cael penderfynu hierarchaeth y Fleur-de-Lis. Pwyntiais fys at hambwrdd llawn golwythion cig oen.

'Trimia'r rheina,' cyfarthais ar Tom. Estynnais gyllell iddo, ac wrth iddo wyro yn nes i'w derbyn, sibrydais yn ei glust, 'ac mi gei di roi'r gorau i dy driciau hefyd. Stopia ymddwyn fel bachgen bach pwdlyd achos na chest ti mo dy ddewis i fod yn rhan o'r rhaglen deledu. Doedd gen i ddim awydd mynd – wnes i hyd yn oed ofyn i Duncan fynd â ti yn fy lle. Dwi ddim wedi gwneud dim o'i le, a wna i ddim derbyn pobl yn ceisio pardduo fy nghymeriad na difetha fy nghoginio. Gofynna i Terry os nad wyt ti'n fy nghredu i.' Aeth Tom at ei waith heb air arall, a theimlais yn falch ohona i fy hun, yn dawel bach. Ro'n i wedi dangos nad o'n i'n fodlon cael fy mwlio.

Daeth Duncan draw aton ni.

'Dwi am ofyn unwaith eto: oes 'na rywbeth sy'n eich atal chi rhag gweithio hefo'ch gilydd?'

'Na, Chef,' atebodd Tom a finna, fel parti cydadrodd.

'Dwi'n falch o glywed hynny, achos dwi eisiau dod yn ôl yma i weld bod fy musnes yn dal ar agor, yn dal i wneud elw, a bod fy staff ddim wedi lladd ei gilydd.'

'Ti'n ein gadael ni, Chef?'

'Ydw. Tra oedden ni yn Llundain roedd Lydia'n brysur yn trefnu pythefnos ym Mauritius i'r ddau ohonon ni, fel syrpréis.'

'Y syrpréis ydi'r ffaith mai fo sy'n talu,' ychwanegodd John. 'Rydan ni'n hedfan allan o Fanceinion fory. Felly tra dwi allan o'r wlad, John fydd yn rheoli'r bwyty.' Lledodd gwên John a gosododd *toque* ar ei ben a'r geiriau 'prif gogydd' arno mewn llythrennau breision.

'Unrhyw gwestiynau, werinwyr?' gofynnodd John yn hy.

Y munud y cerddodd Duncan allan o'r gegin roedden ni'n byw o dan unbennaeth John, ac roedd yn eironig braidd mai fi, y cogydd oedd angen gwyliau yn fwy na neb, ddaeth yn ddirprwy iddo.

Er i Tom roi'r gorau i'w driciau slei doedd o ddim yn arbennig o gyfeillgar, ac roedd Lloyd yn dueddol o ddilyn esiampl Tom, nes bod dod i'r gwaith fel bod yn ôl yn yr ysgol gynradd. Byddwn yn cerdded i mewn i gegin lawn chwerthin a bwrlwm, a byse'r stafell yn tawelu ar unwaith. Dechreuodd Tom wahodd pawb i fynd am ddrinc i'r Arad ar ôl gwaith, gan wybod na fedrwn i fynd hefo nhw achos y byse Irene yn fy hel i allan. A phan drefnwyd pryd o fwyd yn Rhuthun ar gyfer parti Nadolig y staff, ches i ddim gwahoddiad. Roedd y sarhad yn amlwg: 'Ti'n dod Catrin? Julia? Lloyd? John?' Syllais i ddyfnderoedd fy nghwpan goffi gan smalio nad o'n i'n medru eu clywed yn cynllunio. Ddyle pethau bach plentynnaidd felly ddim bod wedi fy ypsetio i gymaint ag y gwnaethon nhw, ond am y tro cyntaf erioed, doeddwn i ddim yn awchu i fynd i'r gwaith.

Yna, un noson, digwyddodd rhywbeth i newid cydbwysedd pŵer y gegin. Stêc ffolen oedd ar y fwydlen, a Tom oedd yn eu coginio.

'Garnais!' bloeddiodd, gan wthio plât ar draws y cownter i mi gael ei orffen. Ond roedd y stêc wedi llosgi, ac roedd o wedi ceisio cuddio'r ffaith drwy osod y darn llosg wyneb i lawr ar y plât.

'Tom ...' Ceisiais osgoi tynnu sylw John. 'Mae angen stêc ffres os gweli di'n dda.'

'Mae honna'n iawn.'

'Fedra i ddim gweini un sy 'di llosgi,' atebais, gan droi'r cig i ddangos yr ochr ddu. Gwylltiodd Tom.

'Un gystadleuaeth, a dros nos ti'n gwybod y blydi lot am goginio, yn dwyt?' gofynnodd yn sarrug. 'Dydi Duncan ddim yma, felly stopia fod yn gymaint o lyfwr tin.' Cofiais eiriau Terry a Jake, a theimlais fy mochau'n poethi.

'Be sy'n bod arnoch chi'ch dau?' gofynnodd John yn flin. Cyflwynais y plât iddo heb ddweud gair. Byseddodd John y cig, yna tynnodd y plât o fy nwylo a brasgamu i gyfeiriad Tom. Malodd y tsieni yn erbyn wal y gegin a syrthiodd y stêc i'r llawr.

'Mae'r stêc 'na bron yn lludw!' rhuodd John, ei wyneb yn biws fel betysen. ''Sgen ti'm cywilydd, yn gweini'r fath gachu?' Tynnodd y badell ffrio oddi ar y gwres ac allan o afael Tom. 'Alys, dos di i goginio'r stêcs. Geith Tom olchi'r llestri. 'Dio ddim ffit i wneud dim byd arall.'

A dyna sut ddes i'n ddirprwy i John. Roedd Tom a finnau'n gwneud yr un swydd, ac felly'n haeddu statws cyfartal yn y gegin, ond dechreuodd John roi mwy o sylw i mi er mwyn dysgu gwers i *Mister tae big for his fecking boots* fel y galwai Tom.

'Os wyt ti am ddod yn Sous Chef bydd yn rhaid i ti ddechrau dysgu sut i redeg cegin,' meddai John wrtha i. Felly, tra oedd Tom yn plicio tatws a blingo cwningod, ges i fy mentora ar sut i gyflawni cyfrifoldebau Sous Chef. Clustnododd John awr gyntaf bob bore i ddangos i mi sut i archebu bwyd gan gyflenwyr a sut i brosesu anfonebau er mwyn i Duncan neu Lydia eu talu. Rhaid bod Duncan wedi sôn wrtho am fy nyslecsia, achos roedd o'n amyneddgar iawn pan wnes i gamgymeriadau hefo'r archebion neu wrth drefnu'r rota; ac yn hytrach na'u cywiro nhw ei hun, aethon ni drwy'r camgymeriadau hefo'n gilydd fesul brawddeg er mwyn i mi gael gweld sut i osgoi'r gwall y tro nesaf. Yn sydyn, roedd gen i ormod ar fy mhlât i boeni am bolitics y gegin, ac ar ben hynny cefais y boddhad o weld Tom yn gwgu arna i wrth iddo orfod gwneud yr holl waith caib a rhaw.

Yn fyr ei dymer ac yn sarcastig, roedd John wastad wedi

codi ychydig o ofn arna i, ond tra oedd Duncan ar ei wyliau daeth John a minnau'n gynghreiriaid cadarn. Er ei fod yn swrth, gwelais ei fod felly am ei fod yn teimlo'r un angerdd â Duncan. Roedd o yng nghanol un o'i gyfnodau sobor, a gan nad o'n i bellach yn medru mynd i'r Arad ar ôl gwaith, dechreuon ni dreulio ein hegwyliau hefo'n gilydd, yn eistedd wrth far y Fleur-de-Lis yn yfed sudd oren.

Un prynhawn, mynegais fy syndod bod John yn fodlon ymgymryd â'r dasg anferthol o reoli'r bar a'r stafell fwyta yn ogystal â'r gegin, ac o'r diwedd mi ges i hanes ei gyfeillgarwch â Duncan.

'Fedra i ddim cwyno os ydi o'n gofyn i mi redeg y lle yn ei absenoldeb. Dweud y gwir, fedra i ddim cwyno o gwbl. Mae arna i ddyled enfawr i'r dyn.' Syllodd draw at y poteli tu ôl i'r bar. 'Ddegawd yn ôl ro'n i'n briod. Daeth y briodas i ben. Doedd gen i nunlle i fyw, a dim ffordd o ennill arian. Treuliais fy nyddiau'n mynd o amgylch bwytai, yn gofyn am waith golchi llestri neu sgubo lloriau. Rhoddodd Duncan waith i mi, a phan sylweddolodd 'mod i'n cysgu allan mewn parciau ac ati, mi adawodd o i mi gysgu mewn stordy yng nghefn y bwyty. Roedd o ar ei gyfnod prawf yn brif gogydd, ac mi allai o fod wedi colli'i swydd petai'r perchennog wedi darganfod ei fod o'n rhoi lloches i berson digartref. Cymerodd risg anferth am ddim rheswm mwy na 'mod i'n Albanwr gannoedd o filltiroedd oddi cartre. Fo ddysgodd fi sut i fod yn gogydd, 'sti. Fo ddysgodd i mi bod gwaith yn gallu bod yn ddihangfa. Ein busnes ni ydi gwneud pobl yn hapus, a dylai'n bwyd ni wastad adlewyrchu'r dyhead hwnnw. Ddylai'n problemau personol ni byth ymddangos yn y gwaith.'

'Duncan ddwedodd hynna?' gofynnais. Nodiodd John ei ben.

'Ffordd neis o f'atgoffa i beidio â dod i'r gwaith yn *pissed*. Mi fydda i'n brwydro hefo'r ddiod am weddill fy mywyd, a dwi'n siŵr dy fod di wedi sylweddoli 'mod i, o dro i dro, yn colli'r frwydr. Ond dwi'n trio aros yn lân, wir Dduw dwi'n trio, ac mae

Duncan yn gweld hynny. Mae o'n un da am weld y potensial mewn pobl.' Cymerodd lymaid o'i ddiod ac oedodd, fel petai'n ansicr a ddylai barhau. 'Mae o'n gweld potensial ynddat ti, 'sti.' Edrychais i lawr ar bren y cownter, gan deimlo'n swil mwya sydyn. 'Paid â gwrido, Alys. Rwyt ti ben ac ysgwyddau uwchben y lleill. Maen nhw'n genfigennus o dy ddoniau di. "Cadw lygad ar Alys" – dyna be ddwedodd Duncan cyn iddo fynd ar ei wyliau, "mae'r lleill yn gwybod ei bod hi ar ei ffordd i fyny, felly mi wnân nhw drio'u gorau i'w thynnu hi i lawr. Drycha ar ei hôl hi tra dwi ffwrdd".'

Rhedodd ias i lawr fy nghefn wrth i mi glywed hyn. Roedd Duncan yn ymwybodol 'mod i wedi cael amser caled yn ddiweddar, wedi'r cwbl. Ac er 'mod i'n swil a lletchwith, er 'mod i'n stryglo i ddarllen bwydlen heb sôn am drefnu rota, roedd o'n meddwl bod gen i botensial.

17

Dim ond am bythefnos oedd Duncan ar ei wyliau, ond teimlai fel oes, yn enwedig achos bod gen i gyflenwr yn ffonio'n ddyddiol ynglŷn ag anfoneb oedd heb ei dalu. Tra o'n i ar y ffôn yn egluro iddo (am y pedwerydd tro) nad oedd unrhyw ffordd i mi fedru mynd i gyfrif banc Duncan er mwyn gwneud y taliad, cerddodd y dyn ei hun drwy'r drws ffrynt yn gwisgo sbectol haul ac yn edrych fel petai wedi treulio'i holl amser yn gorwedd ar y traeth.

'Wel, tydach chi ddim wedi llosgi'r lle'n ulw,' meddai, yn amlwg mewn hwyliau da.

'Mae hynny ar fy rhestr *To Do*,' atebais, wrth i Duncan godi swp o bapurau oddi ar y ddesg.

'Pam wyt ti'n delio hefo'r anfonebau? John sydd i fod i ddelio hefo'r stoc.'

'Fo sy'n gwneud hyn fel arfer, ond aeth o a Tom i chwilota am berlysiau a do'n i ddim yn ffansïo crwydro drwy'r gwlith hefo nhw.' Dewisais beidio â sôn bod John wedi mynd â Tom allan o'r gegin er mwyn cael 'gair hefo'r *wee yin*' am ei agwedd anfoddhaol dros yr wythnosau diwethaf.

Taflodd Duncan ei siaced dros gefn y gadair.

'Wel, mae'n edrych fel eich bod chi wedi ymdopi.'

'Paid byth, byth â mynd ar wyliau eto!'

'Oeddat ti hiraeth?' gofynnodd hefo gwên fyrhoedlog. 'Gest ti amser caled?'

'Sut wyt ti'n ymdopi? Delio hefo cyflenwyr a staffio a'r lanhawraig a'r staff tu ôl i'r bar ... a wedyn gweithio deg awr yn y gegin! Hyd yn oed hefo John yn gwneud saithdeg y cant o'r gwaith, dyna'r caletaf dwi erioed wedi gorfod gweithio!'

Chwarddodd yn ysgafn, a gwasgodd fy ysgwydd.

'Wnest ti ymdopi'n iawn, fel ro'n i'n gwybod y bysat ti. Ond mae gen i ofn y bydd pethau'n anoddach fyth rŵan 'mod i'n ôl. Yn ogystal â rhedeg y lle 'ma, bydd yn rhaid i ni berffeithio'r fwydlen ar gyfer yr wythnos nesaf.'

'Heddiw?' atebais yn wangalon.

'Wrth gwrs. Dim ond wythnos a hanner sydd tan y ffeinal! Rhaid i ni ymarfer ac ymarfer nes y medrwn ni goginio'r fwydlen yn ein cwsg. Erbyn wythnos nesa mi fyddwn ni'n breuddwydio am bastai a *soufflés*.'

'Dwi'n treulio'r rhan fwyaf o f'amser yn gweithio yma, a rŵan mae'n rhaid i mi weithio yn fy nghwsg hefyd?'

'Dwi'n bwriadu stelcian dy freuddwydion di i wneud yn siŵr dy fod ti'n gweithio'n galed.'

Roedd yn rhaid i mi fynd i'r oergell i guddio'r gwrid a ledaenodd ar draws fy wyneb. Yn ddiarwybod iddo, roedd o wedi bod yn stelcian fy mreuddwydion ers rhai misoedd.

Agorodd y drws a daeth John a Tom i mewn yn cario pwcedaid o ddail gwyrdd. Rhedai dafnau'r glaw oddi ar eu cotiau gwrth-ddŵr.

'Bòs!' ebychodd John. 'Fedri di ddim cadw draw o'r hen le? Dim ond bore 'ma wnest ti lanio!' Gollyngodd ei bwced a rhoi cwtsh nerthol i Duncan. 'Mae'n grêt dy weld di.'

'Mae'n grêt i fod yn ôl,' atebodd Duncan. 'Mae torheulo ar y traeth drwy'r dydd yn ddigon i ddiflasu rhywun ar ôl diwrnod neu ddau. Dwi 'di bod yn ysu i gael dod adre i baratoi at y gystadleuaeth.'

Ar ôl ei wyliau roedd o'n ffres ac yn barod am waith – yn wahanol i mi, oedd wir angen cyfle i ddadflino. Pan gaewn fy llygaid i gysgu gwelwn blatiau gwag a phowlenni yn disgwyl i gael eu llenwi, cymaint oedd fy mhwysau gwaith. Ond Duncan oedd yn talu fy nghyflog a doedd gen i ddim dewis ond ufuddhau iddo.

Erbyn diwedd yr wythnos fe lwyddon ni i wella tipyn ar wendidau ein hymgais flaenorol. Roedd y cwrs cyntaf wedi bod yn rhy syml, felly ychwanegodd Duncan *terrine* i'r salad. Newidiodd y bastai ar gyfer y prif gwrs i wneud iddi edrych yn llai trwsgl a mwy fel *haute cuisine* gan ei gosod mewn haenau gofalus ar blât. '*Deconstructed*,' meddai hefo gwên eironig. Yr unig gwrs oedd yn dal i beri problem iddo oedd ei bwdin. Gwnâi Duncan *soufflés* iawn – ond dyna'r broblem – dim ond 'iawn' oedden nhw. Roedd yn rhaid i *soufflé* ddawnsio ar dafodau'r beirniaid, a byddai'n rhaid iddo ddysgu sut i wneud hynny heb fy nghymorth i. Ar gyfer y rownd derfynol byddai'r camerâu yn dilyn pob un o'i symudiadau, felly doedd dim modd i mi eu coginio nhw drosto am yr eildro.

'Sut ddiawl wyt ti'n eu gwneud nhw mor berffaith?' gofynnodd yn ddiamynedd, wrth lygadu ei ymgais aflwyddiannus ddiweddaraf a oedd wedi gorlifo dros ochrau'r dysglau. 'Dwi'n ceisio ychwanegu'r ffrwyth i'r cymysgedd, ond mae'r aer yn dianc ac mae'r blydi pethau'n gwrthod codi! Bydd yn rhaid i ti ddangos i mi sut ti'n eu gwneud nhw eto.'

'Be am drio rysáit gwahanol, allan o lyfr?' atebais yn flinedig.

'Mi all rysáit ddweud wrtha i be i'w wneud, ond all o ddim dangos be wyt *ti*'n wneud. Ti goginiodd y *soufflé* berffaith, a dyna be fydd yn rhaid i mi ei weini i'r beirniaid.' Gosododd stôl wrth ymyl y cownter ac eisteddodd arni, gan bwyso'i ên ar ei law.

'Fedra i ddim canolbwyntio os wyt ti'n eisedd yn fanna'n fy ngwylio fi fel hebog.'

'Lwyddest ti i goginio ar y teledu, ac yn yr ŵyl fwyd hefyd. Sut wnest ti ganolbwyntio bryd hynny?'

'Drwy ddychmygu 'mod i adre yn fy nghegin fy hun.'

'Tynna dy siaced wen a rho'r radio ymlaen felly. Ymlacia.'

'Sut fedra i ymlacio pan wyt ti'n gwylio pob symudiad?'

'Rwyt ti mor rhagrithiol, Alys! Roeddet ti'n arfer cuddio yn dy gornel, yn gwylio pawb arall ac yn disgwyl am gyfle i gopïo be oedden ni'n wneud! Wnest ti ddysgu sut i goginio trwy'n gwylio ni, nawr mae'n amser i ddychwelyd y ffafr!' Ochneidiais, a throi'r radio ymlaen cyn dechrau gosod y cynhwysion allan ar y cownter.

'Faint o fafon?' gofynnodd.

'Dau lond llaw.' Ymestynnodd dros y cownter a chymerodd fy llaw yn ei law o, gan ei throi drosodd i weld maint y gledr.

'Dau lond llaw maint Alys, neu un llond llaw i mi,' meddai. Gwnaeth siâp cylch yng nghledr fy llaw hefo'i fawd. Cododd ei ben ac edrych i fyw fy llygaid, ei fawd yn dal i lunio cylch anweledig ar fy nghroen. Roedd ei ddwylo'n feddalach nag yr o'n i wedi tybio y bysen nhw.

Daeth Tom i'r gegin a thynnais fy llaw yn rhydd o afael Duncan. Roedd dynes yn ei ddilyn, ei gwallt melyn yn bentwr anhrefnus ar dop ei phen, a'r sodlau uchaf a welais i erioed am ei thraed. Prin y byswn i'n medru sefyll ynddyn nhw, heb sôn am weithio.

'Mae rhywun isio gair hefo ti,' eglurodd Tom. Brasgamodd y ddynes ymlaen, gan estyn llaw i Duncan gael ei hysgwyd.

'Carys Martin,' meddai, gan ddangos dannedd claerwyn. 'Dwi'n newyddiadurwr ar gyfer BwydCymru.com. Glywes i gan dderyn bach dy fod di'n ein cynrychioli ni mewn cystadleuaeth Brydeinig ...'

'Deryn bach o'r enw Lydia?' holodd Duncan.

'Alla i ddim datgelu hynny. A dwi'n deall nad yw'n bosib i tithau ddatgelu llawer o wybodaeth am *The Best of British Banquet*, ond ro'n i'n gobeithio y byset ti'n fodlon i mi sgwennu erthygl i hyrwyddo'r Fleur-de-Lis?'

''Swn i wrth fy modd,' atebodd Duncan yn glên. 'Gymeri di baned?' Trodd at Tom i ofyn iddo droi'r peiriant coffi ymlaen, ac aeth â Carys drwodd i'r stafell fwyta, gan adael fy *soufflés* ar eu hanner. Bu'r ddau yno am awr gyfan, a sŵn eu chwerthin yn cario trwodd i'r gegin. Sleifiodd Lloyd i mewn drwy'r drws cefn, fymryn yn hwyr fel arfer.

'Pwy 'di hi?' gofynnodd.

'Newyddiadurwr,' sibrydodd Tom. '*Foodie*. Blogiwr. Wnaeth

hi adolygiad o fy ngweithle cynta ... mae'r lle ar gau nawr. Ast o ddynes.'

'Mae'n swnio fel bod Duncan yn ei hoffi hi.'

'Fo 'di'r unig un, os felly,' sisialodd Tom, wrth i Duncan hebrwng Carys yn ôl i'r gegin. Cuddiodd y ddau ohonon ni ein hwynebau, gan geisio peidio â gwenu wrth ei chlywed hi'n fflyrtio hefo Duncan fel merch ysgol.

'Dyma Alys, un o'n Chefs de Partie,' meddai Duncan. 'Yn amlwg, cha i ddim dweud gormod am y rhaglen, ond mi fedra i ddweud y bydd Alys yn chwarae rôl flaenllaw ynddi.'

'Am braf,' meddai Carys, heb fawr o frwdfrydedd. Roedd yn hollol amlwg nad oedd ganddi ddiddordeb mewn cwrdd â gweddill y staff. 'Fyse hi'n iawn i mi gymryd cwpl o luniau o dy gegin?' gofynnodd wrth estyn camera o'i bag, ond fel y disgwyl, Duncan oedd testun pob llun. Rhoddwyd o i sefyll mewn amryw o ystumiau, ac aeth Carys mor bell â gofyn iddo agor botymau uchaf ei grys. Ar gyfer un llun plygodd dros y cownter i gribo'i wallt hefo'i bysedd. Sylwais fod ysgwyddau Tom a Lloyd yn ysgwyd wrth iddyn nhw fygu eu chwerthin, ond llwyddais i beidio ag ymuno â nhw. O'r diwedd, pan aeth y ddau yn ôl i'r stafell fwyta, roedden ni'n rhydd i chwerthin nes bod dagrau'n rhedeg i lawr ein bochau.

'Sut mae o'n 'i wneud o?' gofynnodd Lloyd yn anghrediniol. 'Maen nhw i gyd yn ei ffansïo fo! Dwn i ddim sut mae Lydia'n delio hefo'r holl sylw mae o'n ei gael. O ddifrif, dwi'n ifanc, yn sengl ac yn horni, ac alla i ddim hyd yn oed tynnu sylw merch. Mae o'n briod, bron yn bedwardeg ac mae merched yn disgyn wrth ei draed. Mae o mor blydi annheg!'

'Paid â phoeni, Lloyd bach. Ym mharti Dolig y staff gawn ni gêm o droelli'r botel. Fyddi di'n siŵr o gael merch wedyn. Falle wna i wahodd Jake yn ôl hefyd, i weld all o ac Alys ailgydio yn eu rhamant,' meddai Tom.

'Dim diolch,' atebais yn oeraidd. 'Ac eniwê, dwi'm yn mynd i'r parti Dolig.'

'Pam?' gofynnodd Lloyd.

'Ches i ddim gwahoddiad.' Edrychais ar Tom wrth ddweud hynny, gan mai fo oedd yn gyfrifol am drefnu'r parti. Cododd ei ysgwyddau.

'Wnes i gymryd yn ganiataol y byset ti'n dod hefo ni.'

''Sa gwahoddiad 'di bod yn boléit. 'Nest ti wahodd pawb arall.'

'Alys, 'nghariad i, os gweli di'n dda wnei di ddod hefo ni i ddathlu'r Dolig?'

Cludais bentwr o lestri i'r sinc. Doedd gen i fawr o ddiddordeb mewn mynd i'r parti, a dweud y gwir. Tydw i erioed wedi mwynhau partïon. Beth oedd yn bwysig oedd bod Tom yn fy nhrin i fel pob aelod arall o'r staff, ac yn estyn gwahoddiad.

'Falle ddo i draw,' atebais yn ddifater. 'Os nad oes gen i rywbeth gwell i'w wneud ar y noson.'

'A dyna sut mae gwneud, Lloyd,' meddai Tom. '*Treat em mean, keep em keen*. Mae Alys yn deall rheolau'r gêm.'

'Sôn am ferched ydyn ni?' Daeth Duncan yn ôl i'r gegin. 'Gair o gyngor i ti, Tom, paid â cheisio chwarae gemau hefo merch. Wnei di fyth ennill.' Sychodd ei dalcen â'i lawes. 'Wel, dwi'n falch bod hynna drosodd!'

'Gwaith anodd siarad hefo newyddiadurwyr del, ydi o?' gofynnodd Tom yn gellweirus.

'Mae'n werth bod yn neis hefo newyddiadurwyr,' atebodd Duncan. 'Mi allan nhw gusanu dy foch a gwthio cyllell i dy gefn 'run pryd.'

'Fel pob merch, felly,' atebodd Lloyd, a ffliciais dywel i'w gyfeiriad gan smalio gwgu arno.

'Dyna'r gwirionedd mae gen i ofn, Lloyd,' parhaodd Duncan. 'Dwi'n briod ers bron i ugain mlynedd, a dim ond yn ddiweddar iawn dwi wedi dechrau deall Lydia. Mae "dwi'n iawn" yn golygu, "dwi'n flin hefo ti." Mae "does dim angen i ti drefnu dim ar gyfer fy mhen blwydd" yn golygu y dylwn i drefnu parti anferth neu mi fydd hi'n pwdu am wythnosau. Os ydi hi'n sôn am "yr hen bâr o esgidiau 'ma" dwi'n gwybod ei bod hi newydd wario ffortiwn. Mae be mae merched yn ddweud a be maen nhw'n ei feddwl yn bethau cwbl wahanol.' Chwarddodd y dynion.

Aeth Duncan i'r swyddfa a chymerodd gerdyn busnes oddi ar y wal a phapur hanner canpunt o'r til.

'Sôn am siopa – Tom, Lloyd, dwi am i chi fynd i weld y cigydd newydd yma, draw yn Nyserth. Dewch â samplau o'i gig i mi, a dwi'ch angen chi yn ôl erbyn hanner awr wedi unarddeg. Iawn?' Edrychai'r ddau fel bechgyn bach yn cael eu rhyddhau o'r ysgol yn gynnar.

Ar ôl iddyn nhw ymadael rhoddodd Duncan ochenaid o ryddhad.

'Llonydd o'r diwedd,' meddai, gan eistedd unwaith eto ar ei stôl. 'Jest ti a fi, Alys.' Pwysodd ei ên ar ei law eto ac edrych i fyny arna i. 'Dwi yn dy ddwylo medrus di.'

Ceisiais ei anwybyddu a smalio 'mod i ar fy mhen fy hun, ond ro'n i'n ymwybodol na wnaeth ei lygaid symud oddi arna i tra o'n i'n coginio.

18

Pwysai'r tywyllwch arna i fel pridd ar fedd. Teimlwn fel petai fy mhen yn chwyddo ac yn ehangu fel balŵn ...

Gosododd Mam law oer ar fy nhalcen.

'Sssh, cariad,' sibrydodd. Agorais fy llygaid â chryn drafferth. Ro'n i'n gorwedd ar wely ac roedd goleuadau stribed uwch fy mhen. Safai nyrs wrth fy ochr, yn edrych ar ryw beiriant.

'Ti'n ôl hefo ni, Alys,' meddai'r nyrs, gan wenu. 'Gest ti ddamwain yn y gwaith. Wyt ti'n cofio?'

Ceisiais ei hateb hi, ond roedd fy llwnc yn sych a 'nhafod wedi glynu wrth dop fy ngheg. Tywalltodd Mam wydraid o ddŵr llugoer a'i ddal at fy ngwefusau. Yfais yn farus.

'Wnest ti lithro ar lawr gwlyb a tharo dy ben,' meddai'r nyrs eto. 'Roeddet ti'n anymwybodol am sbel go lew, a gest ti dy gludo yma mewn ambiwlans. Gorwedda'n llonydd, a phaid â gwneud dim nes bydd y doctor wedi dod yn ôl i dy weld di.'

Daeth atgofion yn ôl: sgrech seiren yr ambiwlans a llais yn galw fy enw drosodd a throsodd. 'Alys, Alys, fedri di 'nghlywed i? Fedri di agor dy lygaid?' Cofiais be ddigwyddodd. Ro'n i wedi mynd draw i'r bwyty i gael lifft i'r orsaf, a llithrais ar lawr gwlyb ... O, na.

'Ydw i'n cael mynd i Lundain?' gofynnais.

Ciledrychodd y nyrs ar Mam. 'Llundain?'

'Roedd Alys i fod i deithio i Lundain prynhawn 'ma, i recordio rhaglen deledu,' esboniodd Mam.

'Yn anffodus dwi ddim yn meddwl y byddi di mewn sefyllfa

i deithio i unman,' eglurodd y nyrs. 'Mae'r doctor am dy gadw di yma dros nos, i gadw golwg arnat ti.'

Gwasgodd Mam fy llaw a gwenu. 'Doedd gen ti ddim llawer o awydd mynd mewn gwirionedd, nagoedd?'

Er na fyswn i wedi dweud 'mod i'n edrych ymlaen at ail rownd y gystadleuaeth, teimlais rywbeth tebyg iawn i siom wrth glywed 'mod i'n gorfod aros dros nos yn yr ysbyty. Do'n i ddim eisiau siomi Duncan.

Yn fuan roedd y cyfnod ymweld drosodd, a chafodd Mam orchymyn i adael.

'Ceisia gysgu,' meddai, a doedd dim angen anogaeth arna i. Cysgais yn drwm tan oriau mân y bore.

Pan ddeffrais, y peth cynta wnes i oedd edrych ar fy oriawr. Yng ngoleuni'r allanfa dân gwyliais y bysedd yn tipian: 5.10, 5.35, 6.20. Dychmygais Duncan yn cyrraedd yr orsaf, yn gosod ei fagiau yn y rhesel ac yn ffarwelio â Lydia. Dychmygais sut y byddai'n cyfarch y cogyddion eraill, yn eistedd yn y stafell werdd yn yfed coffi a chwerthin yn eu cwmni. Efallai y buasai'n dychwelyd i fwyty Vetrovs, i weld Aleksey ac ymweld â'i hen ystafell. A fyse'n rhaid iddo ddibynnu ar gynorthwywr o'r tîm cynhyrchu – rhywun nad oedd yn ei adnabod nac yn deall ei ffordd o weithio? Gorweddais yn y gwely gan wrando ar y glaw yn curo yn erbyn y ffenest. Wnes i ddim llwyddo i fynd yn ôl i gysgu.

Daeth y drol frecwast i'r ward am hanner awr wedi saith, ac yn fuan wedyn daeth y doctor i edrych ar y clwyf ar fy mhen. Ar ôl iddo weld bod yr anaf yn gwella'n iawn, rhoddodd ganiatâd i mi fynd adref. Ffoniais Mam i ddod i fy nôl i, ac ro'n i mor falch o gael bod adref, yn fy stafell wely fy hun.

'Ges i air hefo Lydia,' meddai Mam, 'ac mi ddwedodd hi na chei di ddod yn ôl i'r gwaith am o leia wythnos.' Roedd Mam wedi trefnu i weithio o adre er mwyn gallu edrych ar f'ôl i, ond mynnais ei bod yn mynd yn ôl i'r ysgol. Y cwbl ro'n i am ei wneud oedd aros yn y gwely drwy'r dydd. Unwaith iddi dderbyn y byddwn yn ei ffonio petai problem, aeth yn ôl i'r gwaith ac es innau'n syth yn ôl i'r gwely.

Doeddwn i ddim wedi cael cyfle i ddadflino ers ffilmio'r sioe gyntaf – wel, o'r diwedd, dyma fy nghyfle! Dechreuais fwynhau cael fy mhrydau yn y gwely, gwrando ar lyfrau, gwylio ffilmiau rhamantus a chael cysgu a chysgu a chysgu. Treuliais y diwrnod yn diogi, ac erbyn y bore wedyn ro'n i'n teimlo'n well o lawer.

Deffrais i glywed nid un, ond tri llais i lawr y staer. Mam oedd un, a chefais fraw pan sylweddolais mai Duncan a Lydia oedd y ddau arall, a'u bod nhw'n dringo'r grisiau. Cnociodd Mam ar y drws.

'Alys, pwt, wyt ti'n effro?' gofynnodd. 'Mae gen ti ymwelwyr.' Cribais fy ngwallt hefo fy mysedd yn frysiog.

'O, Alys druan,' meddai Lydia mewn llais tosturiol. Safodd Duncan yn y drws, yn edrych bron yn wylaidd. Teimlad od iawn oedd ei weld yn fy stafell wely, yn enwedig gan ei fod yn dal tusw enfawr o flodau yn ei freichiau. Dechreuodd y ddau ohonon ni siarad ar yr un pryd.

'Wnest ti ennill?'

'Wyt ti'n well?'

'Gymerwch chi baned?' gofynnodd Mam. Wrth iddi blygu drosta i er mwyn estyn am y llestri budron, tynnodd fy ngŵn wisgo ar draws fy mrest i guddio'r les ar fy nghoban. Dilynodd Lydia hi i lawr y grisiau, gan ofyn am ffiol i ddal y blodau.

Gafaelodd Duncan yn y gadair oedd oddi tan fy nesg ac eisteddodd wrth fy ymyl, mor agos nes bod ei bengliniau bron â chyffwrdd y gwely.

'Sut wyt ti'n teimlo?'

'Gwell nag o'n i,' atebais. 'Fory dwi'n bwriadu codi o'r gwely.'

'Wnest ti frifo'n ofnadwy?'

'Doedd dim rhaid i mi gael pwythau – mi lwyddon nhw i ludo'r briw. Alla i ddim credu pa mor wirion o'n i – llithro ar lawr gwlyb!' Gwenais, ond arhosodd wyneb Duncan yn ddifrifol.

'Ymlacia, Chef. Dwi'n trio dweud nad ydw i am siwio'r Fleur-de-Lis am ddamwain yn y gweithle.' Er gwaethaf fy jôc, roedd ei wyneb yn dal yn syber.

'Wel, diolch nad oedd pethau'n waeth. Roeddet ti allan ohoni am ugain munud, ac roedd y meddyg yn poeni am niwed i dy ymennydd. O, deimlais i gymaint o ryddhad pan wnest ti wasgu fy llaw!'

'Oeddet ti ... ti oedd yng nghefn yr ambiwlans hefo fi?'

'Ie. Roedd yn rhaid i mi fod yn siŵr bod fy seren ddisglair am fod yn iawn. Ro'n i wedi gobeithio aros nes oeddet ti wedi deffro, ond ddwedodd dy fam a'r nyrs na allwn i wneud unrhyw beth i helpu.' Oedodd. 'Roedd yn rhaid i mi ddal fy nhrên.'

Daeth sŵn chwerthin Mam a Lydia o'r gegin.

'Sut aeth hi?' gofynnais yn awchus. 'Wnest ti ennill?'

'Dwi ddim hyd yn oed i fod i ddweud wrth Lydia ...'

'Ond rwyt ti wedi gwneud, yn do?' torrais ar ei draws, 'a rŵan gei di ddweud wrtha i. Dwi wedi arwyddo cytundeb, cofia – cha i ddim dweud wrth neb arall. Felly, pwy enillodd?'

Pwysodd Duncan yn ei flaen nes 'mod i'n teimlo'i anadl ar fy moch, a sibrydodd yr ateb yn dawel, dawel.

'Brian Marubbi enillodd.' Syrthiais yn ôl yn erbyn fy ngobennydd.

'Wyt ti'n siomedig?'

'Nac'dw. Dau bwynt oedd rhyngddan ni. Dau bwynt yn fwy, a fi fysa wedi cael coginio'r wledd 'na. Mae Brian Marubbi yn gawr yn y gegin, a ddes i o fewn trwch blewyn i'w guro. Y flwyddyn nesa fydda i'n ôl ac yn dynn ar ei sodlau. Ac mi fyddi di'n dynn ar fy sodlau i.' Oedodd, gan edrych arna i'n ddisgwylgar. 'Dwyt ti ddim yn fy neall i, nagwyt Alys? Y flwyddyn nesa maen nhw isio i ti ddod yn ôl, ond nid i 'nghynorthwyo i. Maen nhw wedi gofyn a ddoi di i gynrychioli Cymru.'

'Na ...' ochneidiais. 'Ti'n tynnu 'nghoes i.'

'Dwi'n hollol o ddifri,' atebodd. Wnest ti argraff enfawr arnyn nhw hefo dy sgiliau a dy frwdfrydedd. Maen nhw'n hoffi'r syniad o gael cogydd yn cystadlu'n erbyn aelod o'i staff; a ti oedd eu dewis cyntaf allan o'r holl gynorthwywyr.' Ar fympwy, taflais fy mreichiau rownd ei wddw a gwasgais yn dynn.

'Wel Alys, rwyt ti newydd ddatgelu canlyniad y gystadleuaeth!' meddai Mam. Edrychais dros ysgwydd Duncan i'w gweld hi'n sefyll yn y drws a hambwrdd yn ei dwylo.

'Mam, flwyddyn nesa maen nhw am i mi gystadlu – nid fel cynorthwywr ond fel un o'r cogyddion!'

'Roedd y beirniaid yn gwylio pawb,' eglurodd Duncan, ac mi oedden nhw wrth eu boddau hefo Alys ...'

Gwenodd Mam arna i, ond mi wyddwn o brofiad nad oedd yn gwbl hapus.

'Dwi'n gwybod bod Alys yn gogydd da,' meddai hi wrth Duncan, 'ond ydi hi wirioneddol yn ddigon da i gystadlu yn *The Best of British Banquet*? Wyt ti'n hollol siŵr nad ydi'r cynhyrchydd yn dymuno'i chael hi'n ôl am ei bod hi'n ifanc a dibrofiad? Dwi'm yn hoffi'r syniad ohoni'n mynd yn erbyn cogyddion enwog a hithau â chyn lleied o brofiad o weithio yn y maes. Bydd hi dan anfantais enfawr, a dwi'n pryderu mai dyna fwriad y cwmni cynhyrchu – dewis cystadleuydd sy heb obaith o ennill, rhywun fydd yn hawdd ei chwynnu o'r rhaglen a'i gyrru i ebargofiant.'

Fflachiodd llygaid Duncan mewn dirmyg.

'Ydach chi'n meddwl y byswn i'n gwneud y fath beth i Alys? Ei gwthio i gystadlu fel bod cogyddion eraill yn edrych yn well mewn cymhariaeth?'

'Dwi'n gofyn wyt ti'n meddwl fod hynny'n bosib, a bod gan y cwmni cynhyrchu agenda cudd,' meddai Mam, ei llais yn wastad a digynnwrf.

'Mae'r tîm cynhyrchu wastad yn chwilio am gymeriadau diddorol. Fysen nhw ddim wedi gwahodd Alys oni bai ei bod hi'n ddigon dda i gystadlu. Ac mae hi *yn* ddigon da.' Rhoddodd law amddiffynnol ar fy mraich a theimlais wefr debyg i sioc drydanol wrth iddo gyffwrdd fy nghroen noeth.

'Ond mae Alys wedi bod yn y diwydiant am gyfnod mor fyr,' protestiodd Mam. 'Sut all hi gystadlu yn erbyn cogyddion proffesiynol sy wedi treulio degawdau mewn bwytai?'

'Mae ganddi gymaint o botensial.' Trodd Duncan i fy

wynebu. 'Alys, mae gen ti'r potensial i fod yn gogydd o'r safon uchaf. Dwi erioed wedi cyfarfod cogydd arall sy'n medru dysgu mor gyflym, a dwyn cymaint o wybodaeth i gof. Os wnei di hyfforddi hefo fi am chydig oriau bob wythnos, dwi'n gwybod y medra i dy ddysgu di sut i goginio i safon bwyty Michelin.'

'Wyt ti rêli'n meddwl hynny?'

'Ydw. Mae angen i ti fireinio dy arddull. Blwyddyn o hyfforddiant dwys mewn arddulliau clasurol ac mi alla i dy droi di'n Sous Chef o safon digon da i weithio yn unrhyw gegin.' Edrychodd i fyw fy llygaid wrth iddo siarad, a theimlais ymchwydd o gynhesrwydd drwy fy nghorff.

'Bendigedig!' meddai Lydia o'r tu ôl i Mam, gan guro'i dwylo. 'Mae 'na seren newydd yn y gegin.' Ond pan gymerodd gipolwg ar wyneb Mam, ychwanegodd, 'well i ni fynd, Duncan, er mwyn i Alys gael gorffwys.'

Tywysodd Mam nhw lawr i'r gegin, ac ar ôl cau'r drws y tu ôl iddyn nhw daeth yn ôl i'r stafell wely i gasglu'r paneidiau oedd yn stiwio ar fy nesg. Gosododd y mygiau ar yr hambwrdd ac eistedd wrth ochr y gwely.

'Faint yn fwy fedri di roi, Alys?' gofynnodd yn bryderus. 'Dwi'n teimlo nad ydw i byth yn dy weld di. Rwyt ti yn y Fleur-de-Lis bron bob diwrnod. Dwyt ti byth yn gweld dy hen ffrindiau, ac anaml iawn wyt ti'n gwrando ar lyfrau llafar na gwylio'r teledu, na mynd am dro. Faint o amser wyt ti'n ei gael i ymlacio, i gael dy gefn atat? Faint yn fwy ohonat ti dy hun fedri di ei roi i Duncan?'

Am eiliad ro'n i'n siŵr fod Mam wedi sylweddoli sut ro'n i'n teimlo am Duncan, ond pan edrychais i'w llygaid gwelais mai fy lles i yn unig oedd ei phryder.

'Dwi'n gwneud y cwbl er fy lles fy hun,' atebais yn gadarn. 'Dwi wrth fy modd yn y gegin, a dwi isio gwella fy sgiliau. Dwi'n ddau ddeg dau – wyt ti'n deall pa mor ffodus ydw i? Petai rhywun wedi dweud wrthat ti ar ôl blwyddyn yn athrawes, "gei di fod yn bennaeth adran o fewn deunaw mis" mi fyset titha hefyd wedi gwneud popeth posib i gyrraedd dy nod!'

'Ro'n i'n dri deg pump pan ges i swydd pennaeth. Profiad ydi'r addysg orau.'

'Ond dyma sut mae cael profiad! Chest ti mo swydd y pennaeth heb weithio oriau hir, naddo?'

Gwyddai Mam nad oedd hi mewn unrhyw sefyllfa i bregethu. Gweithiai o wyth tan chwech bob dydd, a gweithiodd bob dydd Sadwrn a thrwy wyliau'r haf ar hyd fy mhlentyndod. Efallai nad oedd fy ngalwedigaeth mor deilwng ag un Mam, ond ro'n i'n caru coginio lawn cymaint ag yr oedd hi'n caru ei gwaith fel athrawes. Dyma oedd fy nhalent, dyma oedd fy nyfodol a dyma gyfle ardderchog i wella fy hun. Roedd rheswm arall yn llechu yng nghefn fy meddwl hefyd, ond wnes i ddim sôn am hwnnw. O leia roedd fy araith fach wedi gweithio i ddarbwyllo Mam.

'Mae'n braf bod gen ti gymaint o angerdd,' meddai. 'Ond cofia ddal chydig yn ôl. Paid â rhoi gormod ohonat ti dy hun i'r hen le. Dwi'n cofio be ddigwyddodd i 'mrawd yno, a tydw i ddim am weld y Fleur-de-Lis yn dy ladd dithau hefyd.'

19

Rhagfyr

Roedd Lydia wrthi'n llunio'r rota ar gyfer cyfnod y Nadolig. Hi fyddai'n arfer trefnu rota y staff gweini, ond pan welon ni'r sticeri bach lliwgar yn cael eu gosod ar rota'r cogyddion, rhedodd gwrthryfel drwy'r gegin. Aeth pawb damed yn fwy blin pan sylweddolon nhw nad oedd yr un sticer gyferbyn ag enw ei gŵr.

'Gaiff Julia a Catrin redeg blaen y bwyty ar ddiwrnod Nadolig,' meddai, gan osod sticer yn ofalus dros Ragfyr 25. 'John, fyddi di'n iawn i redeg y gegin, hefo cymorth Alys? Dim ond tri dewis fydd ar y fwydlen. Gewch chi lenwi powlenni o lysiau a'u gosod ar y byrddau, felly dim ond torri'r cig fydd raid ...'

Daeth Duncan i fyny o'r seler â llond ei freichiau brown o boteli.

'Dwi ddim am godi £60 y pen a chynnig bwffé. Bydd pobl yn talu am ginio Dolig go-iawn a dyna be gân nhw. Wna i'n sicr o hynny.'

'Dwyt ti ddim am weithio diwrnod Dolig?' gofynnodd Lydia'n syn.

'Wrth gwrs y bydda i'n gorfod gweithio diwrnod Dolig, fel y gwnes i y llynedd, a'r flwyddyn cyn hynny.'

'Ond, ti'n gwybod ...' Brathodd ei gwefus.

Cododd Duncan y beiro a orweddai ar y bwrdd o flaen ei wraig, a heb air arall ychwanegodd ei enw at y rota. Cerddodd Lydia i gornel arall y gegin, yn rholio un o'r sticeri lliw rhwng ei bysedd.

Cwblhaodd Duncan y rota, gan rwygo'r sticeri a osodwyd gan Lydia oddi ar rai dyddiau a'u symud i ddyddiau gwahanol. Ro'n i i weithio ddiwrnod Dolig a diwrnod San Steffan, ond o leia byddwn adre dros y flwyddyn newydd hefo Mam.

Aeth pawb arall yn ôl i'r gwaith, ond parhaodd Lydia i sefyll yn y gegin, yn syllu'n drist allan drwy'r ffenest fel seren mewn ffilm ddu a gwyn.

'Duw, Lydia, paid ag ypsetio. Oeddet ti'n gwybod be i'w ddisgwyl cyn i ni briodi.'

Cerddodd Lydia draw at y swyddfa a phwyso'i chorff yn erbyn ffrâm y drws gan daflu golwg ddengar i gyfeiriad ei gŵr.

'Duncan, gawn ni drafod hyn?' Cododd Duncan ei ben i weld ystum awgrymog ei chorff ... ac yna trodd i edrych arna i.

'Ble mae'r bowlen gymysgu las?' gofynnodd. Sythodd corff Lydia a fflachiodd dicter yn ei llygaid. Es i nôl y bowlen o'r rhesel, ac wrth i mi droi fy nghefn clywais ddrws y swyddfa yn cau – yn ysgafn, ysgafn. Gan fod Duncan wedi troi ei gefn arni, fi oedd yr unig un a welodd ei thymer yn codi fel ager.

Bum munud yn ddiweddarach brasgamodd Lydia allan o'r swyddfa, ei bag dros ei hysgwydd ac allwedd ei char yn hongian o'i llaw.

'Dwi'n mynd i siopa,' datganodd wrth bawb, ac wrth neb. Roedd Duncan wedi mynd yn ôl i lawr i'r seler, a thalodd neb arall fawr o sylw iddi.

Es i yn ôl at fy ngwaith, ond ar ôl munud neu ddau daeth Tom draw ata i.

'Be oedd yn bod arni hi?' gofynnodd, ac ysgydwodd John ei ben mewn anghrediniaeth. Doedd Tom dim yn dwp, ond âi unrhyw beth nad oedd yn hollol, hollol amlwg yn syth dros ei ben fel awyren. Adloniant gorau'r gegin oedd gwylio John yn ceisio cadw'i dymer wrth egluro'r pethau mwyaf sylfaenol i Tom. ('Wrth gwrs bod y llawr yn llithrig pan mae'n wlyb, Tom – dyna pam, ar ôl i ni lanhau, 'dyn ni'n gosod arwyddion "PERYGL" melyn ar hyd y lle.')

'Pwdu mae hi, fel arfer,' eglurodd John. 'Roedd hi'n

gobeithio byddai Duncan yn aros adre i goginio cinio Dolig i'w rhieni hi. Maen nhw'n ymweld dros yr Ŵyl bob blwyddyn, a dyna pam bod Duncan wedi gweithio bob diwrnod Dolig ers 1998.'

'Pam hynny?' gofynnodd Tom. 'Dydyn nhw ddim yn hoffi'i gilydd?'

'Ddim ar ôl i dad Lydia ei alw'n ... be ddwedodd o? "Golchwr llestri bach haerllug oedd yn meddwl ei fod o'n ddigon da i briodi mewn i'r dosbarth canol" ...'

'Dwi'n credu mai ei union eiriau oedd, "golchwr llestri oedd â'r hyfdra i lamu i fyny'r ysgol drwy briodi ei well".' Safai Duncan yn nrws y seler, ei ddwylo yn ei bocedi. 'Dyna ffordd neis i gyfarfod fy nhad yng nghyfraith am y tro cyntaf.'

Syllais ar y cownter, yn llawn cywilydd 'mod i wedi cael fy nal yn gwrando ar glecs, ond parhaodd Duncan â'r stori. 'Roedd ei mam yn bendant ein bod ni'n priodi am fod Lydia'n feichiog – allai hi ddim credu y byddai hi'n dewis mynd i Gretna Green i briodi cogydd oedd heb yr un ddimai goch i'w enw. Erbyn hyn mae hi'n siomedig achos na wnes i roi ŵyr neu wyres iddi. Wrth gwrs, fi sy'n cael y bai am hynny, er eu bod nhw wedi mynnu bod eu merch yn cael dau erthyliad tra oedd hi yn y coleg.'

'Dau?' gofynnais, cyn i mi fedru llyncu fy sioc. 'A nhw wnaeth ei hannog hi?'

'Ie. Mwy neu lai ei gorfodi hi. Doedd hi ddim mewn perthynas, ac roedden nhw wedi buddsoddi cymaint yn ei haddysg er mwyn gwneud boneddiges ohoni ... Crachach rhagrithiol!' Ochneidiodd yn ddwfn. Efallai ei fod wedi sylweddoli iddo ddweud gormod. ''Sa'n well gen i weithio hanner can diwrnod Dolig na threulio un yng nghwmni teulu Lydia,' ychwanegodd, wrth oedi y tu allan i'w swyddfa. 'Dach chi ddim yn gwybod am hyn, wrth gwrs. Ac os bydd Lydia'n eich clywed chi'n clebran, mi wna i roi'r bai ar John.'

Cododd John ei ysgwyddau. 'Ia, rho'r bai arna i. Mae hi'n fy nghasáu i eniwê.'

Roedd yn wir nad oedd Lydia'n hoff o John na'r cogyddion

eraill, ond roedd yn dal i geisio bod yn ffrind o ryw fath i mi, am ryw reswm. Yn wir, ar ôl fy namwain mi wnaeth hi ymdrech arbennig i fod yn gyfeillgar, gan fy ngwahodd i fynd hefo hi i siopa Dolig yng Nghaer ar un o fy mhrynhawniau prin i ffwrdd o'r gwaith.

'Gawn ni gymaint o hwyl, Alys! Does 'na ddim byd gwell na thrip siopa hefo'r genod, nagoes? Ro'n i'n arfer gwneud hyn bob wythnos yn Llundain ... bydd yn rhaid i ni wneud hyn yn beth rheolaidd ... W, sêl sgidiau! Ty'd i ni gael golwg! Jest gad i mi drio'r rhain ymlaen ...' Mynnodd fynd am ginio neis a thalu am y cwbl. 'Alys, os na wnei di adael i mi dalu mi fydda i'n gwylltio! Fy nhrît i, i ddiolch i ti am helpu Duncan!' Aethon ni draw i fistro bach Ffrengig, un o'i hoff lefydd i fwyta. Roedd y pryd yn ysgafn ac yn flasus, ond wrth gwrs doedd o ddim hanner mor flasus â bwyd y Fleur-de-Lis. Chawson ni ddim pwdin gan fod Lydia'n gwylio'i phwysau. Y peth gorau am y pryd i mi oedd y coffi du a oedd yn gryf, yn felys ac yn gyfoethog.

'Mae'n lle gorjys, yn tydi?' gofynnodd Lydia. 'Am braf fyse bod yn berchennog ar rywle tebyg i hwn, yng nghanol y ddinas. Dwi 'di bod yn ceisio perswadio Duncan i ehangu ei ymerodraeth. Meddwl mynd i Baris o'n i.'

'Wyt ti'n meddwl y byse Duncan isio symud 'nôl i Ffrainc?' holais. Roedd o wedi sôn ddwywaith neu dair am ei brofiad o fyw a gweithio ym Mharis, ac o be glywes i, treuliodd ei holl amser mewn cegin danddaearol, yn destun abiws mewn iaith nad oedd o'n ei llawn ddeall. Gadawodd ei swydd ar ôl llai na blwyddyn. Allwn i mo'i ddychmygu o'n cytuno i symud yn ôl i rywle oedd mor estron iddo, a mentrais fynegi hynny i Lydia. Gwenodd hi fel llwynog.

'Mae gen i amryw o ffyrdd i ddwyn perswâd arno fo, Alys.' Yna newidiodd y pwnc drwy ofyn a fyswn i'n fodlon gwneud cymwynas iddi. Reeeit. Dyna felly oedd ei phrif reswm am ddod â fi ar ddiwrnod allan!

'Dwi 'di gwahodd cwpl o ffrindiau draw i ddathlu pen blwydd Duncan, a dwi am baratoi swper arbennig a gwneud cacen ben blwydd iddo. Fyset ti'n medru dod draw i fy helpu fi, tybed? Wna i dy dalu di, wrth gwrs.'

Doedd dim angen yr arian arna i, ond cytunais gan mai pen blwydd Duncan oedd o ... a gan ei bod yn anodd iawn dweud 'na' wrth Lydia.

20

Yr wythnos wedyn, jest cyn y Dolig, es i draw i gartref Lydia a Duncan er mwyn helpu i baratoi'r cinio pen blwydd. Roedd y ddau'n byw ar gyrion y pentref, yn un o'r tai newydd ar yr unig stryd heb enw Cymreig arni: Heritage Square. Roedd y lle yn siwtio Lydia i'r dim.

Mynnodd fynd â fi ar daith o amgylch ei chartref, ei theyrnas, a gwelais fod ei phersonoliaeth yn amlwg ym mhob stafell. Roedd yno bum stafell wely, a gwely dwbl ym mhob un. Fyse hi wedi medru 'ehangu'r ymerodraeth' drwy agor Gwely a Brecwast, meddyliais, ond hyd y gwyddwn i, ei hunig ymwelwyr oedd ei mam a'i thad. Dwi'n credu y dewisodd Lydia'r tŷ anferth fel symbol o gyfoeth, ond yn bersonol dwi'n meddwl y byse hi wedi bod yn hapusach mewn adeilad llai o faint. Roedd y gofod gwag yn gweiddi am gwpl o blant i'w lenwi, a gallwn ddychmygu tawelwch annifyr y stafelloedd mud pan nad oedd Duncan yno hefo hi. Doedd dim syndod bod Lydia yn dod draw i'r Fleur-de-Lis gymaint yn ystod y dydd.

Roedd y gegin, o leiaf, yn freuddwyd: aceri o gownteri a phob teclyn a dyfais y gallai cogydd ofyn amdano. Treuliais y prynhawn yn paratoi cacen ar ffurf llyfr coginio, gan baentio rhai o hoff brydau Duncan ar yr eisin gwyn.

Eisteddodd Lydia wrth y cownter i gadw cwmni i mi, yn torri hen luniau a rhoi edau drwy'r topiau i greu baneri i'w hongian o amgylch y stafell fwyta. Llinell amser bersonol oedd hi, yn cynnwys lluniau o Duncan ar hyd ei fywyd.

Ges i gyfle i weld eu lluniau priodas hefyd. Edrychai Lydia

fel seren ffilm hefo'i haeliau siapus a'i gwefusau coch. Gwisgai Duncan wisg draddodiadol oedd yn cynnwys cilt gwyrdd a glas. Roedden nhw'n bâr hynod o olygus a hapus yr olwg, hyd yn oed os na chawson nhw'r dathliad crand roedd hi wedi breuddwydio am ei gael ers iddi fod yn ferch fach.

'Es i yn erbyn ewyllys Dad, ti'n gweld,' eglurodd Lydia. 'Gwrthododd gyfrannu ceiniog at gostau'r briodas, gan fynd mor bell â 'nghyhuddo fi o briodi Duncan jest er mwyn ei siomi fo. Roedd Mam wedi'i darbwyllo mai *shotgun wedding* oedd hi, ond ...' Gwingodd wrth i'r atgof nofio'n rhy agos i'r wyneb. Cofiais yr hyn ddwedodd Duncan am yr erthyliadau, a theimlais ei thristwch. 'Weithiau dwi'n meddwl fod Dad yn iawn, ac y gwnes i briodi am y rhesymau anghywir. Dydw i a Duncan ddim yn siwtio'n gilydd mewn gwirionedd – rydan ni mor annhebyg mewn cymaint o ffyrdd, ac isio pethau hollol wahanol mewn bywyd.' Cerddodd at yr oergell a chodi un o'r poteli gwin oedd yn oeri ar gyfer y parti. Edrychodd arna i dros ei hysgwydd. 'Ers i ni symud i Gymru, y cwbl 'dan ni'n wneud ydi ffraeo fel ci a chath. Ond 'sdim ots ganddo 'mod i'n unig. Dwi'n gwybod y galla i fynd dros ben llestri weithiau, fel yr helynt gwirion 'na hefo Julia, ond weithiau dwi'n teimlo bod yn rhaid i mi ei frifo fo, fel mae o'n fy mrifo fi. Wyt ti'n gwybod sut deimlad ydi caru rhywun a'u casáu nhw ar yr un pryd, Alys? Dim ond ffraeo sy'n clirio'r awyr ...' Ochneidiodd, a throi i sbio allan drwy'r ffenest.

'Dwi ddim yn casáu 'nhad, ond mae o'n medru bod yn ddifeddwl weithiau, fel mae Duncan. 'Dio ddim wastad yn meddwl sut bydd yr hyn mae o'n ei wneud yn effeithio ar bobl eraill. Mae o'n gallu bod yn hunanol a myfïol, a tydi o ddim wastad yn haeddu fy nghariad, ond dwi'n ei garu o 'run fath, achos un tad sydd gen i ...' atebais.

'Ond pam ddylen ni, Alys? Bastards hunanol ydyn nhw i gyd. Biti na ddysges i hynny pan o'n i'r un oed â ti.' Cododd y botel win a gwydr ac aeth â nhw drwodd i'r lolfa. Yn sydyn roedd y gegin yn drwm o wres y popty a siom Lydia.

Dechreuais gael y teimlad ei bod hi wedi fy ngwahodd draw

i siarad yn hytrach na hwyluso'r parti. Roedd angen ffrind arni, ond eto doedd ganddi ddim diddordeb o gwbl mewn clywed am fy mywyd i. Clust i wrando arni hi'n bwrw ei bol am ei gŵr oedd fy rôl i, a dyna'r cwbl.

Ymhen dipyn daeth Lydia i nôl y cytleri er mwyn gosod y bwrdd, a sylwais ei bod wedi twtio'i cholur a chlymu ei gwallt yn ôl yn daclus. Doedd dim golwg o'r tristwch cynharach – roedd fel petawn i'n siarad hefo Lydia newydd sbon.

'Alys, rwyt ti'n rhyfeddol,' canmolodd, gan fy nghusanu ar fy moch a gwthio amlen i fy llaw. 'Rhaid i mi fynd i orffen gwisgo rŵan. Fyddi di'n iawn i gerdded adre? Na, anghofia hynny, ffonia dacsi i ti dy hun.' Estynnodd ei phwrs o'i bag i nôl degpunt arall. Ceisiais wrthod yr arian, ond stwffiodd y papur i fy mhoced gan ddweud, 'Cymera fo, ti 'di ennill pob ceiniog! Dwi mor ddiolchgar i ti, a dwi'n gwybod y galla i ymddiried ynddat ti i gadw fy nghyfrinach.' Oedd ganddi gywilydd ei bod wedi datgelu cymaint am ei theimladau i rywun a weithiai mor agos hefo'i gŵr, tybed? Ond yna, chwarddodd yn uchel. 'Does dim rhaid i neb arall wybod 'mod i'n methu coginio, nagoes? Cadwa fo dan dy het!'

'Wna i ddim sôn gair wrth neb. Dwi'n gobeithio y bydd Duncan yn mwynhau'r gacen.'

'Dwi'n siŵr y bydd o wrth ei fodd.' Trodd Lydia i edrych ar y cig yn rhostio'n araf yn y popty, a'r llysiau'n mudferwi yn eu sosbenni. 'Weithiodd hyn yn grêt, yn do? Bechod na fedra i dy dalu di i fod yn *stand in* pan mae o'n mwydro 'mhen i am y cyflogau a'r rota staffio a'r cynllun marchnata! Dwi 'di meddwl droeon y byddai'n well gen i petai Duncan yn cadw meistres na rhedeg bwyty – o leia fyddai o ddim yn clebran bob awr o'r dydd am y feistres!'

'Nid swydd ond galwedigaeth ydi bod yn gogydd,' atebais, gan ddifaru'r geiriau'n syth.

'Mi wn i hynny erbyn hyn,' meddai Lydia. 'Dwi 'di gorfod derbyn bod tri pherson yn ein priodas, fel Diana ers talwm – fo, fi a'r blydi Fleur-de-Lis!'

'Wel, o leia mi fydd o adre heno,' cysurais hi, wrth i mi gamu drwy'r drws ffrynt.

Gwthiais berthynas gymhleth Lydia a Duncan i gefn fy meddwl a dechrau cerdded am adre. Roedd eira yn yr awyr, ond roedd yr oerni'n ffres ar ôl gwres y gegin. Penderfynais gerdded ar draws y caeau yn hytrach nag ar hyd y ffyrdd – roedd y daith yn fyrrach a'r golygfeydd yn brafiach o lawer.

Cyrhaeddais ochr arall y pentref a dringais dros glwyd er mwyn cerdded i ben y bryn. Erbyn i mi gyrraedd y brig roedd yr eira wedi dechrau disgyn a chodai fy anadl yn wyn yn erbyn düwch y noson, fel mwg draig. Codais fy wyneb i wylio'r eira'n disgyn o'r awyr, fel cannoedd a miloedd o sêr yn dod i orwedd ar y ddaear. Fel arfer, Mam oedd yn iawn – roedd angen i mi dreulio mwy o amser y tu allan i'r gegin. Roedd cymaint o harddwch o 'nghwmpas, ond ro'n i'n treulio gormod o amser y tu mewn i bedair wal y Fleur-de-Lis i'w werthfawrogi.

Wrth gerdded yn ôl, cofiais sut roedd Taid Tan y Bryn yn mynd â fi a Lee i hela ar nos olau leuad, i saethu'r llwynogod fyddai'n ymosod ar ei ieir. Aethon ni allan ar noson debyg i hon unwaith, pan oedd eira'n drwch ar y llawr a'r lleuad mor llachar nes y gallen ni weld ein cysgodion yn cerdded wrth ein hochrau fel cewri du.

Taid ddysgodd ni sut i ddefnyddio reiffl. Efallai mai fo oedd yn gyfrifol am benderfyniad Lee i fynd i'r fyddin. Wnes i erioed fwynhau saethu'r llwynogod oedd, wedi'r cwbl, yn gwneud yr hyn oedd yn naturiol i anifeiliaid gwyllt. Ond roedd o wastad yn hwyl bod allan heibio amser gwely, ac i ddychwelyd adre i gael cwpan enfawr o siocled poeth gan Nain.

Er bod y daith yn un braf, cymerodd gryn dipyn o amser i 'nhraed ddadmer o flaen y tân ar ôl i mi gyrraedd adre. Yn mwytho paned o de, setlais fy hun o flaen yr aelwyd i wylio *sit-com* ar y teledu.

Roedd Mam wedi mynd allan am ddiod hefo Merfyn, ei 'ffrind arbennig' newydd. Roedd o'n un o staff yr adran addysg a helpodd Mam i gadw'r ysgol ar agor wedi'r toriadau cyllid gorfodol. Ro'n i'n gwybod bod Mam yn edmygu ei egwyddorion a'i ymrwymiad i gadw ysgolion gwledig ar agor ond cefais dipyn o sioc pan glywais fod yr edmygedd hwnnw wedi troi'n serch. Unwaith ro'n i wedi ei gyfarfod cyn hynny, ac ro'n i'n ei gael o'n ddyn sych, beirniadol a chorfforaethol. Fyse fo'n siwtio Mam i'r dim, ond doedd o ddim at fy nant i o gwbl.

Triais fod yn falch ei bod hi wedi canfod cariad – roedd hi wirioneddol yn haeddu hapusrwydd ar ôl be wnaeth Dad iddi. Er hynny, ar ôl fy sgwrs hefo Lydia roedd hi'n anodd peidio â gweld dynion fel cymhlethdod diangen.

21

Roedd rhew trwchus ar y ffyrdd y bore wedyn yn ogystal â mwy o eira, felly penderfynais y byddai'n saffach i mi gerdded i'r gwaith. Pan gyrhaeddais, roedd John tu allan i'r Fleur-de-Lis, yn gritio'r maes parcio.

'Amser paned,' meddai, gan dywallt yr olaf o'r halen ar y llawr. 'Dwi'm yn disgwyl Duncan yma heddiw. Mae o'n haeddu cael codi'n hwyr am unwaith.' Dim ond dau barti Dolig oedd wedi bwcio ar gyfer y gwasanaeth cinio a deg bwrdd gyda'r nos, felly gallai John a finnau redeg y bwyty ar ein pennau ein hunain os oedd rhaid.

Dechreuodd John gyfri'r stoc – job ddigon diflas, ond roedd yn rhaid sicrhau bod cyflenwad digonol o bopeth at y Dolig. Yn syth, sylweddolodd John fod dwy botel lawn o wisgi drud wedi diflannu o'r tu ôl i'r bar.

'Dwi'n siŵr eu bod nhw yna tra o'n i'n bwyta 'nghinio wrth y bar ddoe,' meddai, gan grafu'i ben wrth feddwl. 'Os ddalia i'r bastard ...'

Do'n i ddim yn hoffi meddwl bod aelod o staff wedi eu dwyn, ond roedd yn anodd gweld sut y gallai cwsmer fod wedi sleifio tu ôl i'r bar heb gael ei ddal gan aelod o staff. Aeth John i lawr i'r seler i jecio nad oedd rhagor o boteli drud ar goll. Rhaid i mi gyfaddef, am eiliad, i mi ystyried ai John oedd y tu ôl i'r lladrad, gan ei fod yn alcoholig – ond na. Roedd ganddo ormod o barch tuag at Duncan.

Es innau drwy weddill y rhestr stoc i sicrhau fod popeth arall yn ei le, a dyna pryd glywes i sŵn gwichian uwch fy mhen

– y math o wich oedd yn dynodi bod rhywun yn symud o gwmpas yn y llofft.

'John?' galwais mewn llais oedd yr un mor wichlyd, 'dwi'n meddwl bod 'na rywun i fyny'r grisiau!' Ceisiais siarad mewn llais uchel, fel y byse pwy bynnag oedd yn llechu yno yn ymwybodol nad o'n i ar fy mhen fy hun.

'Be?' galwodd John o ddyfnderoedd y seler.

'Mae 'na rywun arall yn yr adeilad,' atebais, fy llais yn fwyfwy crynedig.

'Wel, dos i weld pwy sy 'na,' oedd ei ymateb.

Dringais y grisiau cul i dop yr adeilad yn araf. Dim ond unwaith neu ddwy ro'n i wedi bod i fyny i'r llawr uchaf, felly ceisiais feddwl pa ystafell oedd uwchben y bar. Oedais y tu allan i'r drws mwya tebygol, a daeth arogl sur mwg baco a wisgi i'm ffroenau. Rhewais, ond aroglais *eau de cologne* gwrywaidd yn gymysg â nhw ... *eau de cologne* cyfarwydd iawn. Ar ôl cnocio'n ysgafn ar y drws, es i mewn i'r stafell.

Yno, yn gorwedd ar fatres ac wedi'i lapio mewn blanced, yn cysgu fel un o'r meirw, roedd Duncan. Wrth ei ochr roedd potel o wisgi Albanaidd hanner gwag ac un arall lawn. Cydiais yn y poteli a dringo i lawr y grisiau at John, oedd yn nrws y swyddfa a derbynnydd y ffôn wrth ei glust.

'Dwi'n gwybod pwy gymerodd y wisgi,' dywedais wrtho.

'A dwi'n gwybod pam,' meddai, a phwysodd fotwm ar y ffôn fel fy mod yn gallu clywed neges y peiriant ateb.

'Dos i dy blydi bwyty. Arhosa yna! Ti'n caru'r lle mwy na ti'n caru fi! Dwi 'di aberthu cymaint er dy fwyn di, a sbia sut dwi'n cael fy nhrin ... fel...' Roedd llais Lydia'n ddagreuol. Be oedd wedi digwydd yn y parti pen blwydd, tybed?

'Lydia druan.'

'*Aye*,' cytunodd John yn syber. 'Lydia druan. A druan o Duncan hefyd.' Gosododd y ffôn yn ôl ar y wal, cliciodd fotwm i ddileu'r neges a chymerodd y poteli allan o fy nwylo. 'Dos i wneud coffi iddo fo. Os ydi o wedi treulio'r noson yma mi fydd o angen rhywbeth i'w gynhesu.'

Paratoais *espresso* hefo dau siwgr, jest fel roedd Duncan yn ei hoffi, a mynd â fo iddo. Erbyn hynny roedd o wedi deffro, ac yn gorwedd ar ei gefn yn syllu i fyny drwy'r ffenest yn y to.

'Bore da. Yfa hwn i gynhesu dy hun.' Oedais cyn ychwanegu, 'A ffoniodd Lydia. Ddylet ti ei ffonio hi'n ôl.'

'Rwbath arall?' gofynnodd yn sarrug, gan godi ar ei eistedd. 'Tra wyt ti wrthi, fyset ti'n medru egluro be dwi'n wneud sy'n gwylltio Lydia gymaint? Ydw i'n fyfiol a hunanol?'

'Rwyt ti'n angerddol am dy waith, ac mae hynny'n beth da ... ond weithiau ti'n gallu rhoi'r argraff dy fod di'n malio mwy am dy waith nag am y bobl sy'n dy gefnogi. Dwi'n euog o'r un peth yn ôl Mam. Prin iawn dwi'n ei gweld hi, achos dwi'n treulio fy holl amser yn fama.'

Syllodd Duncan ar ei droed noeth fel petai'n pwyso a mesur fy ngeiriau.

'Wyt ti isio gwybod pam ffraeon ni?'

'Na, 'sa'n well gen i beidio cael gwybod rhagor am dy drafferthion priodasol.'

'Pam wyt ti mor sych a beirniadol? Ti'n nabod Lydia, ti'n gwybod sut mae hi'n mynd dros ben llestri efo popeth ...' Roedd ei eiriau fel ergyd.

'Dwi ddim am sefyll yma a gadael i ti fy sarhau i. A 'sdim rhaid i mi fod yn styc rhyngddat ti a dy wraig, yn gwrando arnoch chi'n cega am eich gilydd o hyd!' Caeais y drws yn glep ar fy ôl. Sych? Beirniadol? Ai dyna sut oedd o'n fy ngweld i?

'Paid â gofyn,' sgyrnygais wrth John yng ngwaelod y grisiau. 'A phaid â disgwyl i mi siarad hefo fo eto chwaith.' Chwibanodd John.

'W, dydi Duncan ddim yn cael llawer o hwyl hefo'r merched hedd...' Tawodd wrth i'r dyn ei hun gerdded i'r ystafell, gan ddod ag arogl afiach baco i'w ganlyn. Trodd John y radio ymlaen i geisio lleihau'r tensiwn, ond gwneud pethau'n waeth wnaeth y caneuon Nadoligaidd am ewyllys da, hwyl a miri.

Erbyn amser cinio roedd y priffyrdd yn glir felly wnaeth 'run o'r partïon Dolig ganslo'u byrddau, ond methodd Catrin â dod i'r gwaith gan ei bod yn gofalu am ei mam, oedd wedi llithro ar y rhew. Felly, ar ôl i mi orffen coginio'r tatws, y moron a'r ysgewyll, newidiais i ddillad gweini Catrin er mwyn helpu gweddill y staff gweini. Er 'mod i'n dalach na hi ac yn siâp hollol wahanol, llwyddais i wisgo ei ffrog ddu. Clymais ffedog o amgylch fy nghanol, twtio fy ngwallt a chychwyn i'r stafell fwyta i smalio 'mod i'n gwybod sut i edrych ar ôl cwsmeriaid.

Gosodais *party poppers* a chracyrs ar y byrddau, a rhoi CD o ganeuon Nadolig drwy'r system sain. Aeth y gwasanaeth cinio'n iawn, ac roedd y ciniawyr yn amyneddgar iawn hefo fi, chwarae teg. Gadawodd un parti o ddynion gildwrn o 30% i mi, ond dwi'n eitha siŵr fod gan hynny fwy i'w wneud â hyd fy sgert na safon y gwasanaeth.

Newidiais yn ôl i fy nillad gwyn a dechrau golchi'r llestri yng nghefn y gegin. O dro i dro ymdrechai Duncan yn ofer i gychwyn sgwrs, ond wnes i ddim ateb heblaw ambell '*Oui*, Chef' cyn troi fy nghefn arno a mynd yn ôl at fy ngwaith. Ro'n i wedi cael hen ddigon o drafferthion priodasol Duncan a Lydia. Pam na allen nhw siarad hefo'i gilydd, yn hytrach na fy llusgo fi i mewn i'w cawl?

Am hanner awr wedi tri cyhoeddwyd rhybudd coch gan y swyddfa dywydd, yn datgan bod rhagor o eira trwm am ddisgyn dros ogledd Cymru weddill y dydd. Penderfynodd Duncan ei bod yn ormod o risg i ddiogelwch y cwsmeriaid a'r staff i gadw'r Fleur-de-Lis yn agored, a threuliodd hanner awr yn ffonio pawb oedd wedi bwcio ar gyfer swper.

Dechreuodd yr eira ddisgyn eto am bedwar, a dechreuais gerdded adre yn hytrach na gofyn i Mam fentro allan yn y car. Benthycais dortsh o'r seler, ffarweliais â John (ond nid Duncan, gan fy mod yn dal i fod yn flin hefo fo), a gadewais y bwyty cyn iddi ddechrau nosi.

Dechreuais gerdded yn hyderus dros yr eira caled, llithrig, ond cyn i mi gyrraedd pen draw'r maes parcio ro'n i wedi llithro ar y rhew a syrthio'n fflat ar fy mhen ôl. Ddylwn i fod wedi troi'n ôl bryd hynny, ond ro'n i mewn tymer styfnig felly cychwynnais fy nhaith dros y caeau. Ceisiais ganolbwyntio ar y golau oedd yn disgleirio yn ffenest stafell wely Mam yn y pellter, ond roedd yn amhosib cerdded yn gyflym yn yr oerni eithafol a throdd pob cam yn her.

Ymhen sbel wynebais rwystr amhosib ei orchfygu – clwyd uchel â haen drwchus o rew arni. Ceisiais ddringo drosti ond llithrodd fy nhraed a glaniais yn drwm, gan daro f'asennau ar y pren caled. Edrychais o 'nghwmpas: allwn i ddim dringo dros y ffens bob ochr i'r glwyd oherwydd y weiren bigog arni, felly fy unig ddewis oedd cerdded yn ôl i waelod y bryn a dilyn y lôn yn hytrach na chroesi'r cae. Diolchais nad oedd hi wedi tywyllu'n iawn, a 'mod i'n medru gweld y tir yn ddigon clir i osgoi llithro eto.

Pan oeddwn hanner ffordd i lawr y llethr sylwais fod car wedi stopio ar y lôn islaw. Drwy'r gwyll gwelais mai car Duncan oedd o. Agorodd ddrws y car.

'Be sy'n bod arnat ti?' galwodd, 'yn cerdded adre drwy storm? Mi allet ti fod wedi disgyn a thorri dy goes, neu anafu dy ben eto!'

'Mae'n ddrwg gen i,' mwmialais, gan ddringo i'w gar. Nid atebodd Duncan, dim ond gyrru'n ofalus ar hyd y ffyrdd llithrig. Parhaodd y tawelwch am rai munudau, ond o'r diwedd dechreuodd siarad mewn llais meddal.

'Dwi'm yn siŵr pam dy fod di mor styfnig o annibynnol. Pam na wnest ti ofyn i mi am lifft yn hytrach na rhoi dy hun mewn sefyllfa beryglus?'

'Gawson ni ffrae. Ro'n i'n flin hefo ti.'

'Doedd honna ddim yn ffrae go iawn,' atebodd yn glên. 'Dwi'n clywed pethau gwaeth o lawer gan John bob dydd, a fo ydi fy ffrind gorau! Ond ro'n i'n flin hefo Lydia a wnes i weiddi arnat ti. Doedd hynny ddim yn iawn.'

Wrth iddo barcio'r car ger fy nhŷ trodd i edrych arna i. 'Wel. Ti'n ddiogel rŵan, ac mae'n noswyl Nadolig ... cyfnod heddwch ac ewyllys da.'

Roedd Mam yn disgwyl amdana i yn y portsh. Rhoddodd gusan frysiog ar fy nhalcen cyn fy hel i'r llofft i newid, a mynnu bod Duncan yn dod i'r tŷ am baned a chacen i aros i'r storm gilio.

Roedd o'n dal i fod yn y lolfa pan ddes i allan o'r gawod, a safais y tu allan i'r drws i wrando arno fo a Mam yn siarad.

'... fy mrawd oedd yn arfer bod yn berchen ar y bwyty, ac ro'n i'n picied draw i'w weld o'n reit aml ...' Gwenodd arna i pan gerddais i'r stafell. 'Alys, mae Duncan wedi estyn gwahoddiad i mi ddod draw fory i ginio Dolig y staff, gan na alla i fynd i dŷ Merfyn drwy'r eira! Mi fydd yn braf mynd i'r Fleur-de-Lis dros y Dolig eto – dyna be oedden ni'n arfer wneud, ti'n cofio, Alys? Doedd unlle arall yn ddigon mawr i'r teulu allu eistedd o gwmpas un bwrdd. Iwan a Lois, Nain a Taid, Sara a'i chwech o blant, ti, Lee, dy dad a finna?' Doedd gen i ddim atgof clir o'r dathliadau gan mai pump oed o'n i y tro diwethaf iddo ddigwydd.

Aeth Mam i'r gegin i wneud paned arall, a chododd Duncan hefyd.

'Well i mi fynd,' meddai, 'yn ôl i fy ngwely oer ac unig ... wel, fydd John yno hefyd. Siŵr wnawn ni gadw traed ein gilydd yn gynnes.'

'Dos adre,' awgrymais yn garedig. 'Ti'm isio difetha'r Dolig drwy adael i'r ffrae hefo Lydia waethygu.'

Ar y gair, derbyniodd neges destun a thynnodd ei ffôn o'i boced. Dangosodd sgrin y ffôn i mi: neges gan Lydia.

Mam a Dad yma. Paid â dod adre. Mwynha'r Dolig yn y gwaith.

'O diar,' sibrydais. 'Be wnei di?'

'Cadw draw. Roedd hi'n feddw neithiwr ac yn benderfynol o gychwyn ffrae. Yr unig beth call ydi cadw allan o'i ffordd hi.'

Daeth Mam i ffarwelio â Duncan.

'Am ddyn neis,' meddai. 'Taswn i ugain mlynedd yn iau...'

'Mam! Paid â dweud dy fod ti'n ffansio fy mòs!'

'I'r gwrthwyneb, dwi'n meddwl mai fo sy'n fy ffansio fi.'

Gwelais fflach chwareus yn ei llygaid, a sylweddolais ei bod hi'n jocian. 'Mae'n ddyn hynod, hynod olygus ... ond dwi'n hapus iawn hefo Merfyn. Rŵan, Alys, well i ti fynd i'r gwely, neu ddaw Siôn Corn ddim!'

Ddaeth Siôn Corn ddim, ond cefais neges gan Duncan i adael i mi wybod ei fod wedi cyrraedd y Fleur-de-Lis yn ddiogel.

Adre'n saff! Nos da. Biti nad wyt ti yma hefo ni! Xxx

Gorweddais yn y tywyllwch, yn byseddu fy ffôn ac yn pendroni. Wedi'r cwbl, yn ôl at Lydia yr âi ar ôl i'r storm gilio. Byddai'n rhaid i mi droedio'n ofalus.

Nos da. Wela i di fory.

Heb gusan.

22

Nadolig

Y bore wedyn roedd Duncan wrth ddrws ffrynt y bwyty, yn disgwyl am ei staff ac yn dal hambwrdd llawn gwydrau sieri a phlât o fins peis. Eglurodd drefn y diwrnod i ni: cinio i hynny o westeion fyddai'n medru cyrraedd am un, popeth wedi'i glirio erbyn pedwar a pharti'r staff yn cychwyn am bump.

Er gwaetha'r ffrae hefo Lydia ymddangosai Duncan mewn hwyliau arbennig o dda. Yn ddeddfol rhoddodd *toque* ar ben John i'w benodi'n gerfiwr swyddogol am y diwrnod; ac yna eisteddodd yn ôl i chwerthin bob tro y byddwn i, Catrin neu Julia yn cerdded heibio i John gan roi cusan ar ei foch. Cymerodd awr gyfan i John sylweddoli fod Duncan wedi sgwennu 'Kiss The Cook' ar gefn yr het ac wedi clymu uchelwydd iddi. Parhaodd y naws ysgafn pan roddwyd y CD Nadoligaidd ymlaen, a darlun swreal iawn oedd Catrin a John a Julia yn dawnsio drwy'r bwyty i'r gân 'I Wish it Could be Christmas Every Day'. Ar ôl dipyn o anogaeth rhoddais gynnig ar ddawnsio hefo Lloyd, ond roedd y ddau ohonon ni mor goch â'r jeli llugaeron o'n blaenau.

Pedwar dewis oedd i'r cinio: twrci, cig eidion, eog neu saig lysieuol, felly doedd y gweini ddim yn waith arbennig o anodd. Gadawodd y ciniawyr gildyrnau hael iawn, a chyn pen dim roedd hi'n bump o'r gloch, a Mam wedi cyrraedd ar gyfer y parti.

Wrth i ni'r cogyddion newid allan o'n dillad gwaith aeth y staff gweini ati i ailosod y bwrdd mwyaf yng nghanol y stafell fwyta. Llanwyd y bwrdd â phowlenni o lysiau, mynydd o weddillion y twrci a jwg enfawr o grêfi enwog John. Ar ôl i bawb fwyta nes oedden ni'n orlawn, cariais weddillion y pwdinau Dolig allan o'r gegin.

Dros goffi rhannwyd yr anrhegion Santa Cudd. Cafodd Julia fasged binc yn llawn nwyddau molchi rhad – y math o anrheg sy'n cael ei brynu gan ddynion di-glem. Cafodd Tom focs o gondomau maint XL a photel o Sambuca. Fi oedd Santa Cudd John, ac ro'n i wedi prynu het, menig a llyfr *Sgiliau Goroesi yn y Gwyllt* iddo fel jôc, gan fod y gwres canolog yn ei fflat wedi torri dair gwaith yn y flwyddyn ddiwetha. Winciodd arna i.

'Diolch, *kiddo*.'

Cafodd Catrin lyfr *50 Ways to Make your Party Swing* gan ei Santa Cudd hi, a chafodd Tom siom nad canllaw ar ffeirio partneriaid oedd o.

Fi oedd yr olaf i agor fy anrheg. Roedd o'n fach iawn, ac wedi'i lapio'n dynn. Cefais gryn drafferth i ddatod y tâp selo, a phan ges i gip ar y cynnwys dechreuais deimlo'n anesmwyth.

'Dal o i fyny, gad i ni i gyd gael golwg!' chwarddodd Julia. Pâr o nicers satin coch oedd yn y pecyn, hefo plu gwyn rownd yr ymylon.

'Pwy sy isio dy weld di'n gwisgo'r rheina sgwn i?' gwichiodd Catrin, a dechreuodd fy mochau losgi. I waethygu'r sarhad roedd y nicers yn faint XL – rhy fawr o lawer i mi.

'Disgwylia am eiliad ...' meddai John, gan ddarllen y tag oedd wedi'i glymu i'r defnydd: '*Saucy Santa Posing Pouch*. Dy anrheg *di* 'di hwn, Lloyd!' Aeth Lloyd yr un mor goch â fi. Lloyd druan. Roedd yn anodd ei ddychmygu'n hudo merch i'w stafell wely, heb sôn am wisgo dillad isa satin coch!

Felly doedd 'run anrheg Santa Cudd i mi. Roedd yn anochel y byddai rhywun yn anghofio prynu un, ond gan ystyried safon yr anrhegion a brynwyd i bawb arall, ro'n i'n reit falch o fod yn waglaw.

Ar ôl cwpwl o wydrau o win ddechreuon ni chwarae Araith Nadolig y Frenhines, gêm allan o lyfr newydd Catrin. Roedd yn rhaid i bawb gyflwyno araith Nadolig funud o hyd ar unrhyw bwnc, gan geisio dynwared person enwog. Cyn i neb fy ngorfodi i gymryd rhan, dihangais i'r gegin i lwytho'r peiriant golchi llestri.

Gan fod fy nwylo'n llawn platiau allwn i ddim troi goleuadau'r gegin ymlaen, ond ro'n i wedi llwytho'r peiriant gymaint o weithiau fel nad oedd angen golau arna i. Wrth i mi osod y platiau budron yn y rheseli clywais sŵn traed yn fy nilyn i'r gegin. Heb i mi droi gwyddwn mai Duncan oedd yno.

'Gad y rheina tan fory, Alys,' meddai'n dawel. ''Dan ni 'di gorffen gweithio.'

'Munud gymera i, a bydd llai o waith i Lloyd bore fory.' Daeth bonllef o chwerthin o'r ystafell fwyta.

'Chest ti dim anrheg Santa Cudd, naddo?' gofynnodd Duncan.

'Naddo, ond dim ots.'

'Mae gen i rywbeth i ti.' Wrth i mi orffen llwytho'r olaf o'r platiau i'r peiriant golchi llestri daeth Duncan i sefyll y tu ôl i mi, mor agos nes y gallwn deimlo'i anadl yn gynnes ar gefn fy ngwar. Rhedodd ias i lawr fy nghefn, fel petai wedi cyffwrdd fy nghroen. Trois i'w wynebu, ond gan nad oedd yntau chwaith wedi troi'r golau ymlaen prin y medrwn ei weld o. Er hynny, gwyddwn ei fod yn edrych i fyw fy llygaid wrth iddo afael yn fy llaw. Teimlais bapur yn crensian wrth iddo osod rhywbeth ynddi a chau fy mysedd amdano. Roedd o wedi rhoi amlenni tebyg i weddill y staff dros yr wythnos cynt, gan ysgwyd dwylo'r dynion a chusanu bochau'r merched gweini. Gallwn deimlo fod yr amlen yn un drwchus – rhaid bod ynddi dipyn mwy na'r hanner canpunt a roddodd yn fonws i weddill ei staff.

'Gest ti dipyn mwy na'r lleill, i ddiolch am yr holl oriau dreuliaist ti yn fy helpu hefo'r rhaglen deledu.' Plygodd ei ben yn nes a gallwn flasu'r gwin ar ei wynt.

'Dwn i ddim be 'swn i'n wneud hebddat ti wrth fy ochr, Alys.' Sibrydodd y geiriau, gan wneud i mi feddwi arnyn nhw. Yna plygodd ei ben yn is eto a theimlais ei wefusau'n cyffwrdd fy rhai innau yn ysgafn, ysgafn. Cyn i mi feddwl sut i ymateb daeth bloedd uchel o'r stafell fwyta, a neidiais o'i afael.

Cymerais gam yn ôl a throi fy mhen i gyfeiriad y sŵn. Roedd John wedi agor drws y gegin, a gwingais wrth iddo droi'r golau cryf ymlaen. Roedd Duncan yn gwbl ddigynnwrf, fel petai John wedi cerdded i mewn i'n darganfod ni'n golchi'r llestri.

'Be sy, John?' gofynnodd, braidd yn ddiamynedd.

'Helpa fi i glirio'r bwrdd, Alys?' gofynnodd John, ond swniai'n debycach i orchymyn na chwestiwn. Llithrais allan i'r stafell fwyta, lle'r oedd Lloyd yn darllen rheolau gêm newydd yn uchel, a chaeodd John ddrws y gegin ar fy ôl. Ro'n i'n ddiolchgar pan ddechreuodd pawb hwylio i adael.

'Amser i ninnau fynd adre hefyd?' awgrymodd Mam, ac aeth Lloyd i estyn ein cotiau.

Ddaeth Duncan na John ddim allan o'r gegin i ffarwelio, ac a dweud y gwir ro'n i'n falch o hynny. Doedd gen i ddim syniad sut i ddehongli cusan Duncan: eiliad yn unig oedd hi, ond roedd fy ngwefusau'n dal yn boeth ar ei hôl. Oedd hi'n ddiniwed, neu'n agorawd ar gyfer rhywbeth mwy? Mynnai fy synnwyr cyffredin na fuasai wedi cychwyn dim a'r holl staff yn y stafell drws nesa, ond allwn i ddim peidio â meddwl y byse fo wedi 'nghusanu i am yr eildro petai John ddim wedi cerdded i'r gegin.

23

Ionawr

Treuliodd Duncan nos Galan adre yng nghwmni Lydia a'i rhieni heb air o gŵyn, ac erbyn dechrau'r flwyddyn newydd roedd y ffrae yn angof, a hithau'n ôl yn y Fleur-de-Lis yn wên i gyd ac yn cynllunio 'parti mawreddog' er mwyn gwylio'r gyfres *The Best of British Banquet* oedd yn cael ei darlledu yn ystod wythnos gyntaf Ionawr. Prynodd set deledu anferth i'w gosod yn y stafell fwyta, a datgan ei bod am recordio'r holl sioeau hanner awr o hyd bob nos er mwyn i ni gael eu gwylio ar y prynhawn Gwener. Arhosodd rhieni Lydia ar gyfer y parti, ond doedd mam Duncan ddim yn ddigon da i deithio i lawr o'r Alban.

Gofynnodd Duncan i'w wraig gadw pethau'n syml ac i beidio â gwneud gormod o ffŷs, ond dewisodd Lydia ei anwybyddu'n llwyr, fel arfer, gan wahodd ffotograffydd o'r papur newydd lleol ac un o gyflwynwyr yr orsaf radio ranbarthol.

Daeth y rhan fwyaf o'r gymuned leol i gefnogi, yn wahanol i de-parti Lydia, fel nad oedd lle i bawb eistedd hyd yn oed. Mynnodd Lydia gadw lle i mi yn y blaen, wrth ei hochr hi, ac eisteddai Duncan fel brenin ar gadair freichiau o frethyn Cymreig.

Disgynnodd tawelwch dros y stafell wrth i'r teledu oleuo â theitlau agoriadol *The Best of British Banquet*. Clywais gyfweliad Duncan am y tro cyntaf.

'Mae'n eitha amlwg o fy acen na chefais fy ngeni yng Nghymru. Symudais yma ddwy flynedd yn ôl, ond erbyn hyn, dyma fy nghartref. Dwi'n ffodus iawn i gael bwyty mewn lleoliad prydferth, ac i gael criw ifanc a brwdfrydig yn gweithio i mi. Dwi'n hynod falch o gael y cyfle i gynrychioli gwlad mor arbennig, ac i gael defnyddio cynnyrch Cymreig.'

Dwedodd yr adroddwr: 'I'w gynorthwyo, mae Duncan wedi dod â'i Chef de Partie, Alys Ryder.'

Teimlad od iawn oedd gweld fy hun ar y teledu yn rholio toes ac yn bwtsiera ffesant, a theimlad rhyfeddach fyth oedd gwybod bod miliynau o bobl eraill yn fy ngwylio wrth fy ngwaith.

Torrodd y ffilm yn ôl i'r cyfweliad hefo Duncan.

'Yn wreiddiol, dechreuodd Alys fel KP, yn golchi'r llestri ac yn paratoi llysiau. Sylwais fod ganddi sgiliau coginio arbennig o dda, a'i bod yn dysgu'n gyflym. Hi 'di'r *patissiêre* gorau yn fy nghegin. Y cwbl sy angen arni ydi tipyn o hyder, wedyn mi fydd hi'n ôl ar y sioe 'ma, yn cystadlu yn f'erbyn i!'

Ni ddangoswyd fy nghyfweliad i – rhaid bod y cynhyrchwyr wedi methu ei olygu i gyfleu unrhyw beth dealladwy – a phrofiad anesmwyth oedd gweld pa mor hawdd y gellir troi'r gwirionedd ar ei ben hefo chydig o waith golygu creadigol. Cofiais rywun yn gwneud y sylw, 'Mae o'n flasus iawn, ond biti, mae'r cyflwyniad yn flêr.' Ond ar y teledu y cwbl ddarlledwyd oedd 'Mae'r cyflwyniad yn flêr.' Dwi'n gwybod bod yn rhaid iddyn nhw gwtogi oriau o ffilm i greu rhaglenni hanner awr o hyd, ond rywsut roedden nhw wedi gwneud mwy na chwtogi – roedden nhw wedi trawsnewid y gwirionedd. Ond roedd un olygfa ro'n i'n synhwyro na fysen nhw'n ei golygu. Dechreuais deimlo'n gynyddol anghyfforddus wrth i ni nesáu at y rhaglen olaf a dangosai frwydr y pwdinau.

Wrth gwrs, wnaethon nhw ddim sôn mai fi oedd yn gyfrifol am greu'r *soufflé*. Dangoswyd Duncan yn procio'i *semifreddo* ac yn rhegi o dan ei wynt, yna cyhoeddodd yr adroddwr: 'Penderfynodd Duncan newid ei bwdin – strategaeth llawn risg sy ddim wedi gweithio'n dda iawn yn y gorffennol.' Cefais funud o bleser wrth weld y beirniaid yn blasu fy *soufflé* a'i ganmol i'r cymylau ... ond yna, cyhoeddwyd y canlyniadau.

Disgynnodd y bwyty'n hollol dawel wrth i'r beirniaid ddal

eu taflenni sgorio yn uchel. Symudodd y camera o wyneb i wyneb, tan iddyn nhw ddweud, 'Ac yn y pedwerydd lle mae ...' a thorrodd y saethiad at fysedd Duncan a finnau oedd wedi'u plethu, y ddau ohonon ni'n gwasgu'n dynn. Am eiliad, pan ddatgelwyd mai Howard Gill oedd yn bedwerydd, ffrwydrodd y bwyty â bloeddio, a chollwyd sylwadau'r beirniaid am y pwdin yng nghanol y miri a'r curo dwylo. Ond tawodd pawb wrth iddyn nhw weld Duncan yn dal fy wyneb yn ei ddwylo ac yn fy nghusanu ar fy ngheg, gan floeddio, '*Ya wee beauty!*' Fyse cusan ar fy moch wedi edrych yn ddigon diniwed, ond edrychai hon braidd yn amhriodol. Iawn, edrychai'n hollol amhriodol.

Allan o gornel fy llygad gwelais fam Lydia'n fy ngwylio ag un ael berffaith wedi'i chodi fel marc cwestiwn. Pesychodd Duncan, gan godi ar ei draed.

'Fedra i ddim eich twyllo chi. Nid fi enillodd y rownd derfynol. Alys wnaeth. Alys goginiodd y pwdin, Alys gafodd ddeg allan o ddeg gan y beirniaid, ac Alys sy'n haeddu'r clod. Heblaw amdani hi, 'swn i wedi dod yn bedwerydd.' Cododd ei wydr gan gyhoeddi, 'Alys, mae fy nyled i ti'n enfawr.' Ymatebodd pawb i'r llwncdestun, ond parhaodd y tân i losgi yn fy mochau hyd yn oed ar ôl i'r rhaglen orffen.

Ar ddiwedd y sioe trodd Lydia i edrych arna i. Disgwyliais weld mellt yn ei llygaid a chlywed gwenwyn yn ei llais, ond na.

'Wel, mi wnest ti achub y dydd, do?' meddai'n ysgafn. 'Ti oedd y dewis cywir ar gyfer y sioe. Rydyn ni ferched yn deall sut i chwarae'r gêm.' Cododd i ail-lenwi diodydd ei rhieni cyn dechrau dangos rownd derfynol y gystadleuaeth.

Y tro hwn, ymunodd Tom â ni yn y rhes flaen, ac o fewn eiliadau gwelais pam. Wrth i Charles, Duncan a Brian gyfarch ei gilydd ar y sgrin cefais gipolwg o Tom yn y cefndir, yn dadbacio cynhwysion Duncan. Pwniais fraich Tom yn ysgafn.

'Soniest ti ddim am fynd i Lundain!'

Cododd ei ysgwyddau'n ddifater. 'Roedd angen rhywun i helpu Duncan, ac ro'n i ar gael. Ches i mo 'nghyfweld. Bach o hwyl oedd o, diwrnod allan o'r gwaith.'

'Ssssh!' sisialodd Lydia, gan bwyntio'i bys at y teledu. Doedd y rhaglen hon ddim hanner mor ddiddorol â'r rownd flaenorol gan fod llawer llai o bwyslais ar y coginio – dim sôn am y technegau na'r prosesau – dim ond y tri chogydd yn brolio ac yn ailadrodd pa mor bwysig oedd ennill iddyn nhw.

Edrychai Brian Marubbi mor hunanfoddhaol wrth ennill, fel petai wedi disgwyl bod yn fuddugol o'r cychwyn cyntaf. Dwi'n meddwl fod y golled yn fwy o siom i Charles, gan fod ganddo gymaint mwy o brofiad a statws na Duncan, ond llwyddodd i edrych yn fawrfrydig. Canmolwyd Duncan am lwyddo i ddod o fewn trwch blewyn i'r wobr; ac am ddal ei dir yn erbyn cewri'r byd coginio.

Tra oedd pawb yn holi Duncan yn dwll am y rhaglen, sleifiodd Tom a finna i gefn y stafell am wydraid o win a sgwrs. Ro'n i'n falch fod Tom wedi cael cyfle i fynd ar y teledu, a bod tensiwn yr wythnosau blaenorol wedi cilio o'r diwedd. Un helynt yn llai – am y tro.

24

Y bore wedyn doedd neb ar gyfyl y bwyty, er ei bod yn agos at ddeg o'r gloch. Rhaid bod pawb adref yn nyrsio pennau mawr; pawb heblaw Duncan. Yn ei ffordd fympwyol ei hun penderfynodd deithio i Lundain ddeuddydd yn gynnar cyn ffilmio pennod olaf *The Best of British Banquet* er mwyn ymweld ag Aleksey, felly roedd o wedi dal trên am wyth o'r gloch y bore. Ro'n i i'w ddilyn ar fy mhen fy hun er mwyn ffilmio'r wledd ar ddiwedd y gyfres.

Dim ond Lydia oedd yn y swyddfa, ac am y tro cyntaf erioed ro'n i'n ddiolchgar i gael bod ar fy mhen fy hun hefo hi. Curais yn ysgafn ar y drws.

'Ga i air, os gweli di'n dda, Lydia?'

'Wrth gwrs, Alys. Ty'd i mewn,' meddai, gan amneidio at gadair wag. 'Wyt ti wedi penderfynu pa ffrog i'w gwisgo ar gyfer y wledd? Does dim llawer o amser os wyt ti am brynu un newydd!' Eisteddais, gan gadw fy llygaid ar ddesg Duncan.

'Does dim angen ffrog newydd arna i,' atebais. 'Dwi wedi penderfynu peidio â mynd i'r wledd. 'Sgen i ddim awydd.'

'Ond os wyt ti'n canslo ar y funud olaf bydd yn rhaid i Duncan druan fynd ar ei ben ei hun,' protestiodd.

'Ar ei ben ei hun?' Na! Holl bwrpas gwrthod mynd oedd ei bod hi a Duncan yn cael mynd i'r wledd hefo'i gilydd. Ond ches i ddim cyfle i holi pam nad oedd Lydia am fynd i Lundain hefo'i gŵr.

'Alys,' meddai'n famol, 'mae 'na bobl genfigennus ym mhob gweithle. Paid â gadael iddyn nhw dy stopio di. Rwyt ti wedi gweithio'n galed iawn ac mae gen ti berffaith hawl i fwynhau dy wobr. Mae'r tocynnau trên a'r gwesty wedi'u bwcio a'r cwmni cynhyrchu yn dy ddisgwyl di. A bydd Duncan yn siomedig iawn os na fyddi di yno.'

'Ond dwi'n siŵr y byddai'n well ganddo gael ei wraig wrth ei ochr.'

'Mae gen i apwyntiad ysbyty na alla i ei ohirio.'

'Dim hyd yn oed ar gyfer rhywbeth mor bwysig? Ti sy'n haeddu mynd, wedi'r cwbl. Ti sy wedi'i gefnogi o dros y blynyddoedd. Y cwbl wnes i oedd coginio *soufflé*.'

'Dwi wedi bod mewn dwsinau o bartïon hefo fo, ac mi ga i fynd i ddwsinau eto. Dy ddathliad *di* yw hwn. Gall Duncan egluro fy absenoldeb i'n ddigon hawdd, ond sut all o egluro absenoldeb ei Chef de Partie yn ogystal? Wyt ti wirioneddol am iddo fynd i'r wledd ar ei ben ei hun? Mi fydd yn brofiad i ti, ac mi fyswn i'n hynod ddiolchgar petaet ti'n mynd i gadw cwmni i Duncan.' Winciodd arna i, gan wneud i mi deimlo'n fwy anghyfforddus fyth. 'Rydyn ni'n dîm da, ti a fi. Rydyn ni'n deall bod angen cadw Duncan yn hapus i sicrhau llwyddiant y busnes.'

Be allwn i wneud? Be allwn i ddweud wrthi i osgoi mynd? Roedd hi'n benderfynol o 'ngyrru i at ei gŵr i ffilmio'r rhaglen, a doedd gen i ddim rheswm dilys i barhau i wrthod ... heblaw'r gusan, a doeddwn i ddim am sôn am honno.

Nodiais fy mhen yn ufudd a throi am y gegin wag. Doedd dim gwaith paratoi i'w wneud gan nad oedd y bwyty ar agor tan gyda'r nos, felly ro'n i'n sefyll o flaen y cwpwrdd yn syllu'n wag ar y poteli a'r jariau pan ddaeth Lydia i'r gegin ar f'ôl.

''Sgen ti ddim byd i'w wneud, nagoes?' gofynnodd. Ysgydwais fy mhen. Dratia. Ddylwn i fod wedi mynd i guddio yn y seler.

'Na finna chwaith. Popeth yn lân, pawb wedi ei dalu, rota wedi ei threfnu ... be am i ti a fi fynd i Gaer?'

'Caer?'

'I siopa. Gei di chwilio am ffrog ar gyfer y wledd. Mae'n

Black tie event, a bydd angen ffrog hir arnat ti.' Fyddai'r lleill ddim yn cyrraedd tan un o'r gloch a doedd gen i ddim esgus. 'Ty'd,' meddai, yn fêl i gyd. 'Tydi siopa ar dy ben dy hun ddim yn hwyl. Gawn ni ginio sydyn hefyd, ac mi fyddwn ni'n ôl cyn i'r dynion gyrraedd y gegin.' Brasgamodd yn ôl i'r swyddfa a daeth allan eiliadau yn ddiweddarach hefo'i bag dros ei hysgwydd. Yn amlwg doedd hi ddim am dderbyn 'na' yn ateb. 'Wna i yrru,' meddai.

Roedd gan Lydia gar newydd sbon, y paent coch yn sgleinio fel croen ceiriosen. 'Del, ynte? Anrheg fach gan Duncan, i ddathlu llwyddiant diweddar y bwyty.'

'Os ydi hwn yn anrheg fach, be mae o'n ystyried yn anrheg fawr?'

'Dwi'n edrych ymlaen at gael gwybod hynny fy hun,' atebodd yn ddireidus.

Rhuodd injan y car, ac ymhen dim roedden ni yng Nghaer, a Lydia yn llygadu'r siopau'n awchus. Roedd hi fel ci wedi dal arogl cwningen.

'O, sbia Alys, sêl!' Pwyntiodd at ffenest siop oedd yn llawn ffrogiau gwyn. Siop ffrogiau priodas oedd hi, ond y tu ôl i'r les a'r sidan gwyn, yng nghornel bella'r ffenest, safai model ar blinth yn gwisgo'r ffrog harddaf i mi ei gweld erioed. Er gwaethaf fy amheuon, gadewais i Lydia fy nhynnu i mewn drwy'r drws.

Pinc oedd lliw'r ffrog. Fel arfer dwi'n osgoi lliwiau llachar ond roedd hwn yn binc cynnil, fel petai ffrog wen yn gwrido rhyw fymryn. Roedd y bodis yn dynn o gwmpas y canol a'r sgert yn syth nes cyrraedd y pen-glin, cyn i'r defnydd ffrwydro allan fel cynffon môr-forwyn. Roedd hi'n syml, yn glasurol, yn eithriadol o dlws ... ac roedd y pris wedi ei ostwng o £450 i £150.

Fues i erioed yn forwyn briodas na brenhines y carnifal. Es i ddim i'r parti gadael ysgol chwaith. Hwn oedd fy nghyfle, efallai fy unig gyfle, i wisgo ffrog dros ben llestri o grand. Teimlais ddyhead cryf i fod yn berchen ar y ffrog.

'Hoffwn i drio'r ffrog yma ymlaen, os gwelwch yn dda,'

gofynnais i ddynes y siop pan ddaeth hi draw aton ni.

'Wrth gwrs, Miss,' meddai hithau'n daeogaidd, a chefais fy nhywys i'r stafell newid. Camais i mewn i'r ffrog, a chefais fenthyg pâr o esgidiau sodlau uchel er mwyn camu, yn betrus, allan o'r ciwbicl. Gwyddwn yn syth 'mod i am ei phrynu hi. Teimlwn fel petai wedi'i chreu yn arbennig ar fy nghyfer i: roedd y sgert yn hongian yn berffaith gan adael cynffon o ddefnydd ar fy ôl, a'r bodis yn cydio yn y llefydd cywir. Am y tro cyntaf erioed roedd gen i fynwes a chluniau, a phan edrychais dros fy ysgwydd i weld cynffon y ffrog, gwelais fod gen i ben ôl go siapus hefyd. Teimlwn ... nid yn rhywiol, dyna'r gair anghywir ... ond yn fenywaidd.

Rhoddodd y ddynes ochenaid. 'Wel, mae hi'n dy ffitio di'n berffaith!'

Doedd dim amheuaeth am hynny, ond roedd rhyw lais bach yn dweud wrtha i nad oedd y ffrog yn hollol addas ar gyfer swper *black tie*. Wrth droi i werthfawrogi siâp y gynffon, sylweddolais hefyd ei bod yn hynod, hynod o debyg i steil ffrog briodas Lydia.

'Dwi'm yn meddwl y dylwn i ei phrynu hi,' dywedais yn dawel.

'Twt lol,' meddai Lydia. 'Ti'n edrych yn *stunning*, Alys. Ac mae hi'n gymaint o fargen, ac yn *designer*!'

'Ai ffrog briodas yw hon?' gofynnais i ddynes y siop.

'Wel ... mae rhai merched yn prynu'r steil yma ar gyfer priodi,' meddai'n ddiplomyddol, 'ond mae eraill yn ei dewis ar gyfer achlysur arbennig. Mae'r lliw yn glasurol ...'

Astudiais fy adlewyrchiad unwaith eto, a gwenodd Lydia'n addfwyn. Roedd hithau wedi gwneud y cysylltiad.

'Dwi'n gwybod yn union be sy ar dy feddwl di, Alys. Ond fydd dim ots gan Duncan, na fydd? Rwyt ti'n edrych yn hyfryd a ddylet ti ei phrynu hi.'

Ugain munud wedyn ro'n i'n gosod fy nhrysor yn ofalus yng nghist car Lydia. Yna, gan fod amser yn brin a bod gan Lydia 'gant a mil' o bethau i'w prynu, cytunodd y ddwy ohonon ni i wahanu am awr er mwyn i mi gael chwilio am bâr o sgidiau a phrynu cwpwl o anrhegion pen blwydd.

Dychwelais i'r maes parcio erbyn hanner dydd fel y cytunon ni, ond mi fues i'n aros am bron i dri chwarter awr am Lydia. Doedd dim angen iddi hi, yn berchennog ar y bwyty, frysio'n ôl i'r Fleur-de-Lis, ond fel aelod o staff mi fyswn i mewn helynt am gyrraedd y gwaith yn hwyr.

Gollyngodd fi tu allan i'r bwyty awr ar ôl i fy shifft gychwyn. Dechreuais garlamu i mewn i'r gegin i ymddiheuro i John, ond wrth ymestyn am ddwrn y drws clywais rywun ar yr ochr arall iddo yn dweud fy enw. Rhewais yn fy unfan, fy llaw yn dynn am yr handlen.

'Awr yn hwyr,' poerodd Tom. 'Mae hi'n meddwl y caiff hi wneud be licith hi rŵan.'

'Pam?' Llais Lloyd.

''Dio ddim yn hollol amlwg? Maen nhw'n cael affêr.'

'Na!'

'Welest ti mo'r gusan ar y teledu? Mwy o snog na dim byd arall. Fyswn inna ddim yn trafferthu dod i'r gwaith ar amser chwaith petawn i yn ei sgidiau hi. Fyset ti?'

'Falle'u bod nhw mewn cariad,' awgrymodd Catrin.

'Cariad? Dim ffiars! Pryd welest ti Alys yn dangos mwy o gynhesrwydd na bloc o rew? Mae hi'n ei ddefnyddio fo. Manteisio ar y ffaith ei fod o'n cael *mid life crisis* er mwyn dringo i dop yr ysgol yn gyflym ...'

'Digon teg.' Lloyd dorrodd ar draws Tom. 'C'mon, os fyset ti'n medru cael dyrchafiad drwy agor dy goesau, 'set tithau'n gwneud yr un peth? Fyswn i ddim yn dweud 'na' wrth *quickie* hefo Lydia am godiad cyflog ...'

'Dyna ddigon!' rhuodd llais John. Llyncais fy mhoer, codais fy mhen a chamu drwy'r drws. Er 'mod i'n gwywo ar y tu mewn, llwyddais i atgoffa fy hun nad o'n i wedi gwneud dim o'i le. Trodd pawb i sbio arna i.

'Ti'n hwyr,' chwyrnodd John. 'Mae Duncan i ffwrdd, mae'r

peiriant golchi llestri wedi torri, mae 'na swp o waith a hanner cant wedi bwcio ar gyfer swper. Lle ti wedi bod?'

'Dwi'n gwybod, ac mae'n ddrwg gen i. Ro'n i'n siopa hefo Lydia, ac roedd hi'n hwyr yn cychwyn yn ôl. Wnaiff o ddim digwydd eto.' Gobeithiais y byddai awgrymu bod gen i a Lydia berthynas dda yn chwalu rhai o'r straeon amdana i a Duncan.

'Mae Lloyd wedi bod yn gwneud dy waith di, cyfarthodd John. 'Gei di fynd i olchi llestri heno, yn ei le o.'

Dwi'n siŵr fod John wedi bwriadu i hynny fod yn gosb, ond a dweud y gwir ro'n i'n ddiolchgar am gael cuddio rhag y lleill. Arhosais wrth y peiriant golchi llestri drwy'r nos, hyd yn oed yn ystod fy egwyl.

Rhaid bod Catrin yn teimlo rhyw fath o gywilydd am gario clecs tu ôl i fy nghefn, achos am y tro cyntaf erioed, daeth â phaned drwodd i'r gegin i mi.

'Be gest ti yng Nghaer? Rhywbeth neis?' gofynnodd, ac o dôn annaturiol o uchel ei llais sylweddolais ei bod hi'n ceisio bod yn gyfeillgar.

'Ges i ffrog ar gyfer y wledd,' atebais.

'W, oes gen ti luniau?'

Tynnais fy ffôn symudol o 'mhoced a dangosais lun iddi o'r ffrog yn hongian ar fachyn.

'Hyfryd!' meddai Catrin, yn llawn edmygedd. 'Rhaid bod honna wedi costio ffortiwn!' Daeth Tom draw ac edrychodd ar y llun dros ysgwydd Catrin cyn i mi fedru ei guddio. Chwibanodd.

'Unwaith y gwelith Duncan ti'n gwisgo honna alla i anghofio am unrhyw ddyrchafiad!' Ceisiodd gadw ei lais yn ysgafn, ond roedd ei ddicter yn amlwg.

'Gad lonydd iddi, Tom,' dwrdiodd Catrin. Cyn i mi fedru ei ateb fy hun, daeth John draw.

'*Aye*, gwylia dy geg, 'machgen i. Os oes ganddoch chi amser i sefyll o gwmpas fel ieir, mae ganddoch chi amser i weithio … bob un ohonoch chi!' Diflannodd pawb, heblaw John. Roedd o'n amlwg eisiau gair hefo fi, a doedd gen i unlle i ddianc rhagddo.

'Well i ti wylio dy hun, Miss Ryder,' sibrydodd yn dawel. Gorfodais fy hun i edrych yn syth i'w lygaid wrth i mi ei ateb.

'Does 'na ddim byd i'w wylio, na dim byd yn digwydd.'

'Does dim mwg heb dân,' atebodd, gan gadw'i lais yn isel. 'Gofynna hyn i ti dy hun: os ydi'r sefyllfa rhwng Duncan a titha mor ddiniwed, pam wnest ti drio mor galed i osgoi mynd i Lundain? A pham fod Lydia yn gwthio mor galed i dy gael di yna hefo fo?'

'Sut wyt ti'n gwybod ...'

'Dwi wedi bod yn cysgu yn y llofft uwchben y swyddfa. Do'n i ddim yn bwriadu clustfeinio, ond mi glywais dy drafodaeth hefo Lydia bore 'ma. Gair i gall, Alys bach, gair i gall ... dydi Lydia ddim yn ffrind i ti. Chwarae gêm mae hi. Mae'n trin Duncan fel ci ar dennyn – paid â gadael iddi hi dy reoli di hefyd.'

25

Wnes i ddim cysgu'r noson honno gan fy mod yn methu'n lân â chael geiriau Tom a John allan o fy mhen. Ro'n i'n meddwl i mi lwyddo i guddio fy nheimladau rhag pawb, gan gynnwys Duncan ei hun, ond yn amlwg roedd pobl yn dal i gofio celwyddau gwenwynig Terry, os oedd Tom yn barod i gredu 'mod i'n barod i gysgu hefo Duncan er mwyn ennill dyrchafiad.

Doedd gen i ddim awydd o gwbl bwyta'r brecwast roedd Mam wedi'i baratoi i mi. Yn rhy hwyr, sylweddolais mai hi oedd yn iawn. Ro'n i wedi rhoi gormod ohona i fy hun i'r Fleur-de-Lis a rŵan roedd hi bron yn amhosib i mi gamu'n ôl. Ro'n i ynghlwm mewn gwe ludiog, heb unrhyw ffordd amlwg o ddianc.

Gwelais fod John yn llygad ei le ynglŷn â Lydia hefyd – roedd hi wedi llwyddo i wthio Duncan a finnau at ein gilydd. Roedd angen i mi fedru camu'n ôl o'r sefyllfa, a rhoi tipyn o bellter emosiynol rhyngdda i a Duncan, a phellter daearyddol rhyngdda i a Lydia.

Ro'n i angen cwpl o ddyddiau o wyliau, i fod ar ben fy hun, i gael dringo i gopa Moel Famau, i deimlo'r gwynt yn fy ngwallt. Gallwn feddwl yn glir ar ben y mynydd. Tybed a oedd gen i amser i fynd am dro sydyn, hyd yn oed i ben Coed y Cwm, cyn i mi ddal y trên? Na. Roedd rhywun wrth y drws.

'Ta-daaah!' meddai Catrin, wrth i mi ei agor. 'Mae dy fam wedi trefnu i mi fynd â ti draw i barlwr harddwch Bella am sesiwn pampro a *makeover* cyn y wledd.'

'Dwi'm isio mynd i'r wledd,' meddwn i'n ddigalon.

'Oherwydd be ddwedodd Tom ddoe? Alys, *screw him!*

Anghofia am *bullshit* Tom. Ti ddim wedi gwneud dim byd o'i le, naddo? Felly 'sgen ti'm rheswm i deimlo'n euog, nagoes? Cenfigennus ydi o na chafodd o yr un sylw gan Duncan. Gwranda, mae Lydia yn amlwg yn dy drystio di hefo'i gŵr, neu fyse hi ddim wedi dy helpu di i ddewis ffrog mor gorjys, na fyse?'

Ysgydwais fy mhen. Roedd Catrin wedi gwneud pwynt da ynglŷn â Tom ond doeddwn i ddim mor siŵr am Lydia. Oedd, roedd hi wedi fy helpu i baratoi at y wledd, ond allwn i ddim cael gwared ar y teimlad ei bod hi'n ceisio fy rheoli. Ddwedais i ddim byd wrth Catrin rhag ofn i mi swnio'n *paranoid*, ond roedd gen i deimlad bod ganddi ryw gynllwyn ar y gweill.

Ond pam o'n i'n poeni cymaint? Y peth pwysig oedd fy mod i'n trystio fy hun i ymddwyn yn gall, er gwaethaf fy nheimladau tuag at Duncan. Fel ddwedodd Catrin, do'n i ddim wedi gwneud dim o'i le. Penderfynais anghofio am gemau Lydia a chenfigen Tom, a chanolbwyntio ar ddathlu llwyddiant Duncan. Yno fel ei Chef de Partie fyswn i heno, nid fel Alys.

Gadewais i Catrin fy ngyrru draw i barlwr harddwch Bella, lle ces i dwtio a lliwio fy ngwallt am y tro cyntaf ers misoedd, triniaeth ar fy nwylo a cholur. Er 'mod i'n teimlo fod Bella chydig yn rhy llawdrwm hefo'i sbynjys a'i brwshys, ac er nad oeddwn yn gwbl hapus hefo'r amrannau ffug, roedd yn rhaid i mi gyfaddef ei bod hi'n gwybod ei stwff. Ar ôl iddi orffen do'n i ddim yn edrych fel clown, ond yn hytrach yn fersiwn mwy caboledig ohona i fy hun. I orffen y sesiwn, clymodd fy ngwallt ar dop fy mhen mewn bynsen fach dwt, gan fy rhybuddio i beidio gorwedd i lawr, chwysu, crio na gadael i rywun arall gyffwrdd yn fy ngwallt.

Cael a chael wnes i i ddal y trên, ac mi fues i'n ffodus i ddod o hyd i ddwy sedd wag ochr yn ochr â'i gilydd fel y gallwn osod fy ffrog yn ofalus dros y sedd sbâr rhag ei chrychu. Ymhen dim ro'n i'n sefyll unwaith eto y tu allan i orsaf Euston, yn chwilio am dacsi.

Roedd y gwesty dipyn o bellter o'r orsaf, ac ro'n i'n

ddiolchgar bod y cwmni cynhyrchu yn ad-dalu costau achos ches i bron ddim newid o £30. Gan ei bod yn *rush hour* treuliais bron i hanner awr yn eistedd yng nghefn y tacsi yn sbio'n ddiamynedd ar fy oriawr, a chyrhaeddais y gwesty lai nag ugain munud cyn yr o'n i a gweddill y cogyddion i fod i wneud cyfweliad sydyn o flaen y camerâu teledu. Wrth i mi gerdded drwy'r lobi gallwn glywed bod nifer ohonyn nhw yno'n barod, yn chwerthin ac yn sgwrsio'n uchel.

Cipiais yr allwedd allan o law'r ferch y tu ôl i'r dderbynfa, a chyn iddi fedru gorffen gofyn a oeddwn i angen rhywun i gario fy magiau ro'n i'n carlamu ar draws y lobi i gyfeiriad y lifft. Wrth i'r drysau gau ar fy ôl clywais lais Duncan yn galw fy enw, ond penderfynais ei anwybyddu – roedd yn rhaid i mi newid a thwtio fy hun cyn i'r criw teledu gyrraedd.

Ymolchais hynny allwn i wrth y sinc, gan ofalu peidio â gwlychu fy wyneb na fy ngwallt. Yna llithrais fy nhraed i mewn i'r sodlau uchel a chamu i mewn i fy ffrog. Tynnais y ffabrig dros fy nghluniau a dal y ffrog yn ei lle hefo fy llaw chwith, ond allwn i ddim tynnu'r sip i fyny yn y cefn. Ymdrechais yn ofer am sawl munud i'w chau, ond aeth y sip yn sownd ac ro'n i ofn rhwygo'r defnydd ysgafn. Penderfynais ffonio'r dderbynfa i holi a allai aelod benywaidd o staff ddod i fy helpu, ond wrth i mi godi'r ffôn clywais gnoc ar y drws. Rhegais o dan fy ngwynt, a rhoi un cynnig arall ar droi fy mraich tu ôl i fy nghefn a thynnu'r sip i fyny rhwng fy ysgwyddau. Parhaodd y curo ar y drws.

'Alys, wyt ti'n iawn?' Damia, Duncan oedd yno. 'Maen nhw'n disgwyl amdanon ni.' Bu'n rhaid i mi shifflo at y drws gan ddal hanner ucha'r ffrog yn dynn o dan un fraich i'w hatal rhag disgyn i'r llawr. Agorais fymryn ar y drws i weld Duncan yn sefyll yno yn ei gilt.

'Barod i fynd?' gofynnodd yn obeithiol.

'Nac'dw,' atebais yn flin. 'Ro'n i bron â rhoi'r gorau i geisio cau'r ffrog 'ma a newid yn ôl i fy jîns.' Camais yn ôl er mwyn agor y drws iddo. 'Wnei di fy helpu i gau'r sip?' Rhoddodd law ar fy ysgwydd i 'nhroi i wynebu i'r cyfeiriad arall, a chododd y sip yn llyfn. Danfonodd cyffyrddiad ei law donnau o wres ac oerni trwy 'nghorff, a diolchais fod fy ngholur yn ddigon trwchus i guddio'r gwrid ar fy wyneb.

Heb edrych arno, camais o flaen y drych i ysgwyd fy mhais ac i sicrhau bod y sgert yn gorwedd fel y dylai. Mewn siop yn llawn o ffrogiau priodas roedd fy ffrog wedi ymddangos yn eitha syml a phlaen, ond wrth edrych ar fy adlewyrchiad yn nrych yn y gwesty edrychai'n llawer rhy ffyslyd. Oeddwn, ro'n i wedi mynd dros ben llestri.

'Mae hi'n ormod,' dywedais. 'Mae hi'n rhy fflownsi.'

'Ti'n edrych yn brydferth.'

Gwelais fod Duncan yn edrych dros fy ysgwydd ar fy adlewyrchiad. Anwybyddais ei sylw ac estyn am fy mag llaw, ond yn sydyn cydiodd Duncan yn fy mraich chwith a theimlais rywbeth yng nghledr fy llaw. Edrychais i lawr. Breichled oedd hi, ac roedd tlysau arian yn hongian oddi ar y gadwyn: sleisen fach o deisen, potel hefo '*drink me*' wedi'i sgwennu arni, cwpan de a llwy o'r maint perffaith i dylwythen deg, a chylch arian hefo f'enw arno.

'Mae hi'n hyfryd. Ond pam?'

'I ddiolch i ti am bopeth.' Yna edrychodd i lawr ar ei draed yn wylaidd ac ychwanegu, 'A dweud y gwir, hwn oedd dy anrheg Santa Cudd di. Ddanfonais i hi i ffwrdd i gael rhoi dy enw di arni, a wnaeth y gemydd ddim ei gyrru hi'n ôl tan fis Ionawr.'

'Mae hi'n lyfli. Diolch yn fawr iawn.' Wrth iddo glymu'r gadwyn am fy arddwrn edrychais ar y cloc, a gweld bod ganddon ni lai na deng munud cyn i'r wledd gychwyn. 'Well i ni ymuno â phawb arall.'

Pan agorodd drysau'r lifft yn y cyntedd cefais fraw o weld bod y camerâu yn disgwyl amdanon ni. Cymerais anadl ddofn a chamu'n ofalus allan o'r lifft, yn awyddus i osgoi baglu dros waelod fy sgert.

Teimlais lygad du'r camera arnon ni wrth i ni dderbyn croeso'r cogyddion eraill. Roedd gan bawb rywbeth clên i'w ddweud – pawb heblaw Howard, a ddaeth yn bedwerydd yn y gystadleuaeth.

'Wel Duncan, unwaith eto rwyt ti wedi cael dy wthio i'r cefndir,' meddai, hefo gwên sbeitlyd ar ei wyneb. Trodd ata i a rhedodd ei lygaid i lawr fy nghorff fel petawn yn fochyn yn hongian ar fachyn cigydd. Gwelais fflach o rywbeth yn ei lygaid barodd i mi deimlo'n anghyfforddus. Oedd, mi oedd y ffrog yn ormod.

Yr eiliad honno bu bron i mi â ffoi yn ôl i'r lifft ac i ddiogelwch fy stafell wely, ond cyn i mi fedru gwneud hynny daeth aelod o'r tîm cynhyrchu draw i'n tywys i'r stafell wledda. Roedd môr o wynebau o 'mlaen i a bron bob un ohonyn nhw'n wyneb adnabyddus. Canran fach o'r criw oedd wedi cystadlu yn, neu weithio ar *The Best of British Banquet*. Daethai pawb arall o fyd teledu – beirniaid, newyddiadurwyr, cyflwynwyr a pherfformwyr. Byddai'n llawer gwell gen i fod yn y gegin nag yng nghanol y selébs na wyddwn i pwy oedden nhw.

Teimlais law Duncan ar fy meingefn, yn fy llywio i lawr y grisiau.

'Cymera ddiod,' meddai, gan estyn gwydr oddi ar hambwrdd cyfagos. Safodd wrth fy ochr am funud nes i rywun ddod i'w gyfarch, a diflannodd i ganol y dorf gan fy ngadael ar fy mhen fy hun. Arhosais innau ar waelod y grisiau yn sipian fy niod ac yn ceisio cadw'n ddigon pell oddi wrth y camerâu.

Yn sydyn, roedd Charles Donoghue wrth fy ochr.

'Alys! Mae Duncan wedi dy adael di, do? Dwi'n falch. Ro'n i'n gobeithio dy gael di ar dy ben dy hun am eiliad.' Tynnodd gerdyn busnes o'i boced. 'Mae gen ti dalent am goginio. Os wyt ti awydd swydd yn Llundain, ty'd ata i gynta. Bydd wastad lle i ti yn un o fy mwytai ... prin yw'r bobl sy'n medru gwneud *soufflé* da.' Rhaid bod fy mraw yn glir ar fy wyneb, oherwydd gosododd Charles law gysurlon ar fy mraich. 'Mae dy gyfrinach yn ddiogel, Alys,' sibrydodd.

Cawsom ein galw at y byrddau, a ffarweliodd Charles wrth i mi gyrraedd fy mwrdd i. Rhoddwyd Duncan i eistedd gyferbyn â fi, hefo aelodau'r tîm cynhyrchu rhyngddon ni. Gan mai golygyddion a chynhyrchwyr oedden nhw, ac felly yn wynebau dieithr, roedd y sgwrs yn ddigon lletchwith.

Cychwynnodd y wledd ag areithiau niferus. Bwriad y noson oedd dathlu gwaith elusennau a mudiadau oedd yn cefnogi pobl ifanc ddi-waith. Dim ond rhyw hanner dwsin o gynrychiolwyr o'r elusennau oedd yn bresennol, yn eistedd yng nghornel y stafell y tu ôl i'r enwogion.

Roedd yn rhaid i Duncan hyd yn oed gydnabod bod y bwyd yn fendigedig, ond ro'n i mor nerfus prin y gallwn ei fwyta.

Pan ddaeth Brian allan ar ddiwedd y noson i foesymgrymu'n hunangyfiawn a derbyn cymeradwyaeth y gwesteion wnaeth o ddim diolch i Ryan am ei gefnogaeth, nac i 'run o'r bobl oedd wedi bod yn y gegin am oriau yn ei helpu i baratoi'r wledd.

Wedi'r bwyd, trodd y sgwrs o gwmpas y bwrdd i sefyllfa'r celfyddydau, toriadau cyllid a chyllidebau rhaglenni a sianeli amrywiol. Gwrandawodd Duncan yn gwrtais, ond y cwbl ro'n i isio'i wneud oedd dianc a chael mynd i'r gwely.

I wneud pethau'n waeth, fi oedd un o'r unig rai oedd wedi dewis gwisgo lliw golau. Roedd un ddynes mewn mantell Affricanaidd liwgar ac ambell un arall mewn ffrogiau piws neu las, ond du oedd lliw 95% o'r gwisgoedd: ffrogiau bach du, ffrogiau hir du, siacedi a thycsidos du. Teimlais mor amlwg â chwynnyn ar lawnt.

Ar ddiwedd y pryd cliriwyd y platiau a'r cwpanau coffi, a dechreuodd band chwarae cerddoriaeth glasurol. Cododd rhai cyplau i ddawnsio'n araf ac urddasol ar draws y llawr pren, a phenderfynais mai dyma fy nghyfle i sleifio allan. Wrth i ddrysau'r lifft agor clywais lais y tu ôl i mi.

'Ac i ble wyt ti'n mynd, Alys?' Duncan. Damia.

'Yn ôl i fy stafell.'

'Disgwyl am eiliad,' galwodd Duncan, gan frasgamu tuag ata i. Camais allan o'r lifft i ddisgwyl amdano.

'Dwyt ti ddim yn mwynhau dy hun?' gofynnodd Duncan yn syn. 'Hyd yn oed hefo'r holl selébs o dy gwmpas di?'

'Ydw i erioed wedi dangos y mymryn lleiaf o ddiddordeb mewn selébs?'

'Digon teg. Hoffet ti ddawnsio?' gofynnodd yn chwareus, gan godi ei freichiau fel petai am fy waltsio ar draws y cyntedd.

'Dim peryg!' Fflachiodd darlun sydyn drwy fy mhen: mam Lydia yn gwgu wrth ein gweld ar y teledu. Roedden nhw am ddangos y wledd mewn rhaglen arbennig awr o hyd ddiwedd yr wythnos ganlynol, a hawdd oedd dychmygu ymateb pobl Santes-Fair-tanrallt i weld gŵr priod yn chwyrlïo ei Chef de Partie o gwmpas y stafell foethus.

'Dos i newid 'ta,' meddai Duncan. 'Wna i gwrdd â ti yma mewn deng munud.'

'Does dim rhaid i ti adael y wledd. Heno ydi dy noson di. Gad i mi fod yn anghymdeithasol, a dos dithau i fwynhau dy hun.'

'Ro'n i am adael beth bynnag. Yn y gegin dwi'n hoffi bod, nid yn gwrando ar bobl yn canmol Brian i'r cymylau. Tydi o'n wych, yn arobryn, yn hynod dalentog!'

'Y flwyddyn nesa mi fydden nhw'n dweud yr un peth amdanat ti, Chef.'

Gwenodd Duncan arna i, ond roedd ei lygaid yn drist. Er iddo daeru sawl gwaith nad oedd ennill yn bwysig iddo, mi wyddwn i yn wahanol.

'Dwi am fynd i Vetrov's i glirio 'mhen. Ty'd hefo fi?' Yng nghefn fy meddwl clywais rybudd John, a gwyddwn y byddai'n annoeth iawn i mi fynd hefo fo, ond edrychai mor ddigalon doedd gen i ddim calon i'w wrthod.

Newidiais a brysio'n ôl i'r cyntedd. Roedd Duncan yno'n barod, wedi newid i jîns a chrys, ac roedd ganddo fflasg o wisgi yn ei boced. Wnaethon ni ddim cerdded y tro hwn, ac ar ôl taith fer mewn tacsi i Vetrov's, oedd dan ei sang, brwydrodd Duncan i gyrraedd y bar i nôl yr allwedd i'r llawr uchaf.

Y tro hwn ches i ddim cymaint o drafferth i ddringo drwy'r ffenest ar y to. Teimlad braf oedd cael bod yn ôl ar ben y byd, yng nghanol bwrlwm y ddinas ond yn anweledig yr un pryd.

Eisteddodd Duncan wrth fy ochr, ac am rai munudau eisteddon ni yn dawel i deimlo'r awel ffres ar ein hwynebau, yn drachtio bob yn ail o'r fflasg fechan. Caeais fy llygaid a mwynhau effaith y gwin a'r gwirod, gan anghofio am Lydia a Tom, Lloyd a John, am sibrydion a bryntni'r dyddiau cynt.

'Mae gen i rywbeth i'w rannu hefo ti,' meddai Duncan yn annisgwyl. 'Dwi ddim wedi dweud wrth neb arall eto, ddim hyd yn oed Lydia, ond dwi wedi cael cynnig swydd mewn bwyty yng Nghaer. Maen nhw'n addo pres gwirion i mi – y math o bres y byset ti'n disgwyl ei gael ym mwytai gorau canol Llundain.'

'Mae hynny'n grêt!'

'Wrth gwrs, wna i ddim cau'r Fleur-de-Lis.'

'Ond sut wnei di gadw'r lle ar agor a gweithio'n llawn amser yng Nghaer hefyd?' Heblaw John, staff ifanc a dibrofiad oedden ni, ac roedd John wedi'i chael yn anodd rhedeg pethau tra oedd Duncan i ffwrdd am bythefnos, hyd yn oed.

'Mae gen i dîm da,' meddai. 'Bydd John yn brif gogydd ... a dwi am i ti fod yn Sous Chef iddo.'

'Fi?' gwichiais. 'A be am Tom?'

'Mae Tom yn iawn fel mae o. Ti a John fydd yn rhedeg y lle. Be wyt ti'n feddwl am hynna?' Syllais ar y llechi rhwng fy nhraed.

'Dwi'n meddwl y dylet ti gynnig swydd y Sous Chef i Tom.'

'A pham wyt ti'n dweud hynny?'

'Mae o'n fwy profiadol. Mae o wedi bod yn gweithio i ti'n hirach.'

'Dim ond cwpl o fisoedd yn hirach,' snwffiodd Duncan.

Cymerais eiliad i geisio llunio fy ateb, ond cydiodd panig yn fy mrest a llifodd y geiriau allan fel dŵr yn gollwng o dwll mewn bwced.

'Mae'n fwy profiadol na fi, yn hŷn na fi. Paid â meddwl nad ydw i'n ddiolchgar am bopeth – dwi wrth fy modd yn gweithio yn y Fleur-de-Lis. Ond dwi ddim yn barod ar gyfer cymaint o ddyrchafiad. Mae Tom yn gweithio mor galed a dwi'n meddwl dy fod di wedi'i esgeuluso fo ...'

'Does gen ti ddim digon o ffydd yn dy dalentau, Alys.'

'Dwi'n gwybod 'mod i'n gogydd da, a falle un diwrnod y bydda i'n well eto. Ond ar hyn o bryd dwi'n hapus lle ydw i. Gad i mi ddringo'r ysgol yn fy amser fy hun.' Ochneidiodd Duncan, ac mi wyddwn fy mod wedi'i ddarbwyllo. Byddai cael fy nyrchafu uwchben Tom yn dystiolaeth bellach o ffafriaeth Duncan.

'Wna i gynnig y swydd i Tom felly, os wyt ti'n siŵr na wnei di mo'i derbyn,' meddai, gan guro'i ddwylo ar ei bengliniau. 'Ond os nad wyt ti am weithio fel Sous Chef, be am i ti roi cynnig ar rywbeth arall?'

'Rhoi cynnig ar be?' gofynnais yn bwyllog.

'*Pâtisserie*? Fuaset ti'n hoffi rhedeg *pâtisserie* dy hun? Fysen ni'n medru rhentu siop fach i ti weithio ynddi, heb staff i'w goruchwylio. Fysen ni'n medru prynu'r pwdinau ar gyfer y Fleur-de-Lis yn hytrach na'u coginio nhw yn y bwyty, a gwerthu cacennau i'r cyhoedd fel ffynhonnell ychwanegol o incwm. Be amdani?'

'Dwyt ti ddim yn meddwl y byse'n well i ti drafod â dy wraig cyn buddsoddi mewn ail fusnes?'

'Syniad Lydia oedd o. Mae hi wedi bod yn meddwl am enwau i'r siop – 'Decadence' neu 'Clwydian Luxury Cakes'. Paid â phoeni, 'swn i'n gwneud yn siŵr na fuasai hi'n ymyrryd yn y busnes o ddydd i ddydd. Fyswn i'n galw mewn o leia unwaith yr wythnos, ond ti fyddai'n rhedeg y lle. Gei di gymorth hefo cadw'r cyfrifon a'r marchnata ...'

'Mae'n gynnig caredig iawn ...' dechreuais.

'Paid â dweud "na".'

'Mae'n syniad neis, ond dwi ddim awydd gweithio fel *pâtissière*.'

'Ond dyna dy gryfder di.'

'Dwi'n gwybod, a dwi'n mwynhau gwneud cacennau... ond mae gen i gymaint i'w ddysgu eto. Dwi ddim isio cyfyngu fy hun i goginio dim byd ond cacennau a phwdinau ... troi'n Jane Austen y gegin.'

Cododd Duncan ei aeliau. 'Jane Austen y gegin?'

'Yn gwneud y stwff cain, melys – gwaith siwgr a theisennau.'

'Wyt ti'n cymharu pawb i awduron? Pwy fyswn i?'

'Dickens, am wn i.'

'Cawr llenyddol go iawn. Ti'n ceisio fy seboni fi, Alys Ryder?'

'I'r gwrthwyneb, wnes i ddewis awdur fyset ti'n gwybod amdano ... a gan fod *A Christmas Carol* wedi cael ei haddasu yn ffilm hefo'r Muppets ynddi ...' Taflodd Duncan ei ben yn ôl, gan chwerthin yn uchel.

'Rwyt ti'n gas! Ond alla i ddim gwadu'r ffaith nad ydw i'n berson llenyddol. Mae'n gas gen i farddoniaeth hefyd, yn enwedig y stwff modern ges i fy ngorfodi i'w astudio yn yr ysgol. Doedd o ddim yn gwneud synnwyr, na hyd yn oed yn odli.'

Ro'n i wedi gorfod dwyn darnau mawr o farddoniaeth i gof er mwyn pasio fy arholiadau. Yn hunanfoddhaol braidd, dyfynnais T. S. Eliot. 'Let us go then, you and I, when the evening is spread out against the sky like a patient etherised upon a table.'

'Dyna'r sothach,' mynnodd Duncan. 'Nid barddoniaeth ydi hwnna. Dyma i ti gerdd go iawn: "Wee, sleekit, cowran, tim'rous beastie, O what a panic's in thy breastie"!'

'Robert Burns?' dyfalais. 'Neu John ar ôl iddo gael un ddiod yn ormod?'

'Rabbie Burns. Un o'r unig gerddi dwi'n gofio o'r ysgol...' Caeodd ei lygaid. 'A hwn: "Had we but world enough, and time, this coyness, lady, were no crime ... duh dum dum ... My vegetable love should grow vaster than empires, and more slow." Dwi'n cofio'r athro yn egluro mai cerdd serch oedd hi, ond dwi'n dal dim callach be sy gan gariad i'w wneud â llysiau. Yna dwedodd hi mai cerdd *carpe diem* oedd hi, ac ro'n i ar goll yn lân. Carp i mi ydi pysgodyn ....'

'Wnes i astudio'r gerdd honno ar gyfer TGAU. Os dwi'n cofio'n iawn, neges y gerdd yw bod bywyd yn fyr a does dim amser i betruso. Mae'r adroddwr yn dweud wrth y ferch ei bod am heneiddio a marw, felly waeth iddi ildio a chael rhyw hefo fo yn hytrach na marw'n wyryf. Sôn am ramantus!'

Chwarddodd Duncan.

'Mae'n biti bod yn rhaid i mi dy lusgo di gannoedd o filltiroedd i ffwrdd o'r gegin i ddarganfod pa mor ddoniol wyt ti'n gallu bod. Uffern, gymerodd hi fisoedd i ni gael sgwrs go iawn.'

'Alla i ddim dychmygu trafod llenyddiaeth yn y gegin.'

'Na, ond mae 'na bethau eraill i'w trafod. Dyma ni rŵan fel hen fêts, ond yn y gegin rwyt ti mor dawel ... Fyset ti'n dweud wrtha i petai rhywbeth yn bod, yn byset ti?'

'Does dim byd yn bod,' atebais. Er fy ymdrech i gadw fy llais yn ysgafn, swniais yn amddiffynnol a siarp.

'Dwi'n gwybod nad ydi hynny'n wir. Oes rhywun yn rhoi amser caled i ti?' Edrychais i lawr ar y llechi. 'John? Lydia?' mynnodd. 'Ydi Lydia wedi dweud rhywbeth cas?'

'Does dim byd yn bod,' ailadroddais.

'Alys, os oes rhywun yn dy fwlio di, mi ...'

'Duncan, jest gad o!' Bu bron i mi weiddi arno. 'Dwi ddim am greu helynt. Jest gad i mi weithio, gad i mi fod, plis.'

Ond erbyn hynny roedd gan Duncan chwilen yn ei ben.

'Os na ddeudi di, mi ofynna i i John be sy'n mynd ymlaen.'

'Wnaiff John ddim dweud.'

'John ydi'r broblem, felly?'

'Na!'

'Iawn. Ond mi fydda i'n cadw llygad barcud arnat ti, Miss Ryder, ac os dwi'n ...'

'Wnei di plis, plis roi'r gorau iddi!'

'Dim tan i ti dde...'

'Ti!' gwaeddais.

'Fi?' gofynnodd, â syndod gwirioneddol yn ei lais. Roedd fy wyneb yn fflamgoch, ond mynnodd edrych i fyw fy llygaid wrth ofyn y cwestiwn.

'Maen nhw'n siarad amdanon ni.'

'A be maen "nhw" yn ddweud?'

Yr eiliad honno roedd llithro oddi ar y to a disgyn i'r

palmant yn ymddangos yn well opsiwn nag ateb cwestiwn Duncan. Edrychais allan dros y ddinas i osgoi gorfod edrych arno.

'Maen nhw'n dweud ein bod ni'n gweld ein gilydd tu ôl i gefn Lydia.'

'A phwy sy'n dweud hyn?'

'Terry, i ddechrau. Jake, Tom, Catrin, Lloyd ... John hyd yn oed ...' Llithrodd y geiriau fel rhaeadr allan o 'ngheg a doedd dim modd i mi eu dal nhw'n ôl. 'Ddwedodd Terry wrth bawb yn yr Arad ei fod o wedi colli'i job achos ein bod ni'n cael affêr. Yna gwelodd pawb y gusan ar y teledu ... a dyna pam nad o'n i isio dod i Lundain heno. Ond doedd Lydia ddim yn fodlon dod yn fy lle i, a ddoe mi glywais Tom yn dweud 'mod i ond yn cysgu hefo ti er mwyn cael dyrchafiad.'

'A ddeudest ti ddim byd i'w cywiro nhw?'

'Do ... wrth John. Ond mae o, hyd yn oed, yn credu bod rhywbeth yn mynd ymlaen. Mae'n gas gen i feddwl bod pobl yn credu ... yn enwedig o feddwl nad oeddet ti'n gwybod mai merch o'n i pan ges i'r swydd! Fyswn i byth, byth isio difetha priodas, ac mae'n torri 'nghalon i feddwl bod pawb arall yn credu 'mod i mor dwyllodrus ...'

Erbyn hynny roedd y dagrau yn llifo i lawr fy mochau. Cododd Duncan ei law i'w sychu, cyn ailfeddwl.

'Does gen ti ddim rheswm o gwbl i deimlo cywilydd, Alys, ac mae'n ddrwg gen i os wyt ti wedi dioddef o f'achos i. Ty'd, awn ni'n ôl i lawr.'

Neidiais drwy'r ffenest heb ei gymorth, ac aeth y ddau ohonon ni i lawr y grisiau heb ddweud gair arall wrth ein gilydd. Yn y bar, amneidiodd Duncan at fwrdd gwag mewn cornel dawel. Eisteddais, a dilynodd fi draw ar ôl mynd i'r bar i nôl diodydd i ni. Y tro hwn doedd dim 'iechyd da' na chyffwrdd gwydrau. Estynnodd bapur ugain punt o'i boced a'i wthio ar draws y bwrdd.

'Cymer hwn,' meddai. 'Os wyt ti isio gadael, ar unrhyw adeg, dwi am i ti gymryd tacsi yn ôl i'r gwesty.'

'Ti'n gwneud i mi deimlo'n nerfus.'

Yfodd Duncan ei ddiod mewn un llwnc, yna syllu i waelod ei wydr.

'Ges i rybudd gan John dros y Dolig,' meddai, hefo rhyw gryndod yn ei lais. 'Rhybudd am fod yn rhy agos, am wneud fy ngobeithion yn rhy amlwg. Ond doedd dim ots gen i os oedd pobl yn hel clecs amd...'

'Gobeithion?' gofynnais yn gryg.

'Ro'n i ... ro'n i dan yr argraff dy fod ti'n deall sut dwi'n teimlo, yn gobeithio dy fod ti'n teimlo'r un fath, ond yn rhy swil i gydnabod hynny.'

Agorais fy ngheg, ond ddaeth 'run gair allan. Llosgai tân annifyr o dan fy nghroen, ac edrychai Duncan yr un mor anghysurus. Am eiliad gorchuddiodd ei lygaid â'i law, yna symudodd ei law i rwbio'i dalcen.

'Mae gen i gywilydd 'mod i wedi camddehongli'r sefyllfa i'r fath raddau. Mae'n ddrwg gen i os ydw i wedi achosi embaras i ti.' Erbyn hynny ro'n innau hefyd yn edrych i lawr ar y bwrdd pren, yn methu'n lân â chodi fy llygaid i gwrdd â'i rai o. Lapiais fy nwylo o gwmpas fy niod i guddio'r ffaith eu bod yn crynu.

'Taset ti'n ddyn sengl ac yn gofyn i mi fynd am ddiod ...'

'Fyset ti'n cytuno?' gofynnodd yn obeithiol.

'Dwi'n dy hoffi di, yn fawr iawn. Mewn amgylchiadau gwahanol ... Ond dwyt ti ddim yn ddyn sengl, felly does dim pwynt hyd yn oed meddwl am fod yn fwy na chyd-weithwyr. Rwyt ti'n briod â Lydia ... yr unig reswm dwi'n cyfaddef hyn ydi fel na fyddi di'n beio dy hun am gamddehongli'r sefyllfa.'

Syllodd y ddau ohonon ni ar y bwrdd mewn tawelwch trwchus.

'Ble'r awn ni rŵan? Be wnawn ni?' gofynnodd Duncan ymhen sbel.

'Awn ni'n ôl i sut oedd pethau cyn y gystadleuaeth.'

'Ac mi wyt ti'n iawn hefo hynny?'

'Pa ddewis sy gen i?' gofynnais. 'Oni bai dy fod di isio chwilio am Chef de Partie newydd.'

Petai o ddim yn briod, petai Lydia ddim yn bodoli, hawdd fyddai pwyso dros y bwrdd a chyffwrdd ei wefusau â fy rhai i. Ond codais, gan wthio'r papur ugain yn ôl ar draws y bwrdd.

'Dwi am fynd yn ôl i'r gwesty. Arhosa di yma, dos i gael sgwrs efo Aleksey.'

'Mi fyddai'n well o lawer gen i ddod yn ôl i'r gwesty hefo ti,' meddai.

Gan wneud ymdrech aruthrol, codais fy mag a throi i adael.

'Ac mi fyse'n well o lawer gen i petaet ti'n dod yn ôl i'r gwesty hefo fi hefyd,' atebais, 'a dyna pam mae'n well i ti aros yma.'

26

Wrth ddringo i gefn y tacsi sylweddolais 'mod i'n dal i wisgo'r
freichled roedd Duncan wedi'i chlymu o amgylch fy ngarddwrn
bedair awr ynghynt. Pan gyrhaeddais y gwesty es yn syth at y
dderbynfa a gofyn i'r porthor nos am amlen a slip cyfarch.
Ysgrifennais enw a rhif stafell Duncan ar flaen yr amlen a rhoi'r
freichled ynddi hefo nodyn: 'Alla i ddim derbyn hon'. Gadewais
yr amlen dan ofal y porthor, a chyfarwyddiadau iddo ei
throsglwyddo i ofal Duncan y peth cynta yn y bore.

Am bump y bore ro'n i'n effro, ac am chwech ro'n i wedi
pacio ac yn barod i ddefnyddio fy nhocyn agored i ddal y trên
nesaf yn ôl i Gymru.

Y peth cyntaf wnaeth Duncan wedi iddo ddod adre oedd
sgwennu rota staffio newydd. Aethon ni o weithio ochr yn ochr
bron bob dydd i fod yn y gegin hefo'n gilydd ddwy neu dair
noson yr wythnos yn unig. Dim mwy o wenu enigmatig ar draws
y gegin. Wnaeth o mo 'ngyffwrdd i, hyd yn oed i roi llaw
ddiniwed, galonogol ar fy ysgwydd, ar ôl hynny.

Er na ddywedodd neb ddim byd, daeth yn amlwg i bawb
'mod i wedi colli fy statws fel ffefryn iddo. Diolch byth bod
esboniad digon naturiol – roedd *The Best of British Banquet* ar
ben, a doeddwn i'n ddim gwahanol i unrhyw aelod arall o staff.
Roedd Duncan yn seléb ei hun bellach, wedi'r cwbl, a doedd
ganddo ddim cymaint o amser i'w dreulio hefo'i staff.
Derbyniodd wahoddiadau i siarad ar y radio ac ar y teledu, a
gan ei fod wedi tynnu sylw'r *foodies* a'r blogwyr a'r adolygwyr,

roedd cleientiaid newydd yn tyrru i'r bwyty. Teithiai pobl o bell, yn barod i ddisgwyl misoedd i gael bwrdd oherwydd bod pryd o fwyd yn y Fleur-de-Lis yn 'brofiad'. Cododd Duncan ei brisiau, ond roedden nhw'n dal i lifo drwy'r drysau. Dyblodd y cildyrnau, a dechreuodd Lydia sôn am gyflogi *sommelier* yn lle cael rhywun tu ôl i'r bar i dywallt y gwin.

Doedd y peth ddim yn gwneud synnwyr i mi. Yr un math o fwyd roedden ni'n ei weini, a'r un staff oedd yn ei baratoi; ond dros nos, yn sgil *The Best of British Banquet*, dyma oedd 'y lle' i fwyta.

Rai nosweithiau treuliai Duncan fwy o'i amser yn siarad â chwsmeriaid nag yn coginio. Unwaith neu ddwy mi ges i fy adnabod fel 'y ferch oddi ar y teledu', ond wnes i erioed fwy na gwenu ar y cwsmer cyn mynd yn ôl at fy ngwaith. Gofynnodd un pêl-droediwr rhyngwladol am fy rhif ffôn gan i mi goginio pryd arbennig iddo i gyd-fynd â'i ddeiet hyfforddi, ond gwrthodais ei gais a'i siampên. Doedd gen i ddim amser na diddordeb mewn enwogrwydd, nac mewn cwrdd ag enwogion chwaith.

27

Mawrth

Aeth misoedd heibio a pharhaodd y tawelwch rhwng Duncan a finnau – ond newidiodd ei agwedd tuag at weddill y staff, a'i waith, hefyd. Cwtogodd ei oriau fel ei fod o'n gweithio ar nosweithiau prysuraf yr wythnos yn unig. Doedd dim angen i Lydia ddwyn llawer o berswâd arno i ddianc o'r gegin – un ai er mwyn teithio i Lundain neu Gaerdydd i ffilmio rhyw raglen deledu neu'i gilydd, neu i fynd ar dripiau hamdden hefo hi. Yn ôl Catrin roedd o'n gweld ei hun yn *celebrity chef*, yn rhy hunanbwysig i chwysu dros stof bob nos, ond wnes i ddim mynegi barn.

Canlyniad hyn oll oedd bod pwysau rhedeg y bwyty yn disgyn ar ysgwyddau John, ac o ganlyniad, daeth ei gyfnod hir o sobrwydd i ben. Dechreuodd ddod i'r gegin hefo arogl wisgi ar ei wynt, ac ambell dro fyddai o ddim yn dod i'r gwaith o gwbl. Ond roedd angen rhywun wrth y llyw, ac roedd hi'n haws i Duncan gadw John ymlaen a pheidio holi gormod am ei bresenoldeb a'i ymddygiad. Doedd neb am fentro pryfocio John drwy gwyno amdano gan ei fod yn chwilio am esgus, unrhyw esgus, i wylltio'n gacwn.

Un nos Wener daeth y ffrwydrad. Roedd Duncan a Lydia wedi mynd allan am swper rhamantus, roedd Tom i ffwrdd o'r gwaith a Lloyd wedi ffonio i ddweud ei fod o'n sâl. Dim ond y ddau ohonon ni oedd ar gael i redeg y gegin. Roedd o'n waith caled, ond aeth pethau'n iawn tan i ryw foi ddod at ddrws y gegin i gwyno bod ei stêc yn binc yn y canol. Heb air, cymerodd

John y stêc a'i thaflu'n ôl i'r badell. Coginiodd y cig nes oedd yn frown cyson.

'Dyna ti,' meddai, gan wthio'r plât yn ôl dros y cownter.

'O, na,' meddai'r boi. 'Dwi am i ti goginio un ffres i mi.'

'Ble ddiawl ti'n feddwl wyt ti, blydi *Fawlty Towers*? Chei di ddim bwyta hanner dy stêc a dod yma i gwyno nad ydi'r hanner arall wedi'i goginio!' rhuodd John.

'Dwi isio siarad hefo'r rheolwr.' Rhoddodd John ei ddwylo ar ei gluniau.

'Ti'n siarad hefo fo,' atebodd.

'Wyt ti'n gwybod pwy ydw i?' gofynnodd y dyn yn drahaus.

'Na, a 'sgen i ddim blydi diddordeb chwaith!'

Ceisiais hebrwng y dyn allan o'r gegin, ond dechreuodd fygwth sgwennu adolygiad gwael ar wefan Trip Advisor. Bu bron i John ei dagu. Llusgwyd y boi allan gan Catrin, ac ar ôl iddi ymddiheuro, fe gafodd ei bryd am ddim. Ond roedd y dyn wedi cynnau ffiws John, a phan losgodd ei law ar yr hob trydan dechreuodd regi ar dop ei lais, a martsio allan o'r gegin. Ddaeth o ddim yn ôl.

Ffoniodd Catrin o gwmpas gweddill y staff i weld oedd rhywun ar gael i bicio i mewn i roi help llaw i mi, ond roedd Lloyd dal yn stỳc yn y tŷ bach yn chwydu, Tom wedi bod yn yfed a Duncan ddim yn ateb ei ffôn. Byddai'n rhaid i mi fwrw 'mlaen ar fy mhen fy hun. Gan anwybyddu'r rheol 'dim rhedeg' carlamais o un ochr o'r gegin i'r llall i gadw golwg ar yr hob trydan a'r popty a'r sosbenni. Ni ddaeth yr un plât yn ôl, ond cerddodd un bwrdd o chwech allan gan ddatgan yn uchel eu bod wedi blino aros, ac y bysen nhw'n codi pysgod a sglodion ar y ffordd adref. Erbyn hanner awr wedi naw ro'n i'n barod i gwympo, ond ro'n i wedi bwydo dros dri deg o bobl ar fy mhen fy hun. Arhosodd Julia am hanner awr ychwanegol i helpu i glirio'r gegin, ond heb KP i olchi, roedd y platiau a'r sosbenni wedi pentyrru ar y cownter.

'Ffonia Duncan, gad iddo wybod be ddigwyddodd,' awgrymodd Julia pan oedd yn gadael, 'a geith John ddod i mewn yn gynnar fory i dacluso. Ti wedi gwneud digon heno.'

Er mai un o brif reolau'r gegin oedd ei gadael hi'n lân a thaclus ar ddiwedd pob sesiwn, allwn i ddim clirio'r lle a chyrraedd adref cyn hanner nos. Felly llwythais y peiriant golchi llestri a llenwi'r sosbenni budr â dŵr poeth a'u gadael i socian dros nos.

Ymlwybrais yn swrth i'r stafell newid i daflu dŵr oer dros fy wyneb. Yn sydyn, clywais sŵn yn dod o gyfeiriad y stafell fwyta. Oedd Julia wedi cloi'r drws ar ei hôl? Gwrandewais yn astud. Yn bendant, roedd rhywun yn y gegin. Oedd rhywun yn torri i mewn?

Agorais ddrws y stafell newid yn araf, araf bach. Yna, agorodd drws gwichlyd y swyddfa a dihangodd sgrech o fy ngwddw.

'Alys! Fi sy 'ma.' Safai Duncan o 'mlaen i. Pwysais yn erbyn y wal, fy nghoesau yn wan fel *blancmange*.

'O'n i'n meddwl mai blydi lleidr oeddet ti!' ebychais.

'Ble mae pawb arall?'

'Chest ti mo'r neges gan Catrin?'

'Do, rhyw fwmial aneglur yn gofyn i mi ddod draw cyn gynted ag y gallwn i. Wyt ti wedi bod yma ar dy ben dy hun? Ble mae John? A Lloyd?' Arweiniodd fi drwodd i'r swyddfa, lle eglurais bopeth iddo.

'Mae'n anffodus bod Lloyd wedi rhoi cyn lleied o rybudd i chi ... ond John, be ddiawl aeth trwy ei ben o? Oedd o wedi bod yn yfed? Mi fyset ti wedi medru cael damwain – a beth petai lladron go iawn wedi dod yma? Dwi'm yn siŵr medra i ddal i'w gyflogi os ydi o'n parhau i ymddwyn fel hyn.' Ochneidiodd, gan redeg ei fysedd drwy ei wallt. 'Mae petha wedi bod yn anodd adre ... nid bod hynny'n esgus. Ddylwn i fod wedi cadw gwell golwg ar y lle. Mae'n ddrwg gen i dy fod di wedi gorfod delio hefo hyn, Alys, wir.' Agorodd ddrôr isaf ei ddesg a thynnu ei fflasg arian a dau wydr bach allan ohoni.

'Dim diolch,' dywedais, ond anwybyddodd fi a dal y gwydryn o 'mlaen i.

'Yfa fo. Fedri di ddim gadael i ddyn yfed ar ei ben ei hun.'
Cymerais y gwydr o'i law, ond wnes i ddim yfed ohono.

'Gawn ni gwpl o adolygiadau gwael ar Trip Advisor felly,'
meddai'n ddigalon ar ôl i mi orffen adrodd hanes yr oriau
blaenorol. 'Ond nid dy fai di 'di hynny, cofia.' Tywalltodd
drydedd diod iddo'i hun.

'Pwyll!' rhybuddiais, 'neu alli di ddim gyrru adre.'

'Ddwedais i wrth Lydia y byswn i, fwy na thebyg, yn aros
yma. Mae hi wedi hen arfer hefo fi'n cysgu yn y llofft uwchben
y gegin.' Rhwbiodd law dros ei dalcen. Doedd o ddim yn edrych
fel dyn oedd wedi mwynhau pryd o fwyd rhamantus hefo'i
wraig. 'Alys, rhaid i ti gymryd y swydd Sous Chef,' plediodd.
'Mae angen cefnogaeth ar John. Rho gynnig arni, ac os nad wyt
ti'n mwynhau mi wna i recriwtio rhywun arall ... ond i fod yn
onest, dwn i ddim be fyswn i'n wneud taswn i'n dy golli di.'

Dyma'r sgwrs hiraf ro'n i wedi'i chael hefo fo ers sawl
wythnos. Dim fy newis i fyddai gadael y Fleur-de-Lis, ond roedd
pethau wedi bod yn mudferwi yno ers sbel. Do'n i ddim isio bod
yno ar gyfer y ffrwydrad, neu'n waeth na hynny, achosi'r
ffrwydrad.

'Pam na wnei di werthu'r lle?' gofynnais. 'Os oeddet ti'n
ystyried symud i Gaer i weithio, pam ddim rhoi'r lle ar y
farchnad?'

'Lydia,' atebodd Duncan yn swrth. 'Dydi hi ddim am i ni
symud i Gaer rŵan.'

'Ga i ofyn pam? O'n i dan yr argraff y byse Lydia wedi
croesawu cael symud yn ôl i gymdeithas wâr.'

'Mae ganddi ryw chwilen yn ei phen am symud i Baris, er ei
bod hi'n gwybod nad a' i byth yn ôl yno. Dwi'n siŵr 'mod i wedi
sôn wrthat ti, do?'

'Naddo. 'Dyn ni heb gael sgwrs go iawn ers y wledd. Ond os
wyt ti am aros yma mi fydd gen ti ddigon o amser i hyfforddi
cogyddion newydd. Wnei di ddim gweld fy ngholli i.'

Syllodd arna i dros dop ei wydr. 'Ti'n gadael?'

'Ydw.'

'Pwy sy wedi dy botsian di?'

'Charles.'

Ro'n i'n disgwyl y buasai wedi anghofio popeth am y cynnig a wnaeth i mi, ond pan ffoniais ei fwyty bythefnos ynghynt, y peth cyntaf ddwedodd o oedd, 'Alys! Wyt ti am ddod i weithio i mi?' Cwpl o wythnosau o brofiad gwaith yn un o'i fwytai o'n i isio, ond cynigiodd swydd llawn amser i mi yn Commis Chef. O fewn hanner awr ro'n i wedi siarad hefo Dad, a gynigiodd ei lofft sbâr i mi nes y byddwn yn darganfod rhywle nes at y bwyty i fyw. Ymddangosai symud i Lundain yn llawer llai anodd hefo Dad yn fath o rwyd ddiogelwch i mi. Petai pethau'n mynd yn ffliwt, fyddwn i ddim wedi clymu fy hun i mewn i gytundeb tenantiaeth nac ymrwymo i aros yn y ddinas.

'Pryd oeddet ti'n meddwl gadael?' gofynnodd Duncan.

'Cyn gynted ag y medra i. Hoffwn symud i lawr i Lundain mewn mis neu ddau. Ro'n i am roi fy notis i ti yr wythnos nesa.'

Ochneidiodd Duncan, gan edrych yn fwy digalon fyth.

'Ac alla i ddim gwneud unrhyw beth i dy berswadio i aros?' gofynnodd, heb fawr o obaith. Ysgydwais fy mhen, ac wrth i mi wneud hynny clywais fy stumog yn rhuo. Doeddwn i ddim wedi bwyta ers amser cinio.

'Chest ti ddim byd i swper, naddo?' gofynnodd Duncan. Roedd o'n fy nabod i'n rhy dda. 'Gad i mi goginio rhywbeth i ti cyn i ti fynd adre.'

Roedd y syniad o un swper olaf yng nghwmni Duncan yn demtasiwn. Dyma fyse fy nghyfle olaf i edrych i'w lygaid, i ddwyn goslefau cynnes ei lais i gof ac i argraffu pob darn ohono ar fy ymennydd, cyn i mi symud i ochr arall y wlad. Na. Roedd rheswm pam ein bod wedi osgoi'n gilydd ers misoedd.

'Diolch, ond bydd Mam yn disgwyl amdana i.' Codais, a mynd i nôl fy nghôt. Pan ddes i allan o'r stafell newid roedd Duncan yn sefyll wrth y drws cefn, yn disgwyl amdana i.

'Arhosa,' plediodd. Do'n i ddim yn siŵr ai gofyn i mi aros hefo fo am weddill y noson oedd o, neu aros yn Sous Chef iddo. Ond doedd dim ots – doedd y naill na'r llall yn mynd i ddigwydd.

'Rhaid i mi fynd,' atebais, gan gau botymau fy nghôt. Camodd ymlaen a chymryd fy nwylo yn ei rai o, ei fysedd mawr, meddal yn cau am fy rhai i fel pry cop am bryfyn.

'Alys, paid â 'ngadael i.' Cusanodd fi'n ysgafn, fel y gwnaeth o yn y parti Dolig. Llithrodd ei ddwylo o gwmpas fy nghanol gan wneud i 'nghorff grynu drwyddo. Caeais fy llygaid a gadewais iddo fy nghusanu am yr eildro, a'r tro hwn ni ddaeth John i darfu arnon ni. Lapiais fy mreichiau o amgylch ei wddf a suddo i'r düwch melys.

Fflachiodd delwedd drwy fy mhen: holl staff y gegin yn ein gwylio ni. Teimlais gywilydd fel ergyd, fel mellten. Cywilydd am gusanu gŵr priod, ond mwy fyth o gywilydd fy mod yn mwynhau cymaint ar y profiad.

'Mae gen ti wraig.' Gorfodais fy hun i gamu'n ôl oddi wrtho. 'Dydi hyn ddim yn deg arni hi, nac arna i chwaith.'

'Ti'n iawn,' cytunodd. 'Dydi hyn ddim yn deg ar yr un ohonon ni.'

'A dyna pam mae'n rhaid i mi adael.'

Roedden ni wedi ceisio anwybyddu'n gilydd, cadw draw ... ond roedd yn amhosib i ni anwybyddu'n teimladau. Roedd y gusan ysgytwol newydd brofi i mi na allwn wrthsefyll y temtasiwn i ildio eto. Buasai gweithio wrth ei ochr heb gael cyffwrdd ynddo a'i gusanu fel syllu ar wledd na allwn ei blasu.

Cerddais allan o'r Fleur-de-Lis i'r nos dywyll. Llosgai fy wyneb er gwaethaf yr oerni, ond doedd y gwres hwnnw'n ddim i'w gymharu â'r gwres a losgai fy ngwefusau.

28

Teimlais ruthr o ryddhad pan welais nad oedd car Duncan yn y maes parcio pan es i draw i'r bwyty drannoeth i ddanfon fy llythyr ymddiswyddo. Ond roedd Lydia yno.

Bu bron i mi droi ar fy sawdl a ffoi, ond ro'n i'n rhy hwyr. Roedd hi wedi fy ngweld i. Penderfynais gyflwyno'r llythyr a'i heglu hi oddi yno, ond cyn i mi fedru dweud dim, arweiniodd Lydia fi i'r swyddfa a chau'r drws ar ei hôl.

'Beth wyt ti wedi'i wneud i 'ngŵr i, Alys?' gofynnodd, ac er bod tinc chwareus yn ei llais gwyddwn ei bod mewn hwyliau gwael.

'Falle dylet ti ofyn iddo fo,' atebais, gan ddal fy llythyr ymddiswyddo allan iddi. Cymerodd yr amlen, ac er mai enw Duncan oedd arni, rhwygodd hi'n agored.

'Fedri di ddim ymddiswyddo heb roi amser i ni recriwtio rhywun i gymryd dy le di!' Chwifiodd y papur o flaen fy nhrwyn. 'Rhaid i ti weithio'r cyfnod rhybudd.'

'Gei di gadw fy nghyflog i, ond wna i ddim dod yn ôl i weithio yma. Dwi wedi cael digon o gael fy landio hefo'r holl gyfrifoldeb ychwanegol. Neithiwr roedd yn rhaid i mi redeg y lle 'ma ar fy mhen fy hun, heb ddim cefnogaeth o gwbl ...' Roedd enciliad John wedi ei amseru'n berffaith, gan fy ngalluogi i adael heb orfod sôn am yr hyn ddigwyddodd rhwng Duncan a finna. Ro'n i'n barod i ddechrau cwyno am amgylchiadau gwaith peryglus, llwyth gwaith gordrwm a chyd-weithwyr amhroffesiynol, ond plygodd Lydia'r llythyr yn daclus, gan ysgwyd ei phen.

'Dwi'm yn wirion Alys, nac yn dallt chwaith. Nid John na Tom sy'n peri i ti adael. Mae rhywbeth wedi digwydd rhyngddat ti a Duncan, yn do?' Allwn i ddim osgoi ei llygaid. 'Be sy'n bod?' gofynnodd yn addfwyn. 'Ydi'r ddau ohonoch chi wedi ffraeo? Neu falle bod rhywbeth arall wedi digwydd?'

Faint oedd hi'n ei wybod? Tybed oedd o wedi mynd adre neithiwr a chyffesu popeth? Efallai ei bod hi wedi dod i'r bwyty i 'ngwylio fi'n gwingo, fel cath yn chwarae hefo llygoden cyn ei bwyta.

'Dwi ddim isio dwyn dy ŵr di,' dywedais, fy llais yn crawcian. 'Ond dwi wedi datblygu teimladau ... alla i ddim parhau i weithio yma.'

'Dwyt ti ddim isio dwyn Duncan oddi arna i?' Gwenodd Lydia yn fodlon, fel cath o flaen soser o hufen. 'Dim ffiars, cariad. Does dim ots gen i be mae Duncan yn ei wneud yn y gwaith. Dwi'n ymwybodol ei fod o'n ddyn sensitif ac angerddol. Mae angen iddo gael ei werthfawrogi a'i gyffroi os ydi o am lwyddo ...'

Ai dyna sut roedd hi'n fy ngweld i? Tamaid bach blasus i'w fodloni? Rhywun i wneud y gwaith nad oedd ganddi hi awydd ei wneud: ei gefnogi, ei edmygu, gwrando arno, bod yn ffrind iddo? Oedd hi wirioneddol mor naïf â meddwl y byswn i'n medru gwneud hyn oll heb ennill lle yn ei galon?

'Oeddet ti'n gwybod bod ganddo fo deimladau tuag ata i?' gofynnais yn grynedig.

'Wrth gwrs 'mod i – fi wnaeth ei annog! Pwy berswadiodd o i fynd â ti ar y sioe deledu? Pwy ddanfonodd siampên a siocledi i dy stafell wely di?' Wrth glywed hyn lledodd ias oer dros fy nghorff. Cofiais y neges a ddaeth hefo'r fasged o ddanteithion: '*Drycha ar ôl Duncan i mi! Xxx*'. Roedd ei diffiniad hi o 'edrych ar ei ôl' yn golygu mwy na'i gynorthwyo yn y gegin. Roedd hi wedi bwriadu i Duncan a finna yfed y siampên hefo'n gilydd ... yn fy ngwely.

'Felly ddanfonest ti fi ar drip hefo dy ŵr gan obeithio byswn i'n syrthio mewn cariad hefo fo?' gofynnais yn anghrediniol.

'Gan obeithio byset ti'n cysgu hefo fo,' atebodd Lydia yn esmwyth. 'Roedd Llundain yn gyfle iddo gael bach o ryddhad, bach o ryddid ...'

'Ti'n ffiaidd! Annog dy ŵr i gael perthynas tu ôl i dy gefn er mwyn ei gadw'n ufudd a gweithgar?'

'Does gen i ddim diddordeb o gwbl yn dy farn di. Fedra i gadw'n dawel am ryw ffling dibwys os ydi hynny'n cadw Duncan yn hapus. Rhyw ydi o, dyna'r cwbl. Cymhelliad cyntefig. Ac roedd o'n hapus, cyn i ti ddechrau chwarae gemau a'i bryfocio fo ...'

Trois oddi wrthi gan ffieiddio. Roedd gan Duncan lu o edmygwyr benywaidd – gallai gael ffling gwahanol bob wythnos. Nid ei *sex drive* oedd y broblem, ond roedd Lydia'n rhy arwynebol i weld pam ein bod ni wedi cael ein tynnu at ein gilydd. Doedd 'na ddim pwynt trafod hefo hi.

'Mae fy llythyr ymddiswyddo gen ti, a does gen i ddim byd pellach i'w ddweud.' Cerddais drwodd i'r stafell newid i wagio fy locer, ond penderfynodd Lydia fy nilyn.

'Alys, mae gen i un darn o gyngor i ti ...'

'Dwi ddim am ei glywed,' atebais, heb droi i edrych arni. 'Rwyt ti'n ceisio llygru be sy rhyngon ni ...'

Teimlais ei llaw fel crafanc yn cydio yn fy ngwallt, gan fy nhynnu'n ôl mor galed bu bron i mi sgrechian mewn poen.

'Be sy rhyngoch chi?' Roedd ei cheg fodfedd oddi wrth fy nghlust, yn poeri ei gwenwyn. 'Alys druan, yr unig beth sy rhyngoch chi ydi'r hyn wnes i ei greu! Does gen ti ddim byd heblaw be dwi'n ganiatáu i ti! Paid â bod mor ffôl â meddwl ei fod o wedi syrthio mewn cariad. Mae o'n hoffi'r ffaith dy fod ti wrth ei draed, yn ddisgybl ffyddlon iddo. Ti'n gwneud iddo deimlo'n bwysig.' Cefais fy rhyddhau a brysiais at fy locer i gydio yn fy stwff er mwyn dianc. Ond safodd Lydia o flaen y drws fel na fedrwn i ei phasio, ac roedd gwên watwarus ar ei cheg goch. 'Gad iddo ddysgu cwpl o bethau i ti. Wnei di fwynhau'r profiad, a 'sdim ots gen i, wir. Fedra i adael iddo chwarae oddi ar ei dennyn, achos tu allan i'r stafell wely dwyt ti ddim yn fygythiad. Wnaiff o byth f'ysgaru i. Mae ganddo ormod i'w golli.'

Roedd y syniad o gysgu hefo Duncan a chael cymeradwyaeth Lydia am hynny yn ffiaidd. Roedd ei dirmyg fel ergyd.

'Meddylia hynny os leci di,' atebais yn grynedig, 'ond dwi'n gwybod bod ein perthynas yn fwy na ...'

'Be sy gen ti na sy gen i ddim?' gofynnodd Lydia, yn colli'i thymer o'r diwedd. Roedd malais yn ei llygaid. 'Rwyt ti'n naïf ac yn swil, yn josgin twp heb bersonoliaeth na phrofiad bywyd. Wyt ti wir yn meddwl dy fod ti'n fygythiad i mi? Unwaith iddo dy gael di i'r gwely bydd o'n sylweddoli nad oes gen ti ddim byd arall i'w gynnig. Buan iawn y gwnei di golli dy sglein, coelia fi. Ffwc wyt ti, Alys, dyna'r cwbl.'

Teimlais fy nhymer yn berwi fel dŵr mewn tegell, ond gadewais i'r sarhad lifo drosta i. Doedd gen i ddim llawer i'w gynnig, roedd hynny'n wir – ond roedd gen i un fantais dros Lydia. Gallwn roi plant i Duncan. Gallwn fod wedi sgrechian hynny i'w hwyneb, ond wnes i ddim. Do'n i ddim mor greulon â hi.

Gwthiais heibio iddi, ond pan gyrhaeddais fy nghar sylweddolais 'mod i wedi gadael fy mag ar y fainc yn y stafell newid. Llithrais i lawr ar fy nghwrcwd rhwng y ceir, gan bwyso cledrau fy nwylo dros fy llygaid i geisio atal y dagrau rhag llifo. 'Paid â chrio, Alys,' sibrydais yn dawel, 'paid â gadael i'r ast dy ypsetio di ...'

Yn sydyn gwelais bopeth yng ngoleuni gêm Lydia. Roedd hi wedi defnyddio Jake i dynnu sylw Duncan ata i mewn cyd-destun ffres.

Fyse Duncan wedi edrych ddwywaith arna i oni bai bod Lydia wedi tynnu ei sylw ata i? Fues i'n gweithio iddo am fisoedd, wedi'r cwbl, heb iddo sylweddoli mai merch oeddwn i. Wnes i hyd yn oed gysgu ochr yn ochr â fo! Roedd Lydia'n iawn. Dim ond yn Llundain y dechreuon ni glosio at ein gilydd. Danfonwyd fi yno i'w demtio, ac fe wnaeth o, fel pysgodyn, frathu'r bachyn.

Clywais sŵn traed ar y graean. Codais fy mhen i weld John yn cerdded tuag ata i, yn dal sigarét yn un llaw a fy mag yn y llaw arall. Gollyngodd y sigarét a 'ngwasgu fi'n galed yn erbyn ei ysgwydd.

'Dwi'n teimlo mor, mor wirion,' ebychais rhwng fy nagrau.

'Mae'n well dy fod ti wedi darganfod hyn rŵan, cyn i rywbeth ddigwydd, yn tydi?'

Aeth John â fi draw i'r Arad. Edrychai Irene fel petai am fy anfon yn syth allan ond pan welodd hi'r dagrau yn powlio i lawr fy mochau, caeodd ei cheg. Aeth John at y bar a dod yn ôl hefo dau beint.

'Cwrw?' gofynnais. Doedd hi ddim yn hanner dydd eto.

'Ar gyfer y sioc,' atebodd, gan ddal ei beint yn uchel. 'Ac i ddymuno iechyd da a phob lwc i Duncan. Bydd ei angen arno, os ydi o am aros yn briod â'r ast yna. Nid ti yw'r ferch gyntaf mae hi wedi ...'

'Dwi ddim angen manylion y merched eraill,' torrais ar ei draws. Roedd heddiw yn ddigon anodd heb gael gwybod mai un mewn cyfres o'n i. Ond aeth John yn ei flaen.

'Mae hi wedi trio, ond ddwedais i ddim ei fod o wedi ildio. Mae hi'n cymryd merch ifanc dan ei hadain, aelod o'r staff gweini fel arfer, ac yn araf bach mae hi'n gwthio'r ferch a Duncan at ei gilydd. Dydi o erioed wedi dangos diddordeb tu hwnt i be sy'n broffesiynol, ond dydi hi erioed wedi rhoi'r gorau i drio chwaith.'

'Ond pam ceisio annog dy ŵr i gael affêr – tydi hi ddim yn gall!'

Cododd John ei ysgwyddau. 'Wn i ddim. Defnyddio euogrwydd fel dull o'i reoli? Neu falle fod cynlluniau Lydia yn llai soffistigedig – dydi hi ddim yn caru ei gŵr a does dim ots ganddi be mae o'n wneud. Tra mae o'n meddwl amdanat ti wnaiff o ddim poeni'n ormodol am y problemau mae o'n eu cael hefo hi?'

'A wnest ti erioed ddweud dim wrth Duncan?'

'Dwi'n ffrind iddo – wrth gwrs y gwnes i. Llwyddodd Lydia

i'w berswadio 'mod i'n ceisio codi trwbwl. Dyna pam nad oes ganddi hi a fi berthynas dda iawn.'

'A wnest ti ddim meddwl fy rhybuddio i am ei chynllwyn?'

'Tan yn ddiweddar doedd gen i ddim syniad bod gan y ddau ohonoch chi deimladau tuag at eich gilydd.' Gorffennais fy niod.

'Be wnei di nesa?' gofynnodd John.

'Mynd adre,' atebais. 'Crio. Meddwi, falle.'

'Allet ti ddweud wrtho be ddigwyddodd heddiw,' awgrymodd John.

'Wyt ti'n meddwl y byse Lydia'n cyfadde?'

'Na. Ond mae'n bosib y bydd o'n dy gredu di, a'i gadael hi.'

'Dwi ddim isio bod yn rheswm iddyn nhw wahanu.'

'Be *wyt* ti isio? Wyt ti'n ei garu o?'

'Lydia greodd y berthynas. Dim ots be dwi'n deimlo, fyswn i wastad yn poeni nad oedd Duncan wirioneddol yn fy ngharu i. Ddwedais i wrtho neithiwr 'mod i am fynd i Lundain i weithio, a dyna be dwi'n bwriadu ei wneud.' Codais a chynnig fy llaw i John, ond yn hytrach na'i hysgwyd, cydiodd yn fy ysgwyddau'n dynn a rhoi andros o gwtsh i mi.

'Dwi'n gobeithio y cei di ail gyfle hefo Duncan ryw ddiwrnod,' meddai. 'Ond dwi'n cytuno dy fod di'n gwneud y peth iawn drwy adael. Pob lwc i ti, Alys.'

Llwyddais i beidio â chrio wrth i mi yrru adre, ond unwaith y caeodd y drws ffrynt ar fy ôl dechreuodd y dagrau lifo.

Am flwyddyn gyfan roedd Duncan wedi bod yn rhan annatod o 'mywyd i. Fo oedd echel y bwyty a chefais fy nhynnu i'w gylchdro. Er fy swildar eithafol, gwnaeth ymdrech i f'annog i siarad a datblygodd rhyw gysylltiad rhyngddon ni nad o'n i erioed wedi'i deimlo hefo neb o'r blaen. Rhybuddiodd Mam fi i beidio rhoi gormod ohona i fy hun i Duncan, ond dewisais anwybyddu ei chyngor. Daeth yn ganolbwynt i fy myd, a rŵan roedd y byd hwnnw'n deilchion.

Roedd Mam yn flin gacwn pan ddwedais i wrthi be oedd wedi

digwydd. Petawn i heb grefu arni i beidio, mi fyddai wedi mynd yn syth i lawr i'r Fleur-de-Lis.

'Maen nhw'n haeddu ei gilydd!' ebychodd. 'Mae'r ddau yn dwyllodrus ac mae'n swnio fel perthynas hollol wenwynig. Dyma'r tro cyntaf i mi ddweud hyn, Alys, ond hoffwn i petai dy dad yma i ddelio hefo Duncan. Mae angen i rywun roi llond ceg i'r ast 'na hefyd...'

Ond fyddai hynny ddim wedi helpu neb. Roedd y drwg wedi'i wneud.

Ro'n i'n hanner cysgu pan glywais leisiau'n gweiddi ar stepen y drws: Mam a Duncan. Rhewais. Ar ôl i mi glywed clep y drws mentrais i lawr y grisiau.

'Be oedd o isio? Be ddwedoch chi wrtho fo?' gofynnais yn betrus.

'Yn union be dwi'n feddwl ohono fo,' cyfarthodd Mam, yn amlwg yn crynu â dicter. 'Ei fod o wedi dy roi di mewn sefyllfa amhriodol, croesi ffin proffesiynoldeb, ceisio hudo merch ifanc i'r gwely a fynta'n ddigon hen i fod yn dad i ti – ac ambell beth arall hefyd. Dim mwy nag yr oedd o'n ei haeddu.'

Dringais yn ôl i fyny'r grisiau, ac erbyn i Mam ddod â fy swper i fyny ar hambwrdd roedd hi wedi tawelu chydig. Cododd fy nillad gwaith oddi ar dop y pentwr dillad glân oedd ar waelod fy ngwely.

'Mi a' i â'r rhain yn ôl i'r Fleur-de-Lis,' meddai'n dyner. 'Dwi ddim am i ti fynd ar gyfyl y lle 'na eto.' Oedodd, gan fwytho fy ngwallt a sychu'r dagrau oddi ar fy mochau. 'Bydd popeth yn iawn, cariad. Wnei di anghofio amdano'n ddigon buan, gei di weld ...'

Trois i wynebu'r wal, gan wthio fy mhen yn ddwfn i'r gobennydd.

'Plis, gad lonydd i mi, Mam. Dwi ddim isio siarad mwy am y peth.'

'A dyna'r broblem, Alys. Wel, mi fyddi di'n mynd i Lundain cyn hir, diolch i Dduw. Cynta'n y byd, gorau'n y byd.'

Roedd pawb, sylweddolais, hyd yn oed Mam, yn fy nhrin fel pyped – a doedd gen i ddim gobaith o gael gafael ar y llinynnau.

29

Ebrill

Fy argraff gyntaf o fy nghartref newydd yn Wandsworth oedd pa mor fach oedd o: tŷ teras hefo iard o'i flaen, a dim lle i barcio. Roedd yn edrych yn lân ac yn dwt, ond roedd tŷ Mam deirgwaith ei faint. Edrychais i fyny ac i lawr y stryd. Doedd dim golwg o laswellt na gwyrddni, dim ond stondin golchi ceir ar gornel y stryd.

Talais i yrrwr y tacsi oedd wedi fy nghludo yno o Euston, ac wrth iddo lusgo fy nghês allan o'r gist, agorwyd drws ffrynt y tŷ gan ddynes benfelen nad oedd lawer hŷn na fi.

'Alys? Croeso. Lucy ydw i.' Dyma hi felly, gwraig newydd fy nhad. Fy llysfam. 'Mae Derek a finna'n gobeithio y byddi di'n setlo yma hefo ni. Mae hwn yn gartref i ti rŵan.'

'Diolch yn fawr am adael i mi ddod i aros,' atebais, wrth i ni gamu dros y trothwy. 'Am le braf.'

'Rydan ni wedi dy roi di ar y llawr top. Mae o'n fwy preifat.' Yr atig oedd hi'n olygu, a oedd wedi ei throi'n stafell wely sbâr. Roedd lle i wely a chwpwrdd, ond dim llawer mwy na hynny. 'Cymera dy amser i ddadbacio, a ty'd lawr am baned pan fyddi di wedi gorffen,' meddai Lucy.

Roedd y stafell wen yn oeraidd, fel stafell mewn hostel. Doedd dim yn glyd na chartrefol am y gofod na'r dodrefn rhad, a chydiodd hiraeth yndda i fel salwch. Allwn i ddim dychmygu fy hun yn byw yno yn hir.

Ond byddai lloches dros dro yn ddigon, am rŵan. Y cam cyntaf ar fy nhaith oedd hwn, a'r cam cyntaf ydi'r anoddaf, medden nhw. Pwy a ŵyr ble fuaswn i mewn chwe mis, mewn blwyddyn?

Pan es i'n ôl i lawr i'r gegin cefais wybod gan Lucy na fyddai Dad adre am bedair awr, felly penderfynais fentro i'r ddinas i weld fy ngweithle newydd.

Er i Dad fy rhybuddio y byswn i'n ei chael yn anodd dod i arfer â'r rhwydwaith o drenau tanddaearol, doedd pethau ddim mor gymhleth â'r disgwyl. Roedd y map yn enfys o wahanol liwiau, a dilynais y llinellau lliw hefo fy mys nes i mi ganfod fy nod. Ges i drafferth darllen yr arwyddion electronig, ond hefo help y cyhoeddiadau llafar ar y trenau llwyddais i gyrraedd San Steffan heb fawr o broblem.

Ar ôl awr a hanner o gerdded des i o hyd i fy ngweithle newydd. Donoghue's oedd y bwyty cyntaf i Charles ei agor, a hynny yn 1978, ac yn amlwg roedd o'n lle ecsgliwsif ofnadwy. Gwyddwn na ddylwn fynd i mewn drwy'r drws ffrynt, felly curais ar y drws cefn a daeth bachgen chwyslyd i'w ateb. Llygadodd fi'n ddrwgdybus a gofyn cwestiwn i mi, ond rhwng ei acen dramor gref a sŵn y ffan uwch ein pennau, wnes i mo'i ddeall o. Gofynnodd eto, yn fwy diamynedd y tro hwn.

'Ydi Charles yma?' gofynnais, a chryn gryndod yn fy llais. 'Ydi Mr Charles Donoghue yma?' Gwenodd y boi yn watwarus, a gweiddi rhywbeth dros ei ysgwydd. Daeth ffrwydrad o chwerthin o'r tu ôl i'r drws, ac yna ymddangosodd boi arall. Yn betrus, eglurais wrth hwnnw 'mod i'n dechrau gweithio yn y gegin fel Commis Chef drannoeth.

'Pam ti yma heddiw 'ta?' gofynnodd, a theimlais yn ffŵl hollol. Er hynny, mi ges i fynd i mewn i'r gegin, ond gan nad oedd gen i siaced wen lân, es i ddim pellach na'r trothwy. Allwn i ddim gweld y gegin i gyd, ond gwelais ddigon i sylweddoli ei bod yn gwbl, gwbl wahanol i'r Fleur-de-Lis. Ar noson arferol yn y Fleur-de-Lis fysen ni ddim yn bwydo mwy na 40 o bobl, ac roedd pob cogydd yn gyfrifol am fwy nag un agwedd o'r coginio. Roedd y bwyty yma o leia deirgwaith maint y Fleur-de-Lis, a gwelais fod ardaloedd gwahanol ar gyfer pysgod, cig, garnais, toes, saws a chawl. Roedd hi'n amser cinio, ac roedd gan rai o'r cogyddion saith neu wyth plât o'u blaenau ar unwaith. Roedd y gegin hon yn gweithio ar raddfa wahanol i'r hyn ro'n i wedi arfer hefo fo, a chefais fy llethu gan ehangder y lle, y sŵn a'r gwres. Am eiliad teimlais fel rhedeg allan drwy'r drws cefn.

Yna, clywais lais yn galw fy enw – Jamie. Mor braf oedd gweld wyneb cyfarwydd, cyfeillgar!

'Sut ddiawl wyt ti? Ddwedodd Charles dy fod di'n dod aton ni!'

Ches i ddim amser i'w ateb, achos galwodd rhywun o grombil y gegin, 'Halibwt, pa mor hir?' ac roedd yn rhaid iddo fynd yn ôl at ei waith.

'Drycha ar ei hôl hi, Petrus,' meddai wrth y llanc oedd wrth fy ymyl, 'mae hi'n un iawn!' cyn diflannu i fwrlwm y gegin unwaith eto. Cefais fy nhywys at y drws gan Petrus.

'Ty'd yn ôl fory a gei di ddechrau drwy baratoi'r llysiau,' meddai, gan bwyntio at y pentwr mwyaf o datws i mi ei weld erioed. Estynnodd law allan i mi gael ei hysgwyd. 'Tan fory, Alys.' Ceisiais wenu wrth adael, ond roedd fy nghalon wedi suddo i wadnau fy nhraed.

Rhan 3

30
Chwefror

Pan agorwn fy llygaid bob bore, am eiliad braf byddwn yn ôl ar lethrau'r dyffryn, yn glyd yn nhŷ Mam. Yna clywn lais Lucy lawr y staer, a dod yn ymwybodol o arogl dieithr y tŷ ... a sylweddoli nad adref oeddwn i. Wnâi Llundain lwyd a'i rhesi diddiwedd o doeau ddim byd i godi fy nghalon.

Doedd y nosweithiau ddim llawer gwell. Er 'mod i wastad wedi blino ar ôl dod o'r gwaith treuliwn oriau yn gorwedd yn y tywyllwch, yn methu'n lân â chysgu, yn gwrando ar lyfrau llafar i geisio dianc o sŵn parhaol y traffig a'r cymdogion. Ro'n i'n cyfrif pob diwrnod âi heibio fel plentyn ar drip ysgol yn hiraethu am ei gartref.

Yna, un bore, agorais fy llygaid a sylweddoli mai dyma oedd fy realiti. Nid ar wyliau o'n i. Fyswn i byth eto'n codi, yn bwyta brecwast hefo Mam ac yn mynd i weithio yn y Fleur-de-Lis. Roedd y cyfnod hwnnw yn fy mywyd wedi dod i ben. Yn araf bach dechreuodd yr hiraeth bylu.

Er hynny, roedd yn gas gen i deithio ar y trenau tanddaearol drewllyd, swnllyd, gorlawn, yn gas gen i'r canllawiau budron a'r grisiau cul, ac arferiad pobl o sbio dros bennau ei gilydd yn hytrach na mentro cyfarch dieithryn. Roedd yn gas gen i weld y digartref mewn sachau cysgu, yn dal eu cwpanau plastig i erfyn am newid mân. Afiach oedd y colomennod ymhlith pentyrrau o sbwriel, yn baeddu'r lle. Ar ben hynny doedd dim gwyrddni nac awyr iach, hyd yn oed yng ngardd gefn Dad a Lucy.

Chwarae teg i Dad, gwnaeth ei orau i fy helpu i ymgartrefu yn y ddinas; ond gadawai am ei waith cyn saith y bore a byddwn innau'n gweithio'n hwyr y rhan fwyaf o'r amser, felly dim ond ar benwythnosau y bydden ni'n cael cyfle i dreulio amser hefo'n gilydd. Byddai'n trefnu rhyw daith i'r tri ohonon ni'n gyson: morio ar afon Tafwys, siopa ar Oxford Street ac ymweliadau â llu o amgueddfeydd ac orielau. Mi ges i fy nhrochi'n drylwyr yn hanes a diwylliant fy nghartref newydd.

Er mai bod yn garedig oedd Dad, dechreuodd y tripiau diddiwedd fynd yn fwrn arna i. Ar ôl gweithio drwy'r wythnos byddwn fel arfer wedi blino'n lân erbyn y penwythnos, a weithiau byddwn yn methu dangos y brwdfrydedd angenrheidiol i ad-dalu ei garedigrwydd. Yn ail, gan fod Dad mor awyddus i ddysgu popeth i mi am Lundain – sut oedd llogi un o'r *Boris Bikes*, pa dêc-awê Tsieineaidd oedd y gorau ac ati – ches i ddim gwybod dim, bron, am Dad ei hun.

Unwaith yn unig cyn i mi ddod i fyw at Dad ro'n i wedi'i weld yn y cnawd ers iddo adael Mam. Fy ngobaith oedd y bysen ni'n medru ailgysylltu ar ôl blynyddoedd o dawelwch, a gadael iddo fo wybod nad o'n i'n flin hefo fo mwyach ... ond chawson ni erioed y fath honno o sgwrs. Teimlwn fel petai'n ceisio 'nghadw i hyd braich, a doedd o ddim am i ni fynd i nunlle heb Lucy felly prin iawn oedd yr adegau pan fyddwn yn cael Dad i mi fy hun.

Roedd o'n beth da felly 'mod i'n hoff iawn o Lucy. Yn wahanol i Dad, roedd hi'n siaradus, yn gyfeillgar ac yn groesawgar tu hwnt. Mi wnes i ymdrech i gadw'r tŷ'n daclus ac i amharu ar ei bywyd hi cyn lleied ag y gallwn i, a dwi'n meddwl ei bod yn gwerthfawrogi hynny. Dad oedd y broblem – os nad oedd o'n gyfforddus yn fy nghwmni, pam wnaeth o fy ngwahodd i'w gartref?

Ddeufis ar ôl i mi ddechrau yn Donoghue's penderfynodd Jamie symud allan o'r fflat roedd o'n ei rannu efo'i gariad, ar ôl clamp o ffrae. Doedd ganddo ddim gobaith o fedru fforddio rhywle ar ei ben ei hun, ac ro'n innau mewn sefyllfa debyg, felly y peth mwyaf synhwyrol oedd i ni rentu rhywle ar y cyd. Daethon ni o hyd i fflat bychan yn agos i Elephant and Castle. Dwi'n eitha siŵr mai fflat i un person oedd o mewn gwirionedd, gan mai dim ond lle i wely sengl a wardrob oedd yn fy stafell i ger y gegin, ond ro'n i'n ddigon bodlon yno. A dweud y gwir ro'n i'n ei chael yn haws i ymlacio yno nag yn nhŷ Dad a Lucy. Gallwn dreulio'r diwrnod yn fy mhyjamas, a do'n i ddim yn teimlo'r angen i olchi'r llestri yn syth ar ôl gorffen bwyta, na chadw pob cownter yn lân a chlir o annibendod.

Y fantais arall o fyw efo Jamie oedd ei fod yn fodlon fy mentora yn ystod fy misoedd cyntaf yn Donoghue's. Roedd o fel brawd mawr amddiffynnol, wastad yn edrych dros fy ysgwydd rhag i mi wneud camgymeriad, a threfnodd ein bod ni'n gweithio'r un shifftiau, fel nad o'n i'n gorfod teithio adre ar ben fy hun gyda'r nos. Gan ein bod ni'n treulio cymaint o amser yng nghwmni'n gilydd mi ddaethon ni'n ffrindiau da – ond dyna'r cwbl oedden ni.

Dim ond unwaith wnaethon ni drafod serch – a hynny yn y fflat un pnawn Sul diog pan ddywedodd Jamie wrtha i sut y daeth ei berthynas i ben. Roedd ei gariad wedi diflasu ar yr oriau hir, anghymdeithasol roedd yn rhaid iddo eu gweithio, a gwrthododd yntau chwilio am swydd naw tan bump.

'Ddylai cogyddion ond canlyn cogyddion eraill,' datganodd wrth sugno'r dafnau olaf o'i botel gwrw.

'Ond pryd fydden ni'n cael amser?' gofynnais, a gwenodd.

'Ti a Duncan ... roeddech chi'n gwpl, yn doeddech chi?'

'Be sy'n gwneud i ti feddwl hynny?' Do'n i erioed wedi trafod Duncan hefo Jamie, na fy rhesymau dros adael y Fleur-de-Lis.

'Teimlad gawson ni, dyna'r cwbl.'

'Ni?'

'Y criw oedd yn ffilmio *The Best of British Banquet*. Falle'n bod ni i gyd yn anghywir ... ond y gusan 'na. Paid â dweud nad oedd o'n dy ffansïo di.'

'Ddigwyddodd dim byd,' atebais, gan gochi at fy nghlustiau. 'Wel, cusan. Dyna'r cwbl.'

''Sdim angen i ti fod yn amddiffynnol, Al. Rydach chi'ch dau yn oedolion.'

'Wel, doedden ni ddim yn gweld ein gilydd.'

'O'i herwydd o wnest ti adael Cymru?'

'Na, dim o gwbl. Ddes i yma i gael dringo'r ysgol, yn union fel ti.' Llwyddais i beidio cochi wrth ddweud y fath gelwydd.

'Mae gen ti dipyn o waith dringo felly,' meddai Jamie. 'Mae'n ddrwg gen i orfod dweud wrthat ti, Al, ond ti 'di llithro reit lawr i waelod yr ysgol. Roedd Duncan yn sôn am dy roi di i weithio fel Sous Chef, a rŵan fyddi di'n lwcus i wneud mwy na *prep* am flwyddyn arall.'

Roedd o'n iawn ynglŷn â hynny. Roedd symud i Lundain wedi golygu cam mawr i lawr. Ond ro'n i wedi dod i weithio i Charles yn gwbl ymwybodol y byse hynny'n digwydd; yn fodlon derbyn amgylchiadau llai na delfrydol er mwyn gweithio i gogydd cydnabyddedig, ochr yn ochr â chogyddion medrus o'r radd flaenaf. Ro'n i wedi penderfynu y byse byw yng nghanol dinas brysur a thalu ffortiwn am lety gwael yn bris bach i'w dalu am y fraint o weithio i Charles Donoghue – dyn oedd yr un mor adnabyddus â Michel Roux, Marco Pierre White a Marcus Wareing. Dychmygais y cawn gyfle i ddatblygu fy sgiliau, mireinio'r palet a dysgu gan y goreuon ... ond yn fuan iawn cefais fy nadrithio. Dim yno i ddysgu o'n i, ond i oroesi. Ni lwyddai pawb a ddeuai i'r gegin i gwblhau'r cyfnod prawf.

Treuliais fy chwe mis cyntaf yn ceisio profi 'mod i'n haeddu swydd barhaol yn y gegin. *Prep* oedd fy mhrif ddyletswydd – paratoi'r cynhwysion crai i'r cogyddion eraill. Bob dydd gwnawn yr un pethau drosodd a throsodd a throsodd, heb air o anogaeth na ddiolch. Yr unig amser y byddwn i'n cael mwy na 'bore da' neu 'cer adre' gan fy rheolwr llinell oedd pan fyddwn i'n gwneud rhywbeth o'i le: 'Mae'r tatws wedi'u torri'n rhy drwchus' neu 'Mae 'na hedyn yn y pupur 'ma.'

Welais i mo Charles yn ystod y cyfnod hwn. Roedd o'n brysur yn agor dau fwyty newydd – un arall yn Llundain ac un mewn gwesty draw yn nwyrain Ewrop. Rheolwyr y gegin yn ei absenoldeb oedd ei ddau Sous Chef Uwch, Phillipe a Lech. Dirprwywyd y gofal am gogyddion newydd i'r Sous Chef iau, dynes yn ei phedwardegau o'r enw Adele a soniai o hyd bod yn rhaid i ferched weithio ddwywaith yn galetach na'r dynion i greu enw iddyn nhw'u hunain. Un o'r unig ddarnau o gyngor ges i ganddi oedd i beidio byth â chwyno am ddim byd, gan y byddai'r cogyddion eraill yn gweld hynny'n arwydd o wendid. Os o'n i am ennill parch yn gogydd proffesiynol, yn ôl Adele ddylen i gadw'n dawel, dangos 'mod i o ddifri am fy ngwaith, ac yn bendant ddylen i ddim syrthio mewn cariad, cael teulu na dechrau swnian am 'oriau gwaith hyblyg'.

Gan mai ni oedd yr unig ferched yn y gegin gobeithiais y bysen ni'n closio, ac y byddai'n cynnig cyngor ac arweiniad i mi ... ond na. Roedd Adele yn uchelgeisiol ac yn hunanol, a doedd ganddi ddim amynedd nac amser i'w roi i mi. Dyna pam ro'n i mor ddiolchgar i Jamie am fy nghymryd i dan ei adain.

Y peth anoddaf am fy ngwaith oedd yr undonedd, yn enwedig pan fyddai'n rhaid i mi ddefnyddio pren mesur i dorri llysiau i'r union faint cywir, ond llwyddais i ddioddef y diflastod. Un bore, ar ôl i mi fod yn Donoghue's am chwe mis union, daeth Adele draw ata i.

'Ti'n dal hefo ni, felly ti wedi pasio dy gyfnod prawf. Llongyfarchiadau,' meddai. Ond er i Jamie awgrymu y byswn i'n symud i ran newydd o'r gegin yn fuan er mwyn rhoi cynnig ar agwedd wahanol o'r gwaith, ches i ddim. Fwy nag unwaith cefais y teimlad bod Adele yn disgwyl i mi gael llond bol a rhoi'r gorau i fy swydd.

Yng nghanol fy wythfed mis ges i alwad ffôn gan ymchwilydd oedd yn gweithio ar *The Best of British Banquet*.

'Dwi'n deall nad wyt ti'n gweithio i Duncan Stuart erbyn hyn?' meddai.

'Na, dwi yn Llundain rŵan, yn gweithio i Charles Donoghue,' atebais.

'Ond gan mai yng Nghymru gest ti dy eni, rwyt ti'n dal yn gymwys i gynrychioli Cymru yn y gystadleuaeth,' eglurodd. 'Fyddai gen ti ddiddordeb mewn cystadlu eleni?'

Nid gwamalu oedd Duncan pan soniodd fod y cynhyrchwyr am fy ngwahodd yn ôl, felly. Oedais, a rhaid ei fod wedi synhwyro 'mod i am wrthod y cynnig, achos aeth yn ei flaen heb ddisgwyl am ymateb.

'Rydyn ni'n fyr o gystadleuwyr Cymreig eleni ... tydi Duncan dim am ymddangos am y trydydd tro.' Syndod oedd clywed nad oedd Duncan am gystadlu eto, ac yntau mor agos i ennill llynedd. 'Be amdani?' gofynnodd yr ymchwilydd.

Gwyddwn nad oedd gen i obaith caneri o ennill *The Best of British Banquet* yn erbyn yr holl gogyddion enwog a phrofiadol, ond ar y llaw arall mi wnes i *soufflé* a gafodd 10/10 – roedd hynny'n dystiolaeth bod gen i botensial.

Flwyddyn ynghynt byddai'r syniad o gystadlu yn erbyn y cogyddion eraill wedi 'nghadw i'n effro am wythnosau lawer, ond ro'n i bellach wedi plymio'n syth i ganol bywyd newydd, mewn dinas a gweithle cwbl ddieithr. Gorfodwyd fi i holi, mentro, ymchwilio a sefyll ar fy nhraed fy hun. Yn raddol, bron heb i mi sylweddoli, ro'n i wedi colli fy ofn o bobl a sefyllfaoedd anghyfarwydd. Fyswn i byth yn berson siaradus nac yn allblyg, ond o leia roedd gen i rywfaint o hunanhyder.

Byddai'r gystadleuaeth yn fy herio – a do'n i ddim wedi cael fy herio yn y gwaith am sbel go hir. Efallai y buasai hefyd yn atgoffa Charles 'mod i'n gweithio iddo, a 'mod i'n awyddus i ddringo i reng nesaf yr ysgol ... felly fel hyn yr atebais yr ymchwilydd:

'Os nad oes neb arall i gynrychioli Cymru, ydw, dwi'n fodlon rhoi cynnig arni.'

31

Mai

Ddeufis yn ddiweddarach ro'n i yn ôl yn stiwdio *The Best of British Banquet*, ar fin cychwyn ffilmio'r gyfres newydd. Y tro hwn roedd dau gogydd benywaidd: fi a May Root, o Ogledd Iwerddon, ac ar ôl treulio bron i awr ochr yn ochr o flaen y bwrdd ymbincio, roedden ni'n ffrindiau da.

Daeth Janine, oedd wedi cael ei dyrchafu'n gynhyrchydd cynorthwyol, draw i siarad hefo ni.

'Barod, ledis?' gofynnodd, cyn troi ata i â gwên garedig. 'Paid â bod yn nerfus,' meddai.

Ond yn rhyfeddol, do'n i ddim yn nerfus y tro hwn. Ro'n i'n cystadlu er fy mwyn fy hun, felly doedd gen i neb i'w siomi. Fy unig uchelgais oedd cyflwyno pedwar cwrs o fwyd heb wneud smonach lwyr ohonyn nhw. Doedd gen i ddim i'w golli.

Edrychodd Janine ar ei chlipfwrdd. 'Mewn eiliad bydd y cyfarwyddwr yn galw arnoch chi i fynd i'r stiwdio. Ti fydd yn mynd gynta, Alys, wedyn ti, May. Mae 'na gamera un bob ochr i'r drws ond peidiwch â sbio arnyn nhw. Cerddwch at y cogyddion eraill – wnawn ni ddim recordio sain, felly does dim ots be ddwedwch chi. Mae pedwar yno'n barod, yn disgwyl amdanoch chi.' Enwodd y pedwar, gan gynnwys Brian Marubbi – enillydd y llynedd. O wel. Gallai fod yn waeth. 'O, ac mae dy hen fòs yma hefyd, Alys,' ychwanegodd Janine.

'Duncan? Mae Duncan yma?'

'Mae o'n cynrychioli'r Alban eleni, dwi'n credu.'

'Pob lwc!' sibrydodd May o'r tu ôl i mi. 'Amser i'r merched Celtaidd rhoi her go iawn i'r dynion!'

Daeth cri o 'tâp yn troi', ac eiliadau wedyn, '*Action!*' Cerddais i lawr y coridor at y stiwdio, lle safai'r pedwar cogydd yn sgwrsio fel hen ffrindiau. Es i yn syth at Brian Marubbi ac ysgwyd ei law.

'Anna, ie?' gofynnodd o'n nawddoglyd. 'Mi oeddet ti'n cefnogi Duncan y llynedd?'

Duncan. Roedd Duncan yma. Gorfodais fy hun i gymryd anadl ddofn. Nid dyma'r amser i grebachu, nid o flaen y camerâu teledu ac, yn enwedig, ym mhresenoldeb Brian Marubbi.

'Cywir,' atebais yn dawel. 'Ond Alys ydi f'enw.'

'Ac mi wyt ti wedi dod yn ôl i gystadlu eleni, chwarae teg i ti,' meddai, gan wasgu fy llaw fymryn yn rhy galed. 'Wyt ti'n edrych ymlaen at gystadlu yn erbyn dy fòs?'

Yr eiliad honno daeth May i'r stiwdio i ymuno â'r criw a chyfarch pawb. Daeth hi'n syth draw aton ni, gan roi esgus i mi anwybyddu cwestiwn Brian. Ond yn dynn ar ei sodlau cerddodd Duncan drwy'r drws. Trois fy nghefn ar y camera am eiliad. Oedd y criw cynhyrchu wedi'n cadw ni ar wahân tan y funud honno, er mwyn cofnodi fy ymateb iddo ar gamera? Mae'n rhaid mai dyna pam na ches i wybod ei fod o'n cynrychioli'r Alban. Fyswn i byth wedi cystadlu fel arall.

'Alys!' bloeddiodd Duncan, ei wyneb yn goleuo â gwên ddiffuant. Dwi'm yn meddwl ei fod yntau'n gwybod tan yr eiliad honno 'mod innau'n cystadlu chwaith. Estynnais law iddo ei hysgwyd, ond tynnodd fi at ei frest i gael cwtsh. Am eiliad gadewais iddo fy ngwasgu'n dynn; ac wrth i mi arogli ei *eau de cologne* cyfarwydd a theimlo curiad ei galon yn erbyn fy mron, daeth hiraeth ofnadwy drosta i. Roedd blwyddyn ers i ni weld ein gilydd a'r atgofion chwerw wedi pylu rhywfaint. Roedd fy nghywilydd a'm siom wedi hen fynd hefyd, ond mi ges i fy synnu gan gryfder fy hiraeth. Ddes i i Lundain er mwyn ei anghofio, ond do'n i ddim wedi llwyddo. Roedd ei goflaid, ei gynhesrwydd, ei bersawr mor gyfarwydd â phetawn i wedi'i weld o ddoe, ac fel petai dim o'r helynt wedi digwydd. Camais yn ôl, yn benderfynol o gadw rheolaeth ar fy emosiynau.

Trodd Brian i siarad hefo Duncan.

'Am braf i'r camera gael bod yn dyst i'ch aduniad,' meddai'n ysgafn, ei lygaid yn gul tu ôl i'w sbectol. Esgusodais fy hun a mynd i sefyll at Bimal, y cogydd o Firmingham. Wrth i mi gerdded i ffwrdd clywais lais Duncan.

'Wnei di ddim llwyddo i 'ngwylltio i, Brian,' meddai'n uchel. 'Dwi'n rhy gall i adael i dy gemau bach effeithio arna i eto.'

'Nid fi sy'n chwarae gemau, Duncan,' atebodd Brian.

Gwenodd pawb o flaen y camera fel hen ffrindiau'n cyfarch ei gilydd, ond rhedai islif o densiwn drwy'r cyfan ac ro'n i'n falch o gael dianc i 'nghornel i o'r gegin a dechrau ar y gwaith o baratoi fy nghynhwysion. Gwthiais Duncan i gefn fy meddwl er mwyn canolbwyntio ar y dasg o'm blaen. Ro'n i wedi treulio oriau maith yng nghegin fechan ein fflat yn cynllunio'r fwydlen ar gyfer y gystadleuaeth. Yn ogystal â blasu'n wych, gwyddwn fod yn rhaid i'r bwyd edrych fel darn o gelf ar blât – a do'n i ddim am i'r holl waith caled fynd yn ofer.

Doeddwn i ddim wedi bwriadu dweud wrth neb yn y gwaith 'mod i'n cystadlu, rhag ofn iddyn nhw gymryd fy mod i'n brolio. Ond cefais fy mherswadio gan Jamie i sôn wrth Phillipe a Lech, y ddau Sous Chef Uwch, a heb gefnogaeth y ddau ohonyn nhw fyddwn i ddim wedi medru cyflawni'r hyn oedd angen ei wneud er mwyn paratoi at y rhaglen.

Roedd y briff ar gyfer y gyfres hon yn syml: pedwar cwrs yn defnyddio cynnyrch ffres oedd yn dathlu'r ardal ro'n i'n ei chynrychioli. Postiodd Mam dipyn o gynhwysion draw ata i, ond yn amlwg doedd dim posib i mi gael fy holl gynnyrch o Gymru. Felly, diolch i Phillipe, sefydlais berthynas â chyflenwyr Donoghue's, gan fynd hefo fo yn gynnar ambell fore i farchnad bysgod Billingsgate. Ro'n i'n talu am bopeth o 'mhoced fy hun, wrth gwrs, ond roedd yn fantais fawr medru cael gafael ar gynnyrch oedd i safon bwyty Michelin, ac yn fwy byth o fantais i gael adborth nid un ond tri o gogyddion Donoghue's. Daeth Phillipe a Lech i'r fflat sawl gwaith i flasu'r fwydlen gyfan. Roedd eu beirniadaeth yn llym ond yn deg – doedd ganddyn nhw ddim ofn dweud yn blaen pa elfennau oedd angen eu newid neu eu hepgor. Roedd Lech yn fwy hael ei ganmoliaeth na Phillipe, a gwnâi ei eiriau caredig i mi wrido. Llwyddais i gryfhau fy mwydlen o ganlyniad i'w hadborth, ac wedi i mi glywed beirniadaeth hallt Phillipe doedd gen i ddim cymaint o ofn sylwadau'r beirniaid!

Fy nghwrs gyntaf oedd *ballotine* a lolipop cwningen hefo jeli wedi'i wneud o win coch Cymreig. Gan 'mod i wedi ymarfer fy rysáit gymaint o weithiau ches i ddim trafferth o gwbl ei goginio o flaen y camerâu – yn wir, ro'n i'n aml yn anghofio'n gyfan gwbl 'mod i mewn stiwdio yn hytrach na chegin broffesiynol. Ro'n i wedi dod i arfer â gweithio o dan bwysau, a gorfod gweithio'n gyflym.

Gosodais y cig ar blât pren, gan roi blodau bwytadwy a pherlysiau o'i gwmpas i gynrychioli cynefin y gwningen. Roedd o'n ddeniadol dros ben, ac ro'n i'n ffyddiog ei fod yn blasu'r un mor dda.

Gwyliais y pedwar plât ro'n i wedi'u paratoi yn cael eu cario i siambr y beirniaid. Roedd yn amhosib peidio â gwenu o gofio 'mod i, ddwy flynedd ynghynt, yn gweithio mewn cegin ysgol! Doedd dim ots os gen i am ennill – roedd cael fy newis i gystadlu yn ddigon o fraint i mi.

Ar ôl i mi orffen coginio cerddais i'r stafell werdd, lle'r oedd y tîm cynhyrchu wedi gosod bwrdd o frechdanau, salad a chacennau. Treuliais hanner awr yn siarad hefo May, yn gwylio'r cogyddion eraill yn mynd a dod.

Clywais si fod toriadau wedi cael eu gwneud i gyllideb y rhaglen eleni, a gallwn gredu hynny. Roedd yr amserlen saethu'n hynod o dynn, a'r rhaglen yn cael ei ffilmio dros ddeuddydd yn lle tri. Gweithiai'r tîm cynhyrchu fel byddin o forgrug, ac roedd disgwyl i'r cogyddion wneud yr un modd. Doedd dim amser i ail-greu na newid dim. Os âi rhywbeth o'i le, dim ond munudau oedd gan gogydd i ddatrys y broblem, ac roedd pawb, yn ddieithriad, yn chwysu. Clywais dipyn o regi a strancio yn dod o gyfeiriad y stiwdio.

Ges i hanner awr o seibiant cyn i ymchwilydd fynnu 'mod i'n mynd i gael fy nghyfweld a ffilmio darn i gamera. Efallai mai'r adrenalin oedd ar waith, ond y tro hwn, llwyddais i ymateb i bob cwestiwn yn glir ac yn gryno. Camais o flaen cefnlen *The Best of British Banquet* i gael tynnu fy llun ar gyfer y teitlau agoriadol cyn cael caniatâd i fynd yn ôl i'r stafell werdd am goffi.

Cyn hir daeth Duncan a Brian i'r stafell werdd. Taflais gipolwg i gyfeiriad fy hen fòs, ond gorfodais fy hun i roi fy holl sylw i May, oedd yn gyfeillgar yn ogystal â bod yn gogydd profiadol. Ond rai eiliadau'n ddiweddarach roedd Duncan wrth fy ochr, a Brian yn sefyll ar ei ben ei hun.

'May, Alys,' meddai, gan gyrcydu fel ei fod ar yr un lefel â'n cadeiriau ni. 'Sut mae pethau'n mynd i chi?'

'Dwi 'di cael fy nghyfweld droeon, ond heb fod yn agos i'r gegin eto,' cwynodd May. 'Dwi 'di cael hen ddigon o eistedd o gwmpas.' Rhoddodd Duncan ei law ar gefn ei chadair, a gwelais ei fod o'n gwisgo'i fodrwy briodas. Cymerais lymaid o 'mhaned er mwyn ceisio ymddangos yn ddidaro. Trodd May ata i. 'Ac o leia ti'n cael mynd adre heno i ymlacio, Alys. Ddylet ti weld y gwesty maen nhw wedi'i drefnu ar ein cyfer ni eleni – i gymharu efo'r lle roedden nhw'n arfer ei fwcio, mae o'n dipyn o dwll!'

'Wyt ti'n dal i fyw hefo dy dad?' gofynnodd Duncan. Sut ddiawl oedd o'n gwybod 'mod i wedi symud at Dad?

'Dwi'n rhannu fflat hefo Jamie. Ti'n cofio Jamie? Fo oedd cynorthwywr Charles llynedd. Mae o'n gweithio fel Chef de Partie yn Donoghue's,' atebais yn oeraidd.

Yr eiliad honno galwyd May draw i'r stiwdio, ac am y tro cyntaf erioed ro'n i'n falch o weld Brian Marubbi yn cerdded aton ni, i dorri ar draws y tawelwch lletchwith oedd fel wal rhyngdda i a Duncan. Ni thalodd Brian lawer o sylw i mi, gan roi cyfle perffaith i mi godi cylchgrawn oddi ar y bwrdd coffi er mwyn esgus ei ddarllen. Roedd Duncan yn gwybod yn iawn 'mod i'n methu darllen y print mân, felly gwyddai 'mod i'n osgoi siarad hefo fo. Unwaith, allan o gornel fy llygad, gwelais ei fod o'n edrych arna i, ond ddaeth o ddim draw i geisio ailddechrau ein sgwrs.

May oedd yr olaf i goginio, ac yn fuan wedyn cafodd pawb eu galw i siambr y beirniaid i gael clywed ein canlyniadau. Gwenodd Marilyn Bithell pan welodd fi'n cerdded i'r stafell.

'Croeso, gogyddion. Mae'n braf gweld cymaint o wynebau cyfarwydd, a rhai hen wynebau,' meddai Marilyn, gan roi winc i 'nghyfeiriad i. 'Alys, y tro diwetha roeddet ti yma yn gynorthwywr i Duncan, doeddet?'

'Oeddwn, ond rŵan dwi'n gweithio yn Llundain, i Charles Donoghue.' Llwyddais i'w hateb heb gochi na baglu dros fy ngeiriau, a symudodd y panel ymlaen i ddyfarnu.

Rhoddwyd y sgoriau uchaf yn gyntaf, a chafodd neb ei synnu pan gafodd Duncan a Brian naw allan o ddeg yr un. Y nesaf i glywed ei sgôr oedd Bimal, ac wedyn ... fi!

'Saith allan o ddeg i Alys,' meddai David. 'Roedd y jeli gwin coch yn ysbrydoledig, a'r cig wedi'i goginio'n berffaith.' Roedd y ganmoliaeth yn hollol, hollol annisgwyl, ac allwn i ddim peidio â gwrido chydig y tro hwn.

'Anaml iawn cawn ni gogydd mor ifanc yn coginio â chymaint o hyder a sicrwydd,' ychwanegodd Marilyn. 'Ymdrech ardderchog.'

Ro'n i'n wên o glust i glust ac yn barod i fwynhau fy eiliad o fuddugoliaeth, gan wybod na fuasai'n para'n hir iawn. Doedd fy nghwrs pysgod ddim yn wych – gwyddwn mai pysgod oedd fy ngwendid. Roedd fy mhrif gwrs o gig oen yn flasus, a'r pwdin yn gywrain a moethus, ond ro'n i'n realistig: do'n i ddim am ennill.

Sylweddolais nad oedd Martin Maccauley, yr unig gogydd proffesiynol o blith y beirniad, wedi dweud unrhyw beth am fy mwyd i, a'i fod yn syllu arna i fel petai wedi ei siomi.

'Mae gen i ofn y bydd yn rhaid i mi anghytuno hefo'r

beirniaid eraill, Aleees,' meddai yn ei acen Seisnig ddofn. 'Roedd o'n blât iawn o fwyd, fedra i ddim anghytuno, ond ddylet ti ddim bod yn sefyll o'n blaenau ni heddiw.'

'Martin!' gwichiodd Hannah'n flin, ond aeth Maccauley yn ei flaen yn ddidostur a theimlais y gwres cyfarwydd, annifyr yn lledaenu ar draws fy wyneb.

'Dwyt ti ddim ar yr un lefel â'r cogyddion eraill, Alys. Does gen ti ddim hawl i gystadlu ochr yn ochr â nhw.' Ceisiais ofyn pam, ond trodd fy nhafod yn lwmp o blwm. Clywais sibrydion o'r tu ôl i'r camera. Ni ddwedodd Martin ragor; dim ond parhau i sbio arna i drwy lygaid oeraidd. Gwaeddodd rhywun '*cut*!', a chyn i'r cyfarwyddwr ddod draw ata i roedd dagrau'n cronni yn fy llygaid.

Dihangais i doiledau'r merched a chloi fy hun mewn ciwbicl nes i'r dagrau diflannu. Gwasgodd Janine i mewn i'r toiled a safodd May y tu allan, yn llawn pryder. Eglurodd Janine fod pawb wedi'u synnu â ffrwydrad Martin, ac roedd y cynhyrchydd wrthi'n 'cael geiriau' hefo fo.

'Hoffwn gael gair hefo Martin fy hun,' mynnais. 'Dwi ddim yn teimlo 'mod i'n haeddu ei sylwadau, ond os oes ganddo reswm dilys am ddweud yr hyn wnaeth o, hoffwn ei glywed. Wedi'r cwbl, mi ges i fy ngwahodd gan y cynhyrchwyr i fod yn rhan o'r rhaglen!'

Cefais fy nhywys drwy'r stiwdio a heibio i'r stafell werdd at swyddfa yng nghefn yr adeilad. Cyrhaeddodd Martin funud yn ddiweddarach, yn edrych yn flin.

'Ofynnest ti am gael fy ngweld i?'

'Dwi'm yn siŵr be wnes i i haeddu'r fath feirniadaeth,' eglurais gan geisio cadw fy llais yn gryf. 'Does 'na ddim byd yn bod ar fy mwyd. Os oes ganddoch chi rywbeth yn f'erbyn i, fyse'n well gen i ei glywed yn breifat yn hytrach nag o flaen y camerâu.'

Rholiodd ei lewys i fyny at ei benelinoedd fel dyn yn paratoi am ffeit. 'Wrth gwrs nad oes gen i ddim yn dy erbyn di yn bersonol, Alys,' meddai'n ddigyffro. 'Y broblem ydi *pam* dy fod ti yma.' Syllais arno heb ddeall ei ystyr. 'Rhaid dy fod di'n deall pam y cefaist ti dy wahodd yn ôl?' gofynnodd, a nodyn o syndod yn ei lais.

'Achos bod y cynhyrchydd yn chwilio am waed newydd, cyffrous?' cynigiais, gan ddyfynnu geiriau'r ymchwilydd. 'Achos bod 'na brinder o gogyddion Cymreig?'

'Dyna be ddwedon nhw? Ac mi wnest ti eu credu nhw?'

'Ond ddwedodd yr ymchwilydd ...' Daliodd ei fys yn uchel fel arwydd i mi dawelu.

'Gad i mi dy stopio di'n fanna. Yn amlwg, do, wnest ti eu credu nhw – a dyna oedd dy gamgymeriad. Wyddost ti faint o geisiadau gawson ni gan gogyddion Cymreig eleni? Dwi'n credu y cawson ni dros ugain ffurflen gais. Ond na, fyset ti ddim wedi cael gwybod hynny. Wnest ti ddim hyd yn oed cwblhau ffurflen gais, naddo?'

'Ddwedodd yr ymchwilydd bod fy manylion ganddyn nhw ar ôl llynedd ...'

'Alys, wnest ti ddim oedi a gofyn pam eu bod nhw am i ti, o bawb, gystadlu, o holl gogyddion Cymru? Rwyt ti'n ymddangos yn ferch ddigon synhwyrol, ddigon addfwyn. Dwi'n siŵr nad wyt ti'n ddigon hy' i feddwl dy fod di ar yr un lefel â phobl fel Brian Marubbi a Howard Gill? Enw'r sioe ydi *The Best of British Banquet*. Wyt ti wirioneddol yn ystyried dy hun yn un o oreuon Prydain?'

'Wrth gwrs nad ydw i,' atebais yn dawel, gan deimlo'r hen wrid poenus o gyfarwydd oedd yn dangos fy nghywilydd yn glir ar fy wyneb.

'Mae o'n sarhad i gogyddion fel fi, cogyddion sydd â degawdau o brofiad yn y maes, i feddwl bod Commis Chef mor ifanc a dibrofiad yn cael ei hystyried yn deilwng i gystadlu. Yn y byd go iawn dydi pobl sy'n mynd i loncio ar fore Sul ddim yn ennill medalau Olympaidd, tydi myfyrwyr y gyfraith dim yn ennill achosion llys yn yr Old Bailey. Dim ond ar y teledu mae'r fath wyrthiau yn digwydd. A dyna pam dwi'n wirioneddol flin – hefo'r tîm cynhyrchu, nid hefo ti. Gest ti le ar y gyfres hon er mwyn creu teledu da.'

'Fi? Teledu da?' Bu bron i mi â chwerthin. 'Llynedd ro'n i'n nerfau i gyd. Chawson nhw 'run cyfweliad oedd yn werth ei ddarlledu. Does gen i ddim dyhead i ddefnyddio'r rhaglen yn blatfform i lansio gyrfa deledu, a dwi'n gwybod yn iawn nad oes gen i obaith o ennill.'

'Pam wyt ti yma felly?' gofynnodd, yn chwilfrydig yn hytrach nag yn ddiamynedd. Edrychais i lawr ar fy nhraed.

'Ges i fy mwlio drwy'r ysgol a thrwy'r coleg. Rhoddais y gorau i 'nghwrs arlwyo heb raddio achos na allwn i ddiodde mynd i'r coleg. Oni bai bod Mam wedi cael swydd i mi yng nghegin fy ysgol gynradd leol, fyswn i byth wedi mentro gadael y tŷ. Y tro cynta ddes i i Lundain i ffilmio'r rhaglen 'ma llynedd oedd y tro cynta i mi adael Cymru heb fy rhieni. Ydw, dwi'n gwybod 'mod i'n swnio'n pathetig, ond dwi am i chi ddeall 'mod i'n swil ofnadwy ...'

'Mae hynny'n swnio'n fwy fel *anxiety* i mi,' meddai Martin, ychydig yn fwy cyfeillgar.

'Digon posib. Pan ddes i i Lundain penderfynais y byddwn yn fwy hyderus, yn fwy parod i fentro ac ehangu fy ngorwelion.'

'Felly rwyt ti'n gweld hwn fel rhyw fath o gyfle i brofi dy hun?'

'Ydw, yn hollol. Dwi 'di gorfod newid dipyn er mwyn goroesi yn Llundain. A do, mi ddes i ar y sioe eto i brofi 'mod i'n gryfach na'r tro diwetha. Os ydi hynny'n rheswm hunanol, dwi'n ymddiheuro. Ond dyna'r gwir, nid unrhyw ddyhead am enwogrwydd na sylw.'

'Dwi'n gwerthfawrogi dy onestrwydd, Alys, a dwi'n dymuno'n dda i ti, ond dwi'n glynu at fy safbwynt blaenorol. Ddylet ti ddim bod yn y gystadleuaeth hon. Nawr, wyt ti'n barod i barhau i ffilmio?'

Aeth y ddau ohonon ni yn ôl i'r stiwdio am air sydyn hefo'r cyfarwyddwr. Eglurodd Martin ei fod wedi camddeall fy nghymhelliad ac wedi ymddiheuro, a chytunais 'mod i'n hapus i fwrw 'mlaen. Daeth y golurwraig draw i dwtio fy wyneb, a thra oedd y dynion camera'n ailosod pethau, piciais i'r stafell werdd am baned sydyn.

'Be ddigwyddodd?' sibrydodd May.

'Camddealltwriaeth. Dim byd mawr. Mae o wedi'i sortio.'

Ond doedd pethau dim wedi'u sortio o gwbl. Tra oedd rhai o'r cogyddion yn brysur yn paratoi'r cwrs pysgod, roedd Martin a'r cyfarwyddwr yn y swyddfa, yn amlwg yn ffraeo. Eglurodd Janine ymhen sbel na fuasai gweddill y cogyddion yn derbyn eu canlyniadau tan y diwrnod wedyn, gan fod Martin yn dal 'mewn trafodaethau' hefo'r cyfarwyddwr. Ond byddai'n rhaid dechrau ffilmio hanner awr yn gynt y bore wedyn, er mwyn cadw at yr amserlen.

Gwyddwn fod nifer fawr o'r cogyddion yn edrych arna i, a doedd o ddim yn deimlad braf. Penderfynais ddianc o'r stiwdio gynted ag y gallwn i, ond wrth i bawb droi i adael daeth Martin draw ata i a golwg ddifrifol ar ei wyneb.

'Ga i air bach eto, os gweli di'n dda, Aleees?' gofynnodd, ac am yr eildro cerddais i'r swyddfa yng nghefn y stiwdio. 'Falle i ti sylwi 'mod i a'r cynhyrchydd wedi cael tipyn o anghydfod. Dwi wedi achosi helynt heddiw – helynt sy'n ymwneud â ti. Gan dy fod di mor agored hefo fi gynna, dwi'n teimlo y dylwn fod yr un mor agored hefo ti. Does gan y cynhyrchydd na'r cyfarwyddwr ddim syniad ein bod ni'n cael y sgwrs fach 'ma, gyda llaw.' Pwysodd ymlaen yn erbyn y ddesg a phlethodd ei freichiau. 'Alys, mae'n rhaid i ti ddeall rhywbeth am deledu realiti: tydi o ddim yn "real" o gwbl. Gall golygydd greu mwy nag un fersiwn o realiti hefo'r ffilm o'i flaen, ond yn fwy na hynny, mae'r bobl sy'n cael eu ffilmio wastad yn cael eu rheoli gan y rhai sy tu ôl i'r camera. Dydyn nhw ddim wastad yn ymwybodol o'r ffaith, ond maen nhw. Mae'r tîm cynhyrchu'n defnyddio triciau i droi'r drol ac i greu tensiwn. Maen nhw'n difrodi neu'n diffodd peiriannau, ac yna'n gwylio'r cogyddion yn mynd i banic ...'

'Fel pwdin Duncan llynedd?' gofynnais. 'Roedd Duncan yn bendant fod rhywun wedi diffodd y rhewgell. Roedd o'n tybio mai Brian Marubbi wnaeth, allan o sbeit.'

'Mwy na thebyg mai o'r tîm cynhyrchu oedd o, ond dyna

ganlyniad iddyn nhw! Duncan yn gwylltio ac yn beio un o'r cogyddion eraill. Dyna'r math o helynt maen nhw'n ceisio'i ysgogi o hyd. Maen nhw'n creu naratif a gwrthdaro lle nad ydi o'n bodoli. Unrhyw beth er mwyn denu a chadw gwylwyr.'

'Ond does gen i ddim gelynion ...' protestiais.

'Mae gen ti rywbeth gwell na gelyn. Maddeua i mi, ond y llynedd roeddet ti a Duncan yn edrych ... doedd dim angen llawer o waith golygu i'ch cyflwyno chi'ch dau fel Romeo a Juliet y gegin, nagoedd? Blwyddyn yn ddiweddarach rwyt ti wedi symud i Lundain: mae 'na stori, un mae'r cynhyrchydd am ei hecsbloetio i'r eithaf.'

'Ecsbloetio? Sut? Trwy drefnu aduniad ar gamera?'

'Aduniad neu ffrae. Does dim ots gan y cynhyrchydd os fyddwch chi'n disgyn i freichiau'ch gilydd neu os ydi'r berthynas wedi troi'n chwerw – mae'r ddau yn golygu mwy o wylwyr i'r gyfres. Edrycha ar-lein – mae 'na ddigon o glecs amdanoch chi.'

'Dwi'n methu credu bysen nhw'n gwneud hynny. Mae o mor dan-din!'

'Ar un adeg ro'n i o'r un farn, ond yna, pan ges i fynd i un o'r cyfarfodydd cynhyrchu, clywais y cynllwynio a'r cynllunio drosta i fy hun. Opera sebon ydi hyn i gyd. Mae'r enillydd wedi'i ddewis cyn i'r cogyddion gamu i'r gegin.'

'O ddifri?'

'Alys, mi wyt ti a fi yn gwybod nad ydi Brian Marubbi yn ddim o'i gymharu â Charles Donoghue. Cafodd Brian ei ddewis yn enillydd achos ei fod o'n ddihiryn dan-din sy'n hoff o ymffrostio a thanseilio hyder y cogyddion eraill. Mae o'n gymeriad go ffiaidd, ac un o'r enillwyr mwyaf dadleuol yn hanes y sioe. Ond o ganlyniad i'r tensiwn rhyngddo fo a Duncan, gawson ni filiwn yn fwy o bobl yn gwylio'r ffeinal llynedd – pob un yn cefnogi Duncan. Mae 'na naratif yma, ti'n gweld. Mae Duncan yn hoffus, mae'r cyhoedd am iddo ennill, ac mae potensial iddo gael diweddglo hapus hefo ti. Gall hynny chwyddo'r ffigyrau gwylio yn uwch fyth. Dyna pam gest ti

wahoddiad yn ôl … oni bai bod Duncan wedi dewis dod yn ei
ôl, fyset ti ddim wedi cael dy ystyried.'

Roedd hi'n ergyd go galed.

'Be ddylwn i wneud felly? Gadael y rhaglen?'

'Neu ddod yn dy ôl fory a dangos i bawb be sy gen ti i'w
gynnig? Tydi'r hyn ddigwyddodd rhyngddat ti a Duncan yn
ddim o 'musnes i, ond dwi'n awgrymu dy fod di'n cerdded i'r
gegin fory a chadw Duncan hyd braich. Cyflwyna dy hun fel
cogydd proffesiynol sydd â hygrededd, a dyna sut gei di dy drin.'

'Dyna be wna i,' atebais, gan geisio llyncu fy siom. 'Diolch,
Martin. Dwi'n gwerthfawrogi cael gwybod y gwir.'

Unwaith eto ro'n i wedi cael fy nhrin fel pyped. Clywais sŵn
chwerthin yn dod o'r stiwdio – miri'r cogyddion yn cymryd
rhan yn y sialens hwyl, siŵr o fod. Am eiliad ystyriais fartsio
atyn nhw er mwyn dweud y gwir wrthyn nhw i gyd, ond wnes i
ddim. Wedi'r cyfan, doedd gen i ddim byd cryfach na gair
Martin bod y tîm cynhyrchu wrthi'n cynllwynio. Ro'n i'n ei
gredu, ond heb dystiolaeth, pwy fyse'n gwrando?

Am bump o'r gloch y bore wedyn, pan ganodd corn y tacsi tu
allan i'r fflat, ro'n i'n barod i fynd i'r stiwdio.

'Pob lwc!' galwodd Jamie o'i stafell wely.

Doedd fawr o ots gen i am lwc. Ro'n i am gwblhau'r ffilmio
yn unol â 'nghytundeb, ond doedd gen i ddim diddordeb mewn
chwarae gemau. Ar ôl cychwyn cadarn, ges i farc reit isel ar
gyfer fy nghwrs pysgod, a phlymiais i waelod y bwrdd sgôr.

Pan ddaeth yr amser i mi ddechrau paratoi fy mhrif gwrs,
gwelais 'mod i'n coginio ochr yn ochr â Peter Hebblethwaite o
Gernyw … a Duncan. Wrth gwrs bod y tîm cynhyrchu wedi'n
gwthio ni at ein gilydd ar gyfer darn pwysicaf y gystadleuaeth!

Daeth y beirniaid i'r gegin yn fuan ar ôl i ni ddechrau
ffilmio. Roedden nhw i fod i'n holi ni am yr hyn rodden ni'n ei
goginio, ond wrth gwrs, wnaeth hynny ddim digwydd.

'Sut brofiad ydi bod yn ôl yn y gegin hefo Duncan?'
gofynnodd Hannah yn syth.

Wnes i ddim edrych i fyny o'r badell ffrio wrth ateb, yn ofalus o ddifater.

'Roedd o'n fentor gwych ac mae gen i barch mawr tuag at Duncan. Ond dwi yma heddiw i ganolbwyntio ar fy mwyd, nid hel atgofion.'

Drwy gydol y dydd ddwedais i ddim byd fyse o ddiddordeb mawr i neb, a phan ges i fy nghyfweld rhoddais atebion cryno. Pump allan o ddeg ges i am fy mhrif gwrs – oedd ddim yn siom – a naw allan o ddeg am fy mhwdin. Wnaeth hynny, hyd yn oed, ddim codi fy nghalon. Er bod fy mhwdin ymhlith y goreuon yn y gystadleuaeth, doedd o ddim yn ddigon i godi fy sgôr. Ddes i'n ail o'r gwaelod, ac ro'n i'n fodlon ar hynny. Roedd Martin yn iawn – do'n i ddim yn yr un dosbarth â'r cogyddion eraill. Diffyg profiad oedd fy ngwendid mwyaf, a dywedodd pob un o'r beirniaid yn garedig eu bod nhw'n gweld potensial mawr yndda i.

'Braf oedd gweld dy fod di wedi magu cymaint o hyder, Alys,' meddai Marilyn. 'Llynedd roeddet ti'n sefyll o'n blaenau yn crynu fel deilen, ac eleni rwyt ti'n ased i unrhyw gegin.'

Nid oedd yn fawr o syndod i neb pwy oedd yn mynd i'r rownd derfynol: Duncan, Howard a Brian. Roedd yn anodd peidio â bod yn sinigaidd am ddewis y beirniaid, ond llwyddais i godi gwydr a dymuno iechyd da a phob lwc i'r drindod ffodus.

Wedi i'r camerâu gael eu diffodd daeth Duncan draw ata i. Rhaid ei fod o wedi sylwi ar y newid yn fy agwedd, ac oedodd am ennyd fel petai'n ansicr sut i 'nghyfarch i. Edrychai fel bachgen bach wedi cael ffrae gan ei fam – oedd o'n dal i ddifaru fod pethau wedi gorffen mor flêr? Agorais fy mreichiau iddo.

'Da iawn ti, Chef.' Cefais fy nghofleidio gan ei freichiau enfawr, fy moch ar ei wegil.

'A titha, Alys,' atebodd. 'Dwi mor prowd.' Caeais fy llygaid yn dynn, dynn yn ei goflaid, gan deimlo'r hen hiraeth yn llifo'n ôl. Ro'n i'n falch pan ddaeth Marilyn i'n gwahanu, er mwyn iddi gael rhoi manylion y rownd derfynol i Duncan.

'Wnei di ddisgwyl amdana i?' gofynnodd Duncan. 'Gawn ni

sgwrs?' Nodiais fy mhen a chodi fy llaw arno wrth iddo ddilyn Marilyn i siambr y beirniaid, ond pan gaeodd y drws ffarweliais â May, gan addo cadw mewn cysylltiad â hi, a cherdded i'r orsaf.

Roedd gadael Duncan heb ffarwelio yn beth eitha llwfr i'w wneud ond doedd gen i ddim dewis. Sylweddolais nad hiraethu amdano fo'n unig o'n i, ond am bopeth a gollais wrth ddod i Lundain. Yr eiliad honno mi faswn i wedi gwneud rhywbeth, unrhyw beth o gwbl, i gael mynd yn ôl i'r hen ddyddiau, cyn y parti Dolig, cyn i ni gydnabod ein teimladau a throi pethau'n smonach.

32

Cerddais drwy'r drws ffrynt a bu bron i mi neidio allan o fy nghroen wrth i griw o bobl weiddi, 'Syrpréis!'

'Diolch, ond wnes i ddim ennill.'

'Ond mi wnest ti gystadlu, a dyna be sy'n bwysig,' meddai Jamie, gan gamu o'r tu ôl i'r cyrtens a thusw o flodau yn ei freichiau. 'Mae'r rhain yn anrheg gan Charles.'

Chefais i erioed barti syrpréis o'r blaen, ac roedd yn syndod i mi bod cymaint o staff y bwyty wedi dod draw i ddathlu. Rhaid bod ugain o bobl wedi'u gwasgu i'r fflat bychan, a phob arwyneb yn llawn poteli a gwydrau gan fod pawb wedi dod â chyflenwad helaeth o alcohol hefo nhw. Yfais nes bod fy mhen yn troelli.

Erbyn hanner nos roedd ambell un wedi mynd adre, ond arhosodd y mwyafrif i chwarae gemau yfed. Llwyddais i gadw i fyny hefo nhw tan tua un y bore, pan ddechreues i deimlo'n wael. Ro'n i wedi bod yn effro ers pump y bore ac wedi yfed llawer iawn mwy nag arfer, felly ro'n i'n awchu am fynd i gysgu, ond roedd llond dwrn o bobl yn eistedd yn fy stafell wely yn gwrando ar Phillipe yn chwarae caneuon Oasis ar gitâr Jamie.

Golchais fy wyneb ac yfed peint o ddŵr cyn mynd allan i eistedd ar stepen y drws ffrynt i gael dipyn o awyr iach. Daeth Lech rownd y gornel, yn cario carton o sglodion o'r siop pitsa i lawr y lôn. Ceisiodd eu cuddio, fel petai ganddo gywilydd o gael ei ddal yn bwyta sothach seimllyd. Gwenais arno a symud i un ochr fel y gallai basio heibio i mi a dychwelyd at y parti. Ond yn hytrach na mynd i'r fflat, eisteddodd wrth fy ochr.

'Be sy, Alys fach?' gofynnodd, gan gynnig y carton sglodion i mi gael cymryd un.

'Wedi blino ydw i,' atebais. 'Jest cael bach o awyr iach.'

'Ti'n edrych yn drist.'

'Welais i fy hen fòs heddiw,' ochneidiais. 'Roedd o'n cystadlu yn f'erbyn i.'

'Ac mi wnaeth o d'atgoffa di o dy gartre. Pam nad ei di adre am wythnos? Ti 'di bod yn gweithio'n hynod o galed, a dwi'n siŵr bod gen ti wyliau i'w cymryd. Dos adre am sbel. Dos i'w weld o, dal fyny hefo dy ffrindiau.'

Penderfynais beidio ag egluro cymhlethdod y sefyllfa i Lech. Yn lle hynny cymerais lond llaw o sglodion o'r carton, a difaru hynny'n syth gan iddyn nhw adael haen afiach o saim ar fy nhafod.

'Ti 'di bod oddi cartref am dipyn, yn do, Lech? Pryd wyt ti'n stopio hiraethu?'

'Gadewais Wlad Pwyl saith mlynedd yn ôl, a dwi'n breuddwydio am gael mynd adre o hyd. Ond mae'r hiraeth yn pylu tra dwi yn y gwaith. Mae o'n rhoi pwrpas a rheswm i oddef yr unigrwydd.'

'Pam wyt ti'n aros yma felly, os wyt ti'n unig? Pam nad ei di'n ôl i Wlad Pwyl?' Gwyddwn fod Lech yn dod o dref fechan ryw awr o Warsaw, ond do'n i erioed wedi ei holi am ei gefndir, na siarad rhyw lawer hefo fo heblaw am waith. Y noson honno, yn eistedd y tu allan i'r fflat, mi ges i hanes ei fywyd.

Daeth Lech draw o Wlad Pwyl yn syth ar ôl iddo orffen ei addysg uwchradd. Roedd ei daid, cerddor clasurol, yn ffrind i un o gyd-berchnogion Donoghue's, a thrwy gysylltiadau ei daid y cafodd ei swydd. Gweithiodd ei ffordd i fyny, gan ddod yn Uwch Sous Chef dair blynedd ynghynt. Fo a Phillipe oedd yn rhedeg y bwyty yn absenoldeb Charles.

Do'n i erioed wedi ei glywed yn codi ei lais ar neb yn y gegin, ac roedd yn gogydd am ei fod wirioneddol yn mwynhau coginio. Bwyd oedd ei brif ddiddordeb. Dyna pam roedd o'n dal i fod yn sengl, meddai gan wenu'n swil – buasai'n dewis plât o *pasta puttanesca* dros *puttanesca* go iawn bob tro. Cefais fy synnu pan glywais ei fod yn sengl gan ei fod yn foi digon golygus, hefo wyneb direidus a llygaid yr un lliw â thaffi triog. Doedd o ddim yn dew, ond roedd ei gorff yn gwiltiog a chartrefol. Roedd ei frwdfrydedd hefyd yn heintus, a 'mêt' oedd pawb iddo, o'r KP i'r Maître D' snobyddlyd. Roedd yn amhosib peidio â hoffi Lech.

Roedden ni'n dal i sgwrsio wrth i'r haul wawrio, yn ffarwelio â phawb wrth iddyn nhw adael. Dechreuais deimlo'r oerni'n gafael, ond cyn i mi fedru mynd i nôl fy nghot, rhoddodd Lech ei siaced dros fy ysgwyddau. Arhosodd ei fraich drwchus o f'amgylch, a swatiais yn ei gesail fel petai hynny'r peth mwy naturiol yn y byd i'w wneud.

Ond wrth i mi wrando ar guriad ei galon cefais fy atgoffa o noson arall pan roddodd Duncan fenthyg ei siaced i mi. Dyheais am gael ail-fyw'r noson honno, i gael braich Duncan amdanaf yn lle un Lech. Ond roedd hynny'n amhosibl.

Ceisiais guddio fy nagrau rhag Lech, ond allwn i ddim peidio ag igian crio. Stopiodd Lech ar ganol ei frawddeg, a 'nhynnu i'n dynnach ato. Am funud neu ddau gadawodd i mi wylo heb unwaith ofyn pam. Ar ôl i mi dawelu rhoddodd gusan ar fy nhalcen.

'Ti 'di blino, Alys fach,' meddai mewn llais isel. 'Dos i'r gwely. Bydd pethau'n well wedyn.' Arweiniodd fi i fy llofft cyn mynd i nôl peint o ddŵr i mi o'r gegin. 'Fyddi di'n iawn?' gofynnodd, ac roedd ei lygaid brown mor gynnes mi wnes i rywbeth na wnes i erioed cyn hynny. Gafaelais yn ei law a'i dynnu i eistedd wrth fy ochr.

'Wnei di aros hefo fi?' gofynnais. Petai wedi fy nghusanu yr eiliad honno, dwi'n eitha siŵr y byswn i wedi'i gusanu'n ôl, er mwyn ceisio gyrru Duncan allan o 'mhen. Ond mae'n rhaid bod Lech wedi synhwyro bod fy nhristwch yn fwy na blinder a hiraeth, achos wnaeth o ddim byd mwy na gafael yndda i'n dynn a mwytho fy ngwallt yn dawel bach.

'Amser mynd i gysgu,' mwmialodd, fel petawn i'n blentyn. Rhoddais fy mhen ar y gobennydd. Gorweddodd Lech wrth fy ochr a lapio'i freichiau o 'nghwmpas fel blanced. Ymhen dipyn clywais ei anadlu'n dyfnhau. Syrthiodd i gysgu heb fy ngollwng o'i afael, ac yn ddiogel yn ei freichiau, a'i anadl yn gynnes ar gefn fy ngwddw, syrthiais innau i gysgu hefyd.

Deffrais y bore wedyn yn unig yn fy ngwely, fy mhen yn curo'n boenus. Am eiliad ofnadwy ro'n i'n ofni 'mod i am chwydu dros y lle i gyd, ond ciliodd y teimlad hwnnw, diolch byth.

Cerddais yn araf i'r gegin. Roedd Lech yn sefyll wrth y popty a Jamie yn eistedd wrth y bwrdd yn ei drôns. Suddodd fy nghalon. Roedd Jamie'n gwybod bod Lech wedi aros draw felly. Faint mwy o 'nghyd-weithwyr oedd yn gwybod ... a faint fyddai'n credu fod y peth yn hollol ddiniwed?

'Brecwast?' cynigodd Lech hefo'i wên lydan arferol, gan osod wyau Benedict perffaith ar y bwrdd o 'mlaen i.

'Wel, dyna *catch* i ti, Alys,' meddai Jamie gan gribo'i wallt anniben â'i fysedd. 'Boi sy'n medru partïo drwy'r nos, caru drwy oriau mân y bore a chodi'n gynnar i wneud brecwast i ti hefyd. Prioda fo ar unwaith!' Cochais fel betysen, a daeth Lech i'r adwy.

'Rhaid 'mod i'n fwy o ŵr bonheddig na ti, Jamie. Ges i ddigon o gwsg neithiwr.' Rholiodd Jamie ei lygaid ac aeth i gael cawod. Eisteddodd Lech gyferbyn â fi.

'Neithiwr roeddet ti'n unig, ro'n i'n unig ... mae'n naturiol bod ffrindiau'n ceisio cysuro'i gilydd, yn tydi?'

'Dyna be mae ffrindiau'n dda,' atebais, er 'mod i'n dal i deimlo'n lletchwith. Cododd Lech ei wydr o sudd oren i gynnig llwncdestun.

'I ffrindiau,' meddai, ei lygaid tywyll yn disgleirio.

Daeth yn braf iawn cael ffrind arall: ffrind nad oedd yn cario clecs tu ôl i 'nghefn, ffrind oedd yn gwneud i mi chwerthin nes i ddagrau lenwi fy llygaid.

Lech oedd y peth gorau am fy amser yn Llundain. Yn ei gwmni o, dysgais sut i ymlacio, i fyw yn y presennol ac i gael hwyl. Doedden ni ddim yn cael fawr o gyfle i siarad yn y gwaith, ond dechreuon ni dreulio bron bob munud o'n hamser y tu allan i'r gegin hefo'n gilydd.

Roedd gan Jamie gariad newydd o'r enw Nadia, ac yn bedwarawd bydden ni'n jolihoitian o gwmpas Llundain. Syrthiais mewn cariad â marchnadoedd Spitalfields a Camden a chefais fy nhynnu gan Lech i'r gigs a'r clybiau comedi yr oedd mor hoff ohonyn nhw. Doedd neb yn credu nad oedden ni'n gariadon, ond doedd dim ots gen i. Ro'n i'n mwynhau bywyd go iawn yn ei gwmni am y tro cyntaf, a doeddwn i ddim am roi hynny yn y fantol drwy gymhlethu'r sefyllfa.

Un bore yn y gwaith rhuthrodd Adele i'r gegin, ei hwyneb yn sgleiniog o chwys.

'Alys, brysia! Mae Charles yma!'

'Charles yma? Heddiw?'

'Ydi, mae o'n ôl o'r Unol Daleithiau, ac am gael cyfarfod staff mewn pum munud i drafod newidiadau staffio a'r fwydlen newydd. Brysia!'

Cyrhaeddais y cyfarfod fymryn yn hwyr, ond roedd Lech yn eistedd reit ym mlaen y stafell, a chwarae teg iddo, roedd o wedi cadw sedd ar fy nghyfer. Sleifiais iddi gan wenu'n ddiolchgar arno.

Cerddodd Charles i mewn eiliadau ar fy ôl i. Dechreuodd drwy ddiolch i ni am ein gwaith caled a chydwybodol yn ei absenoldeb. Eglurodd iddo fod yn gwneud gwaith ymgynghori i nifer o fwytai oedd ar fin agor; ac y byddai canlyniadau hynny'n cyflwyno nifer o gyfleoedd cyffrous i ni'r staff. Aeth yn ei flaen i ddisgrifio'r fwydlen newydd ar gyfer y gaeaf a'r Dolig, a daeth y cyfarfod i ben mewn llai na hanner awr.

Ar ôl cinio, cafodd pawb eu galw fesul un i swyddfa Charles am werthusiad personol. Ffurfioldeb pum munud oedd y cyfarfodydd i'r mwyafrif, i wneud yn siŵr bod pawb yn fodlon ar eu hamgylchiadau gwaith. Penderfynais ddefnyddio fy ngwerthusiad i dynnu sylw at y ffaith fod fy nghyfnod prawf wedi hen ddirwyn i ben – doeddwn i ddim o reidrwydd yn disgwyl dyrchafiad, ond roedd angen rôl newydd arna i cyn i mi farw o ddiflastod.

'Ti nesa, Alys,' meddai Phillipe. 'Pob lwc.'

Golchais fy nwylo cyn mynd, a winciodd Lech arna i wrth i mi ei basio. Cododd Adele, hyd yn oed, fawd arna i i ddymuno lwc dda.

Pan ofynnodd Charles sut ro'n i'n hoffi gweithio yn y gegin cefais ddweud fy nweud. Ymddiheurodd Charles yn syth, gan addo siarad hefo Adele i drefnu i mi gael symud i faes arall cyn gynted â phosib. Diolchais iddo, ond wrth i mi godi i adael, cynigiodd ddiod i mi. Gwelais fod bocs o hancesi papur wedi'i osod yn amlwg ar ei ddesg, a suddodd fy nghalon. Nid ffurfioldeb pum munud fyddai'r cyfweliad wedi'r cwbl.

'Maddeua i mi os ydi hwn yn gwestiwn braidd yn ddigywilydd, Alys, ond dwi wedi clywed o fwy nag un ffynhonnell dy fod ti a Lech yn ffrindiau da iawn. Ga i ofyn be yn union ydi natur eich cyfeillgarwch?'

Tybed oedd Charles wedi bod yn siarad â Duncan am yr amgylchiadau a barodd i mi adael y Fleur-de-Lis? Do'n i ddim yn hoffi meddwl bod Charles yn fy ngweld i fel ryw fath o *maneater* oedd yn mynd o un gweithle i'r llall yn ceisio hudo dynion.

'Ffrindiau ydyn ni,' atebais, ac ymlaciodd Charles.

'Rhaid i mi gyfaddef, Alys, 'mod i'n falch o glywed hynny. Yn ddiweddar ro'n i draw yn Warsaw, yn goruchwylio paratoadau ar gyfer agoriad bwyty newydd sbon yn un o westai mwyaf moethus y ddinas. Mi wnes i argymell Lech ar gyfer swydd y prif gogydd, a dwi'n falch o ddweud ei fod wedi cael cynnig y swydd. Mae o'n barod i redeg cegin ei hun, ac yn bwysicach byth, gall ddychwelyd i fyw yn ei famwlad, yn nes at ei deulu. Dwi'n gwybod y bydd y ddau ohonon ni'n gweld ei golli.'

Roedd ei neges yn gynnil ond yn glir. Roedd Lech am dderbyn y cyfle hwn, a ddylen i ddim gwrthwynebu.

'Ydi Lech wedi derbyn y swydd?'

'Ydi. Bydd yn hedfan i Warsaw o fewn y pythefnos nesaf i gwrdd â'i reolwr newydd. Os aiff popeth yn iawn, dwi'n obeithiol bydd yn ei swydd newydd o fewn y mis. Dwi'n gwybod y bydd andros o fwlch mawr ar ei ôl yn y gegin ... ond mae'n bwysig bod Lech yn cael ein cefnogaeth lwyr.'

'Mi wna i unrhyw beth i wneud yr ymadawiad yn haws i Lech,' atebais yn ufudd.

'A dwi'n siŵr y bydd yn rhaid ailstrwythuro'r gegin wedi iddo adael, felly bydd rôl newydd i dy gadw di'n brysur,' meddai Charles. Teimlai'r addewid braidd fel cael sbarion wedi'r wledd. Piciais i'r tŷ bach cyn dychwelyd i'r gegin. Er fy mod i'n falch dros Lech, ac yn falch o glywed Charles yn cydnabod ei botensial i fod yn brif gogydd, roedd y syniad o'i golli yn torri fy nghalon. Lech a Jamie oedd yr unig ffrindiau da oedd gen i. Ond ro'n i wedi addo i Charles y byswn i'n ei gefnogi, felly gorfodais fy hun i wenu fel peth hurt cyn mynd yn ôl i'r gegin. Cerddais yn syth at Lech, gan agor fy mreichiau i roi cwtsh iddo.

'Llongyfarchiadau! Warsaw! Am ffantastig – prif gogydd! Ac mor agos i adre!' Yn amlwg doedd Lech ddim wedi rhannu'r newyddion â neb arall, felly ar ôl i mi adael y gath allan o'r cwd daeth pawb draw i'w longyfarch.

Ar ddiwedd ein shifft cynigiodd rhywun fod pawb yn mynd dros y ffordd i dafarn y Lord Nelson i ddathlu, ond gwrthododd Lech, gan awgrymu mynd allan dros y penwythnos yn lle hynny. Ond ar ôl i bawb arall fynd adre, cydiodd Lech yn fy mraich a f'arwain allan drwy ddrws cefn y bwyty ac i'r dafarn.

Daeth yn ôl o'r bar hefo potel ddrud o win a dau wydr. Ar ôl ei hagor codais fy ngwydr yn uchel.

'I gyfleoedd a gorwelion newydd!' cynigiais yn llwncdestun.

'I gyfleoedd a gorwelion newydd ... hefo ti.' Bu bron i mi dagu ar fy ngwin. Aeth Lech yn ei flaen yn gyflym, fel petai ganddo ofn fy mod am dorri ar ei draws. 'Dwi'n mynd adre i weld fy nheulu, a dwi am i ti eu cyfarfod nhw hefyd. Mae fy nghyflogwr newydd wedi cynnig fflat yng nghanol y ddinas i mi am flwyddyn gyfan, ac fel prif gogydd bydd gen i'r hawl i benodi staff newydd ... ac mae swydd Chef de Partie yn disgwyl amdanat ti.'

Yr unig beth allwn i ei wneud oedd syllu arno'n gegrwth. Er iddo gadw'n dawel am y swydd, mae'n rhaid ei fod o wedi treulio cryn dipyn o amser yn cynllunio dyfodol i'r ddau ohonon ni. Estynnodd ar draws y bwrdd, gan afael yn fy nwylo.

'Alys, ddoi di i Warsaw hefo fi?'

Petai o wedi gofyn i mi fynd am benwythnos i Ffrainc, mi fyswn i wedi cytuno'n syth. Ond heb i ni gymaint â mynd ar wyliau hefo'n gilydd, heb i ni fyw hefo'n gilydd, heb i ni fod mewn perthynas, hyd yn oed, roedd o am i mi adael fy swydd a symud hefo fo i Warsaw. Swydd wahanol, dinas wahanol, gwlad wahanol, iaith wahanol. Roedd dygymod â symud i Lundain wedi bod yn ddigon anodd, hyd yn oed hefo cefnogaeth Dad, Lucy, Charles a Jamie, ond yn Warsaw, dim ond Lech fyswn i'n ei nabod, ac yn amlwg roedd rhwystr yr iaith yn mynd i wneud pethau'n anoddach. Sut fedrwn i ddygymod â gweithio mewn cegin lle oedd pawb heblaw amdana i yn siarad Pwyleg? A beth am ddefnyddio trafnidiaeth gyhoeddus? Darllen arwyddion ffordd, gwaith papur, mynd i siopa, gwylio'r teledu, gwrando ar y radio... Fyswn i'n hollol, hollol ddibynnol ar Lech am bopeth, tu mewn a'r tu allan i'r gweithle. Ar ben hynny, fo fuasai fy rheolwr – petai'n perthynas ni'n suro, sut allen ni barhau i gydweithio? Mewn amgylchiadau gwahanol gallwn weld ein cyfeillgarwch yn troi'n fwy na hynny, yn troi'n gariad, ond waeth faint ro'n i'n hoffi Lech, allwn i ddim rhoi fy hun mewn sefyllfa lle ro'n i'n hollol ddibynnol arno.

'Lech, dwi'n dy hoffi'n fawr iawn, ond ...'

'Paid ag ateb rŵan. Ystyria'r cynnig. Bydd, mi fydd yn anodd ar y dechrau, ond mae popeth sy'n werth ei gael yn anodd. Dwi'n gwybod nad ydi'n perthynas ni wedi datblygu ... ond mae gen i deimlad... Alys, dwi'n meddwl bod ganddon ni rywbeth sbesial. Does dim rhaid i ti wneud penderfyniad heno. Meddylia am y peth, dyna'r cwbl dwi'n 'i ofyn.'

Cytunais i ystyried ei gynnig. Roedd gen i fis cyn iddo adael, hen ddigon o amser i wneud fy ngwaith ymchwil a phendroni. A duwcs, mi wnes i bendroni! Ar adegau teimlwn fel mentro a phacio fy magiau, ond dro arall ymddangosai'r syniad o symud i wlad dramor a gadael fy hun yn llwyr ddibynnol ar Lech yn wallgof.

Drwy hyn i gyd, roedden ni'n dal i dreulio pob awr sbâr yng nghwmni'n gilydd. Roedd o'n garedig, yn hoffus a golygus. Be oedd yn bod arna i? Pam o'n i'n anfodlon mentro? Roedd o'n barchus, yn fonheddig, a doedd ganddo ddim gwraig hanner call i droi'r drol a chreu helynt.

Ond y broblem oedd nad oeddwn i erioed wedi awchu amdano. Ond a oedd diffyg chwant o reidrwydd yn beth drwg? Be os mai dim ond chwant ro'n i'n ei deimlo tuag at Duncan, ac mai'r hyn oedd rhwng Lech a minnau oedd cariad go iawn? Be 'taswn i ar fin gwneud camgymeriad enfawr drwy ffarwelio â pherson fyse'n medru fy ngwneud i'n wirioneddol hapus? Efallai nad o'n i'n ei garu, ond gallai hynny newid dros amser. Ond er mwyn i hynny ddigwydd, mi fyse'n rhaid i mi fod yn barod i fentro i Warsaw ...

Cyn i mi ddechrau colli fy mhwyll, gofynnais i Nadia, cariad Jamie, am gyngor.

'Sut wyt ti'n gwybod be 'di cariad a be 'di chwant?' gofynnais iddi dros baned.

'Mae cariad yn golygu gwahanol bethau i wahanol bobl, cyw. Dwi'n ddigon hen a sinigaidd i fodloni ar berson sy'n fy ngwneud i'n hapus ac yn fy mharchu i. Ond mae gen i ffrindiau sy'n grediniol bod Mr Right yn disgwyl amdanyn nhw yn rhywle, a wnân nhw ddim derbyn dim byd llai na thân gwyllt. Dwi'n meddwl eu bod nhw'n gwylio gormod o ffilmiau rhamant ac maen nhw'n meddwl bod gen i safonau isel. Mae pawb yn wahanol.'

Er i mi werthfawrogi gonestrwydd ei hateb, doedd o fawr o gymorth. Os oedd Lech a minnau am symud i Warsaw a chyd-fyw, roedd yn rhaid i mi gredu fod ganddon ni ddyfodol fel cariadon.

Yn ei ffordd swil ei hun, roedd Lech wedi dangos ei

barodrwydd i fod yn fwy na ffrindiau. Bob tro y gwelai fi heb fy nillad gwaith roedd ganddo rywbeth neis i'w ddwedu am fy ymddangosiad, ac ar ôl diod neu ddau byddai'n dechrau gwneud llygaid llo bach arna i. Ond gŵr bonheddig oedd o yn y bôn, a gadawodd i mi benderfynu a oedden ni am groesi'r ffin rhwng ffrindiau a chariadon.

Un bore es i siopa, a phrynu dillad isa newydd – rhai sidan du. Do'n i erioed wedi bod yn berchen ar ddim byd tebyg o'r blaen. Y noson wedyn ges i wahoddiad i fynd draw i fflat Lech am swper – dwi'n meddwl bod y ddau ohonon ni, yn dawel bach, wedi penderfynu rhoi cynnig ar swyno'n gilydd y noson honno. Roedd rhosyn coch ar y bwrdd bwyd, a gallwn weld o'r dillad oedd yn sychu ar y gwresogydd ei fod o wedi newid y dillad gwely am rai glân.

Ar ddiwedd y pryd awgrymodd ein bod ni'n symud i eistedd ar y soffa i orffen gweddill y botel o win coch. Fel arfer bysen ni'n eistedd un ar bob pen i'r soffa hefo'n traed yn cyfarfod yn y canol, ond y noson honno rhoddais fy ngwin ar y bwrdd ac eistedd wrth ei ochr. Yn nerfus braidd, rhoddais law ar ei glun a gorffwys fy mhen ar ei ysgwydd. Llithrodd ei fraich o amgylch fy nghanol, a theimlais gusan ar fy nhalcen. Trois fy mhen, cau fy llygaid a phwyso fy ngwefusau yn erbyn ei rai o. Cusanodd fy ngwddw a fy ysgwydd noeth, ac yna sylwodd ar fy nillad isa.

'Dim dyna be ti'n wisgo fel arfer?'

'Na. Ar dy gyfer di mae'r rhain,' atebais, gan deimlo'n hunanymwybodol iawn. Codais a'i arwain i'r stafell wely. Gwelais banig ar ei wyneb wrth iddo chwilota drwy ei ddrôr am focs o gondomau, ond daeth o hyd i un o'r diwedd.

Nid fo oedd ar fai am fethiant y noson. Treuliais y rhan fwya o'r amser yn brathu fy ngwefus, ond hyd yn oed heb y boen rhwng fy nghoesau dwi ddim yn meddwl y byswn i wedi mwynhau fy hun.

Cofiais Tom yn dweud bod gen i 'gymaint o gynhesrwydd â bloc o rew' – tybed oedd hynny'n wir, meddyliais wrth orwedd wrth ochr Lech. Oedd 'na rywbeth yn bod arna i?

Ond na. Cofiais am yr ias bleserus a deimlais pan osododd Duncan blaster glas ar fy mys. Cofiais y gwynt yn diflannu o f'ysgyfaint wrth ei weld o'n hanner noeth. Cofiais wres ei wefusau ar fy rhai i.

Unwaith roedd popeth drosodd daliodd Lech fi'n dynn yn ei freichiau, ond ddwedodd yr un ohonon ni ddim byd. Roedd yr awyr yn drwchus â'n siom. Dwi'n meddwl bod y ddau ohonon ni wedi gobeithio y byddai'r cwrlid yn ein hamgylchynu fel crysalis, yn troi dau yn un ac yn trawsnewid ein cyfeillgarwch yn gariad. Ond yr un Alys a Lech oedden ni o hyd.

Roedd Lech yn rhannol gywir – roedd rhywbeth sbesial rhyngddon ni. Ond cyfeillgarwch oedd hwnnw, a dim byd mwy. Y broblem oedd fy mod i wedi profi'r tân gwyllt roedd ffrindiau Nadia'n awchu amdano, wedi cael blas ar rywbeth dwys ac angerddol oedd wedi gadael ei ôl ar fy nghorff, fy meddwl, fy ngallu i ganolbwyntio ac i gysgu. Byddai bywyd fel cariad i Lech yn fodlon ac yn gysurus, a phetaen ni wedi cyfarfod flwyddyn ynghynt ac wedi cael rhagor o amser hefo'n gilydd, falle byddai pethau wedi bod yn wahanol. Ond doedd ganddon ni ddim rhagor o amser – roedd ei barti ffarwelio drannoeth.

Phillipe drefnodd y parti, yn stafell gefn y Lord Nelson. Gan 'mod i'n arbenigo mewn gwneud pwdinau, prynodd Jamie'r holl gynhwysion i wneud cacen iddo, a chytunais i'w phobi.

Roedden ni'n disgwyl yn agos i hanner cant o bobl i'r parti, a phenderfynais na fyddai un gacen yn ddigon. Roedd Lech yn haeddu rhywbeth mawreddog. Pan welodd Jamie fy mrasluniau dwi'n meddwl ei fod yn difaru cytuno i dalu am bopeth.

Roedd y brif gacen yn fodel o fwyty Donoghue's, wedi'i hadeiladu allan o sbwng a'i gorchuddio ag eisin. Gwnes fodelau bach allan o farsipan – holl gyd-weithwyr Lech yn sefyll mewn haid tu allan i'r bwyty, ac yntau'n ffigwr unig yn cario pac ar ei gefn, yn bodio i gyfeiriad Warsaw. O amgylch y brif gacen gosodais bedwar o hoff bwdinau Lech: *entremet* siocled ac oren, *dacquoise*, *tiramisu* a phentwr o fisgedi *macaron* coch a gwyn, sef lliwiau Gwlad Pwyl. Cefais ganiatâd gan Charles i gymryd diwrnod i ffwrdd o'r gwaith i bobi popeth, ac a dweud y gwir, ro'n i'n falch o golli diwrnod olaf Lech yn y gegin.

Wedi i mi orffen daeth Adele draw yn ei char i helpu i gludo'r cyfan i'r dafarn. Pan welodd hi'r cacennau mi ges i ganmoliaeth ganddi, am y tro cyntaf erioed.

'Wel, Alys, wnest ti gadw hyn o dan dy het! Doedd gen i ddim syniad bod y fath dalent gen ti!'

Mi ges i ganmoliaeth debyg gan weddill y staff, ond er hynny wnes i ddim mwynhau'r parti o gwbl. Yr unig beth y medrwn i ganolbwyntio arno oedd y ffaith 'mod i ar fin colli fy ffrind gorau. Ro'n i ar ffin ffarwelio â'r dyn cleniaf a charedicaf i mi ei gyfarfod, a dim ond oherwydd na allwn i anghofio dyn arall oedd gannoedd o filltiroedd i ffwrdd, ac yn briod.

Lech oedd y person olaf i gyrraedd y parti, gan fod Charles wedi'i gadw'n ôl ar ddiwedd y gwasanaeth i gael sgwrs breifat. Gwisgai siwt dywyll, a llamodd fy nghalon wrth ei weld o'n edrych mor hynod o smart. Aeth o amgylch y stafell yn ysgwyd llaw ac yn cofleidio'i ffrindiau – yn amlwg, nid fi oedd yr unig un fyddai'n gweld ei golli. Pan gyrhaeddodd fwrdd y cacennau, oedodd i astudio'r ffigyrau bach marsipan yn chwifio ffarwél. Cododd y fersiwn bach ohono'i hun, a gwelais fod dagrau yn ei lygaid.

'Ti wnaeth hyn i gyd, Alys?' gofynnodd, er ei fod o'n gwybod yr ateb yn barod. Nodiais fy mhen. Sgubodd fi i fyny yn ei freichiau a 'ngwasgu'n dynn.

'Ty'd hefo fi am eiliad,' meddai.

Aeth â fi rownd cefn y dafarn i ben draw'r ardd gwrw, allan o glyw pawb arall.

'Alys, dwi'n gwybod nad oedd neithiwr yn grêt ... yn gorfforol. Ond mi fedra i weithio ar hynny ...'

'Nid ti oedd ar fai...'

'Mi wn i nad wyt ti'n fy ngharu i. Ond falle ddaw hynny. Plis, ty'd i Warsaw hefo fi. Ty'd fel ffrind, falle wnaiff rhywbeth ddatblygu. Mi wna i ddysgu Pwyleg i ti ar lafar ... 'sdim rhaid i ti gael gwersi ffurfiol, a fydd dy ddyslecsia ddim yn broblem.

Ty'd am chwe mis, ac os nad wyt ti'n hapus yn byw a gweithio hefo fi, wna i dalu am ffleit yn ôl i ti. Mi wna i unrhyw beth i dy wneud di'n hapus. 'Sdim rhaid i ti ddod fory, ond ty'd mewn wythnos neu bythefnos ...'

Cefais fy nhemtio i osgoi ei frifo drwy gytuno i'w ddilyn ymhen y mis, ond er mor boenus fyse ei siomi, roedd Lech yn haeddu'r gwir.

'Lech, ti ydi'r ffrind gorau sydd gen i, ac mi fydda i'n gweld dy golli bob dydd. Fydd fy mywyd ddim yr un fath hebddat ti ynddo fo. Ond fedra i ddim symud i Warsaw. Plis, paid â gofyn pam.'

Er bod ei siom yn glir ar ei wyneb, wnaeth o ddim ceisio fy mherswadio i newid fy meddwl.

'Wnei di o leia addo sgwennu ambell e-bost, a siarad hefo fi ar Skype?' gofynnodd. Nodiais fy mhen.

'Wrth gwrs. Falle, ryw ddydd, y gwna i ymuno â Facebook hefyd.'

'Paid â gwastraffu dy amser,' meddai. 'Os oes gen ti hanner awr rydd, ffonia fi.' Cododd ar ei draed gan amneidio i gyfeiriad y parti. 'C'mon, awn ni'n ôl. Mae fy ffleit am saith o'r gloch y bore, felly dwi am aros yma drwy'r nos a pheidio mynd i 'ngwely. Dwi wedi pacio, a'r unig beth sy raid i mi wneud ydi ffonio tacsi i'r maes awyr. Dwi am dreulio fy oriau olaf ar dir Prydeinig hefo fy ffrindiau.' Estynnodd ei law allan, a chydiais ynddi.

Am hanner awr wedi dau symudodd y parti allan i'r palmant i ffarwelio â Lech. Roedd gen i lwmp yn fy ngwddw a wnâi siarad yn amhosib, ond rhoddais gusan ar ei foch a llwyddo i beidio â chrio wrth iddo ddringo i gefn ei dacsi. Gadawodd i gyfeiliant torf o ddeg ar hugain o bobl yn bloeddio dymuniadau da iddo.

Pan es i nôl fy siaced o'r dafarn roedd Adele yn helpu ei hun i sleisen o'r gacen.

'Est ti ddim efo fo wedi'r cwbl?' gofynnodd drwy lond ceg ohoni. Ysgydwais fy mhen. 'Chei di ddim hogyn ffeindiach na Lech – ti'n meddwl dy fod di wedi gwneud camgymeriad?'

'Digon posib 'mod i.'

33

Rhagfyr

Tynnais fy ffedog yn dynn am fy nghanol a thynnu fy nghyllyll o'r drôr er mwyn eu hogi. Yr hen ddefod foreol, cyn i mi ddechrau aberthu llysiau at ddant y ciniawyr.

'*Bonjour*, Alys,' meddai Phillipe.

'Bore da, Phillipe,' atebais yn Gymraeg. Doedd dim ots gen i os o'n i'n ymddangos yn haerllug.

'Alys, pam na wnei di o leia ymdrechu i f'ateb i yn Ffrangeg? Dysgu rhywfaint o'r iaith cyn i ti fynd ar dy *vacance*.'

Codais fy ysgwyddau'n ddifater. Y *vacance* oedd yr enw eironig a roddwyd ar y cyfnod hyfforddiant y mynnai Charles fod ei gogyddion yn ei ddilyn: mis cyfan yn ei fwyty ym Mharis, i gael ein trochi yn y technegau clasurol. Rhybuddiodd Adele ei fod o'n gyfnod hynod, hynod anodd – mor anodd fel bod traean o'r ymgeiswyr yn rhoi'r ffidil yn y to cyn ei gwblhau. Dim ond ar ôl dychwelyd o'r *vacance* ym Mharis allai cogydd ddisgwyl cael dyrchafiad yn Chef de Partie.

Ro'n i wedi llwyr anobeithio y byswn i'n cael mynd i Baris. Roedd tri chogydd a ddechreuodd ar fy ôl i wedi cael mynd, ac wedi dod yn ôl i ddechrau ar waith Chef de Partie, tra o'n i'n dal i weithio fel Commis.

Gwgodd Phillipe arna i dros y cownter.

'Ei di ddim yn bell hefo agwedd mor negyddol, Alys,' meddai.

'*Que sera, sera*,' atebais.

Ro'n i wedi cael digon o bobl yn dweud wrtha i be i'w wneud

o hyd. Ges i hanner ffrae hefo Jamie y diwrnod cynt am fy mod i ond wedi bwyta hanner banana i frecwast. Pam oedd o'n ceisio 'ngorfodi i fwyta o hyd? Pam oedd Phillipe yn ceisio 'ngorfodi i siarad iaith do'n i ddim yn ei deall?

Daeth Adele i'r gegin yn wên o glust i glust. Grêt, rhywun arall oedd wastad yn barod i ddweud y drefn.

'*Bonjour*, Phillipe. Dwi newydd gael cyfarfod efo Charles ... cha i ddim dweud gormod, ond bydd newidiadau staffio ar y gweill yn fuan ...'

'*Félicitations*, Adele ...' meddai Phillipe, a gwenodd hithau'n hunanfoddhaol.

'Diolch. O, mae Charles isio dy weld di, Alys.'

Ychydig iawn ro'n i wedi'i weld ar Charles ers i Lech adael. Cadwodd at ei air a threfnu i mi weithio fel *saucier* a *pâtissière*, ond do'n i ddim wedi ei weld yn y gegin ers hynny.

Curais yn ysgafn ar ddrws ei swyddfa, gan geisio ymddangos yn llon a phositif.

'Dewch i mewn,' galwodd yn siriol, a lledaenodd gwên dros ei wyneb crychog wrth i mi gamu i mewn i'r stafell. 'Alys, sut wyt ti? Wyt ti wedi clywed gan Duncan yn ddiweddar?'

Ysgydwais fy mhen.

'Wnes i ddim cadw mewn cysylltiad â staff y Fleur-de-Lis.'

'Dwyt ti ddim wedi bod adre ryw lawer chwaith, naddo?' gofynnodd, gan godi tamed o bapur allan o fy ffeil personél. 'Yn ôl dy ffurflen wyliau, gest ti un diwrnod i ffwrdd ar gyfer parti Lech, a dyna'r cwbl. Mae'n rhaid i ti gymryd dy wyliau, Alys.'

'Cwbl fyswn i'n wneud fyse aros adre,' atebais.

'Wel, weithiau mae'n bwysig bod adre, petai ond i ymlacio.' Pwysodd ymlaen ar ei ddesg a gwenodd arna i'n dadol. 'Coelia fi, Alys, dwi'n ymwybodol bod y misoedd diwetha 'ma – y flwyddyn ddiwetha – wedi bod yn heriol i ti. Mae'n anodd symud i ddinas newydd i weithio, ac mi wnest ti roi dy hun o dan ormod o straen hefo'r gyfres deledu. Mae Adele wedi gweld newid mawr ynddat ti, ac yn ôl Phillipe, dwyt ti ddim i weld yn mwynhau dy waith ar hyn o bryd. Rydyn ni i gyd o'r farn fod angen seibiant arnat ti – felly dwi am i ti gymryd o leiaf pythefnos i ffwrdd.'

'Fedra i ddim mynd adre dros gyfnod prysura'r flwyddyn!' Cynigiais aros i weithio dros y Dolig a mynd adre yn y flwyddyn newydd. Do'n i ddim am i Charles feddwl na allwn i ymdopi hefo gwaith caled, na 'mod i'n wannach na'r cogyddion eraill; ond mynnodd fy mod i'n cymryd fy lwfans gwyliau cyn iddo ddod i ben ddechrau Ionawr.

Ro'n i wedi ystyried cymryd wythnos i ffwrdd ddechrau'r flwyddyn gan fod Lee am ddod adref am y tro cyntaf ers rhai blynyddoedd, ac yn dod â'i ddyweddi newydd hefo fo, ond wythnos yn unig oedd ei hangen arna i ar gyfer hynny. Mae'n rhaid bod fy anfodlonrwydd yn amlwg.

'Er lles dy iechyd,' eglurodd Charles yn garedig, 'dwi'n meddwl y dylet ti gymryd cyfnod estynedig i ffwrdd. Dos adre i Gymru. Treulia amser yng nghwmni dy deulu, gwna'n siŵr dy fod ti'n bwyta'n iawn ac yn gorffwys digon ...'

Jamie oedd ar fai am hyn, meddyliais, yn sôn o hyd 'mod i wedi colli gormod o bwysau, yn swnian arna i i fwyta er nad oedd gen i archwaeth. Ond aeth Charles yn ei flaen cyn i mi fedru protestio.

'Dos adre i ymlacio, i ti gael dechrau paratoi at y *vacance*. Mae Adele yn credu y byddi di'n barod i fynd i Baris ymhen ychydig fisoedd. Mae hi'n gweld dyfodol disglair i ti fel *pâtissière*.'

Diolchais iddo a chodi i fynd. Estynnais fy llaw i Charles, ond cydiodd yn fy ysgwyddau a rhoi cusan i mi ar fy nwy foch.

'Bydda'n garedig hefo ti dy hun, Alys fach,' meddai'n addfwyn. 'Weithiau mae'n rhaid cael ffydd ac amynedd. Dyna sydd ei angen arnon ni oll: ffydd ac amynedd.'

Cyn i mi fynd adre i Gymru es i ag anrhegion Dolig i Dad a Lucy. Wrth i mi gerdded drwodd i'r stafell fyw diffoddodd Dad ei liniadur yn gyflym.

'E-bost gan Lee,' eglurodd.

'Ti'n lwcus,' atebais. 'Dim ond tecst dwi'n gael ganddo unwaith y mis. Os dwi'n cwyno 'mod i byth yn clywed ganddo, mae'n dweud wrtha i am ymuno â Facebook fel pawb arall.'

'Ti sy'n lwcus. Dwi'n siŵr na fydda i'n clywed ganddo eto am amser hir, hir iawn. Mi gysylltais hefo fo i'w longyfarch ar ei ddyweddïad, a gwahodd y ddau ohonyn nhw draw yma. Roedd ei ymateb yn ei gwneud yn glir nad oedd o'n dymuno clywed gen i. Mae o'n dal yn flin hefo fi am adael dy fam, ac yn gwrthod cwrdd â Lucy.'

'Mae o'n dod adre dros y Dolig. Ga i air yn ei glust o, i weld fedra i ddal pen rheswm hefo fo.'

'Paid â mynd i ffraeo hefo dy frawd o f'achos i,' rhybuddiodd Dad. 'Dwi'n gwybod pa mor styfnig all Lee fod. Mae o fel dy fam – mae'r ddau yn gweld pethau'n ddu a gwyn. Mae hynny'n fantais iddo yn y fyddin ... ond nid dyna sut wyt ti'n gweld y byd, nage Alys?' Clywais grygni yn ei lais. 'Fedra i ond diolch i Dduw dy fod di'n ddigon maddeugar i roi ail gyfle i mi. Dwi ddim wedi bod yn llawer o dad i ti, mi wn i hynny, ac mae fy mab yn ddieithryn i mi. Dyna fy nghosb.'

'Wyt ti'n iawn, Dad?'

Daeth Lucy i'r stafell yn cario dwy baned, a throdd Dad ei wyneb fel na allai Lucy weld y dagrau'n cronni yn ei lygaid. O'r diwedd roedd o'n ddigon cyfforddus yn fy nghwmni i – na, roedden ni'n ddigon cyfforddus yng nghwmni'n gilydd – i drafod ein teimladau. Eisteddais ar ymyl y bwrdd coffi, gyferbyn â fo.

'Dad, sut oeddet ti'n gwybod mai Lucy oedd y person roeddet ti am dreulio gweddill dy fywyd hefo hi? Sut benderfynaist ti mai gadael Mam oedd y peth iawn i'w wneud?'

Ochneidiodd, a chymerodd o gwpl o eiliadau i ystyried ei ateb.

'Ti'n gwybod be, Alys? Do'n i ddim yn gwybod ar y pryd 'mod i'n gwneud y peth cywir. I'r gwrthwyneb – ro'n i'n ymwybodol bod fy ymddygiad yn hollol hunanol. Ro'n i'n teimlo mor euog – nid am adael fy mherthynas efo dy fam, ond am rwygo'r teulu yn ei hanner. Fyswn i wedi medru chwarae rôl hefo dy fam, smalio 'mod i'n dal i'w charu, ond mi fyswn i wedi bod yn torri 'nghalon, yn breuddwydio am fywyd hefo Lucy. Mae hi'n fy ngwneud i'n well person. Ond dyna ddigon o fod yn sentimental.'

Am y tro cyntaf, gwelais fy nhad fel person yn hytrach na rhiant. Cymerodd y penderfyniad anodd i adael ei deulu am ferch arall – penderfyniad oedd yn foesol anghywir, a phenderfyniad a wnaeth i lawer o'i ffrindiau droi yn ei erbyn. Ond wrth weld Dad a Lucy hefo'i gilydd ro'n i'n gwybod ei fod o wedi gwneud y penderfyniad cywir.

Fyswn i wedi bod yn hapusach yn dilyn fy nghalon, tybed? Na, gwell oedd peidio â meddwl beth allai fod wedi digwydd petawn i wedi dilyn llwybr gwahanol.

Cododd Dad o'i gadair ac aeth draw at y goeden Dolig. Estynnodd o dan y canghennau am ddau barsel wedi eu lapio mewn papur coch ac aur.

'Anrhegion bach gan Lucy a finna,' meddai Dad. 'Mae hwn ar gyfer Lee a'i ddyweddi, a hwn ar dy gyfer di. Mwynha'r Dolig, cariad, a chofia fi at dy fam.' Cusanodd fi ar fy moch. 'Ac os ga i gynnig un gair o gyngor i ti, dyma fo: does dim rhaid byw dy fywyd yn ôl cyngor pobl eraill. Gwranda ar dy reddf dy hun.'

34

Cyrhaeddais adref ar ôl pedair awr ar hugain ar drenau gorlawn, gan fod stormydd a gwyntoedd enbyd wedi creu trafferthion dybryd ar y rhwydwaith. Roedd Mam wedi trefnu i ddod i fy nôl i o orsaf y Rhyl, ond allai hi ddim cychwyn nes i'r ysgol gau am y pnawn. Yn hytrach na gwrando ar ei chyngor ac aros yn yr orsaf nes iddi gyrraedd, penderfynais ddal bws – ro'n i wedi cael digon, ac eisiau mynd adre gynted ag y gallwn i.

Cerddais allan o'r orsaf a drwy lwc, roedd y bws i Ddyserth ar fin gadael. O fanno mi fyse'n bosib i mi gerdded y lonydd mynyddog draw at Santes-Fair-tanrallt. Fi oedd un o'r unig deithwyr, oedd ddim yn syndod.

Yn Nyserth clymais fy sach deithio'n dynn o amgylch fy nghanol a dechrau cerdded. Ar ôl awr dechreuais felltithio fy ffolineb. Sgrechiai'r gwynt yn ddidostur drwy'r coed ac roedd fy sach deithio'n fwrn arna i, ond daliais i ddringo, a chyn hir gwelais Santes-Fair-tanrallt oddi tana i. Rhoddodd harddwch yr olygfa yr hwb angenrheidiol i mi gyrraedd pen fy nhaith. O'r diwedd, am y tro cyntaf ers dros flwyddyn, gwelais arwydd y pentref a dechreuais redeg. Ro'n i adre!

Ac yna, gwelais y Fleur-de-Lis. Roedd yn rhaid i mi fynd heibio'r bwyty a dechreuodd fy stumog glymu'n boenus. Ond pan gyrhaeddais roedd y maes parcio'n wag a'r ffenestri'n dywyll. Doedd dim ager yn dod o'r fent na sŵn peiriannau o'r gegin. Yn amlwg, roedd y lle yn wag. Yn chwilfrydig, cerddais ar draws y maes parcio. Doedd 'run arwydd i nodi bod y lle ar gau oherwydd y tywydd, ond doedd dim addurniadau Nadolig i'w gweld chwaith, na byrddau wedi'u gosod ar gyfer y diwrnod wedyn. Ble oedd pawb? Roedd y planhigion yn y tybiau wrth y drws yn dal i fod yn wyrdd ac yn iach, a'r ffenestri'n weddol lân, felly doedd y lle ddim wedi bod ar gau yn hir.

'Alys!' Cofleidiodd Mam fi'n dynn pan gyrhaeddais yr ysgol. 'Pam na wnest ti ddisgwyl yn y Rhyl? Fyswn i wedi dod i dy nôl di yn y munud.'

'Ro'n i'n teimlo fel mynd am dro bach,' atebais, gan ei gwasgu hithau'n ôl. 'Does 'na ddim llawer o fryniau yn Llundain.'

'Ti'n wallgo, 'ngeneth i, hollol wallgo! Stedda yn fanna i gynhesu,' gorchmynnodd, gan fy ngwthio at gadair feddal wrth ymyl y gwresogydd yn ei swyddfa. Wnes i ddim protestio.

'Welaist ti fod y Fleur-de-Lis wedi cau?' gofynnodd yn ddiweddarach, wrth i ni yrru heibio'r bwyty ar y ffordd adre. 'Trafferthion ariannol, dyna glywes i. Fues i ddim ar gyfyl yr hen le, dim ar ôl be ddigwyddodd ...' Aeth yn ei blaen heb ddisgwyl am ymateb gen i. 'Mae Merfyn yn chwarae dominos heno yn yr Arad, felly mi gawn ni'r tŷ i ni'n hunain ... cyfle i ddal i fyny cyn i dy frawd gyrraedd.'

Gwyddwn fod Merfyn wedi symud i fyw at Mam ers rhai misoedd, ond roedd o'n deimlad od ofnadwy cerdded i'r cyntedd a gweld ei sgidiau maint 11 ar y mat, a'i gôt yn hongian ar y bachyn roedd Dad yn arfer ei defnyddio.

Aeth Mam i'r llofft i redeg bàth i mi, a thra o'n i'n dadmer yn ei swigod poeth dechreuodd ddadbacio fy mhethau a'u gosod ar y gwely yn fy hen stafell.

'Ti 'di colli gormod o bwysau, Alys.' Edrychodd arna i'n feirniadol pan gerddais i lawr y grisiau yn fy nillad nos. 'Bydd yn rhaid i mi besgi chydig arnat ti!'

Oedd Mam wastad wedi siarad hefo fi fel petawn yn blentyn wyth oed, ynteu fi oedd yn bigog a sensitif ar ôl y daith hir?

'Sut wyt ti'n dygymod â rhannu fflat hefo dyn?' gofynnodd. 'Oes 'na rywbeth wedi digwydd rhyngddat ti a Jamie?'

'Mam!'

Wnaeth hi ddim stopio fy holi drwy'r gyda'r nos: am Jamie, y fflat, pa mor bell oedd o oddi wrth y siopau a'r bwyty, fy ngwaith a'r cyfleoedd ro'n i'n eu cael gan Charles. I ddechrau ro'n i'n eu hateb nhw i gyd, mor gryno ag y gallwn i, ond ymhen sbel mi ges i ddigon.

'Mam, plis wnei di stopio? Dwi ddim isio siarad am y gwaith – dwi adre i gael ymlacio a bod efo 'nheulu.'

'Wel, ble bynnag wyt ti, mae o'n well na bod yn y Fleur-de-Lis.'

'Mam, dwi ddim am sôn am hynny chwaith,' dywedais yn gadarn. Rŵan, sut mae pethau yn yr ysgol, a sut mae Merfyn?'

'Mae'r ysgol yn yr un cwch, yr un hen drafferthion ... diolch byth bod Merfyn yn gefn i mi. Dwi'n gobeithio y byddi di'n dod ymlaen yn dda hefo fo.'

'Ti *yn* ei garu o, yn dwyt?' Efallai fod y cwestiwn braidd yn ddigywilydd, achos trodd Mam ei phen i syllu arna i.

'Rydyn ni'n ddigon hapus yng nghwmni ein gilydd,' meddai'n siarp, 'ac mae hynny'n ddigon.' Roedd rhywbeth yn ei llais a wnaeth i mi deimlo'n drist, a'r eiliad honno gwyddwn yn ddiamau 'mod i wedi gwneud y penderfyniad iawn i beidio â mynd i Warsaw hefo Lech.

35

Ro'n i wedi cyfarfod Merf o'r blaen, ond mae canfod rhywun yn eistedd wrth dy fwrdd bwyd mewn dillad nos a slipers yn ychwanegu dimensiwn newydd i berthynas. Roedd yn anodd dod i arfer â chael dyn yn y tŷ ar ôl cymaint o flynyddoedd.

Profiad od oedd clywed Radio 4 yn chwarae yn y gegin y bore wedyn, gan fod Mam yn wrandäwr selog ar Radio Cymru ers i mi fod yn blentyn. Es i at y tegell i wneud paned o goffi i mi fy hun.

'Coffi, Mam? Merf?'

'Dydyn ni ddim yn yfed coffi mwyach,' galwodd Mam o'r tŷ bach dan y grisiau. 'Mae o'n rhoi cur pen i Merf.'

'Mae 'na fagiau te yn y cwpwrdd,' cynigiodd Merf, 'ond plis paid â chymryd y rhai yn y pecyn gwyrdd. Rheina ydi fy rhai arbennig i.' Dim coffi. Dechreuad gwych i fy more cynta adre!

Cariais wydraid o sudd oren a phowlen o greision ŷd drwodd i'r lolfa ac eistedd o flaen y teledu i wylio S4C, ond cyn i mi fedru codi'r teclyn bach daeth Merf i sefyll y tu ôl i'r soffa.

'Ti'n meindio gadael y BBC ymlaen am funud?' gofynnodd. 'Dwi isio gweld y newyddion busnes.' Heb air, rhoddais y teclyn yn llaw Merf a mynd yn ôl i'r gegin, gan droi'r radio yn ôl at Dafydd a Caryl.

Daeth Mam allan o'r tŷ bach, gan roi siaced ei siwt waith amdani.

'Be wnei di heddiw?' gofynnodd, gan estyn am eirinen o'r bowlen ffrwythau.

'Mynd am dro, falle. Mynd at feddau Nain a Taid, cael tipyn o awyr iach.'

'Pa ffordd ei di?' gofynnodd, a chododd ei haeliau wrth i mi egluro'r llwybr y bwriadwn ei gymryd. 'Wel, paid â mynd yn agos i'r Fleur-de-Lis. Does dim angen ailagor hen glwyfau, nagoes?' Ro'n i wedi anghofio pa mor oramddiffynnol y gallai Mam fod.

'Dwi bach yn hen ar gyfer "paid", Mam,' atebais yn ysgafn, ond edrychodd arna i mewn syndod.

'Dim ots pa mor hen wyt ti, Alys, tra wyt ti'n byw dan fy nho i, dwi'n disgwyl i ti barchu fy rheolau i.'

Ers i mi fod yn blentyn bach, y peth pwysicaf yn y byd oedd peidio ypsetio na gwylltio Mam ... ond nid plentyn o'n i mwyach. Doedd dim angen ei chymeradwyaeth arna i. Byddwn yn parchu rheolau Mam ynglŷn â chadw'r tŷ yn lân ac ati, ond châi hi ddim dweud wrtha i sut i fyw fy mywyd.

Daeth Merf drwodd i'r gegin gan chwibanu'n uchel ac yn wên o glust i glust, yn amlwg wedi penderfynu anwybyddu'r anghydfod rhwng Mam a finnau. Aeth at y tegell i wneud paned efo'i fagiau te arbennig.

'Os wyt ti am fynd am dro, well i ti fynd cyn gynted â phosib,' meddai, gan newid tonfedd y radio'n ôl i Radio 4. 'Ma' hi'n bygwth glaw amser cinio. Dos tra'i bod hi'n weddol braf.'

Cerddais allan o'r tŷ. Roedd yn rhaid i mi gael gair hefo Mam am y ffordd roedd hi'n ymddwyn tuag ata i, ond nid heddiw oedd yr amser. Do'n i ddim am ddifetha ymweliad Lee a Dana drwy greu tensiwn, a gwyddwn y gallwn fynd yn ôl i Lundain yn syth ar ôl y Dolig.

Hefo'r gwynt yn rhuo drwy'r coed ac yn chwythu fy ngwallt, cerddais dros gaeau fferm Tan y Bryn, tir roedd Taid wedi ei ffermio ar hyd ei oes, a'i dad a'i daid o cyn hynny. Ni allwn fynegi mewn geiriau'r teimlad o ryddhad ges i wrth sefyll ar dir Tan y Bryn unwaith eto. Roedd yr olygfa ar draws y dyffryn yn falm i'r enaid. Petai Taid wedi byw i fod yn hen, dwi'n meddwl y byswn i wedi hoffi gweithio ar y fferm ochr yn ochr â fo.

Cyrhaeddais y fynwent a cherdded yn ofalus rhwng beddi fy hynafiaid. O'r diwedd, ro'n i'n teimlo 'mod i adre. Doedd cartref Mam ddim yn teimlo fel adre bellach. Sylweddolais y gallwn ddweud yr un peth am fy fflat yn Llundain – yn ddiweddar, a Nadia yn byw a bod yno, roedd o'n teimlo'n rhy fach o lawer. Doedd gen i nunlle oedd wirioneddol yn gartref i mi, ond o leia roedd gen i wreiddiau yma.

Ar fy ffordd yn ôl i dŷ Mam cefais alwad ffôn gan Merf, yn gofyn i mi bicio i nôl Lee a Dana o'r orsaf. Cerddais i lawr at yr ysgol i nôl car Mam, ac o fewn llai na hanner awr ro'n i o flaen gorsaf y Rhyl.

Safai Lee y tu allan i'r swyddfa docynnau. Yn hytrach na cheisio dod o hyd i le parcio, stopiais ar y llinellau melyn, taro'r *hazards* ymlaen a neidio allan o'r car i freichiau fy mrawd bach.

Ond doedd o ddim yn fach bellach! Roedd ei freichiau fel boncyffion ar ôl dwy flynedd yn y fyddin, ac yn blastar o datŵs. Anodd oedd credu ein bod, rai blynyddoedd ynghynt, yn edrych fel gefeilliaid.

'Ti 'di newid cymaint!' meddai, gan luchio'i sach deithio i gefn y car. 'A ti'n gogydd enwog! Pryd ydyn ni am gael blasu dy goginio *posh*?' Gwenodd Dana yn boleit, heb yngan gair. 'Wnest ti ennill eleni?' gofynnodd Lee.

'Roedd yn rhaid i mi arwyddo contract yn cytuno i beidio â chyhoeddi'r canlyniadau ... ond paid â chodi dy obeithion.' Roedd y gyfres i gael ei dangos ymhen ychydig wythnosau, ond doedd gen i ddim awydd ei gwylio.

Eisteddodd Dana yn y sêt gefn, yn ddistaw fel llygoden, a gallwn ddeall pam ei bod hi'n nerfus, druan. Dyma fyddai'r tro cyntaf i Lee gyfarfod Merf, a'r tro cyntaf i Dana gyfarfod ei darpar deulu yng nghyfraith.

Roedd Mam wedi trefnu i ni i gyd fynd allan am bryd o fwyd y noson honno, felly am saith o'r gloch roedden ni'n eistedd yn y Ceffyl Gwyn yng Ngallt Melyd. *Pub grub* arferol oedd y pryd, a phan welais arwydd wrth y bar yn hysbysebu am gogydd newydd, gwyddwn mai cogydd dros dro oedd wedi paratoi'r bwyd (ar wahân i'r pwdinau, oedd yn amlwg wedi dod o'r rhewgell). Ond nid y pwdin gwael wnaeth i mi boeri llond llwy o hufen ar draws y bwrdd.

'I'r pump ohonon ni,' meddai Mam, gan godi ei gwydr gwin mewn llwncdestun.

'Chwech,' meddai Lee, a gwridodd Dana. Druan ohoni. Gallwn gydymdeimlo â'i swildod. 'Erbyn mis Mehefin bydd un bach arall yn y teulu, ac rydyn ni'n symud y briodas i fis Chwefror.'

'Wel, llongyfarchiadau!' ebychais.

Ro'n i'n hapusach byth pan glywais fod Lee a Dana am rentu tŷ yng Nghaer, i fod hanner ffordd rhyngom ni a theulu Dana, oedd yn byw yn Crewe. Do'n i ddim wedi gweld rhyw lawer ar Lee ers iddo ymuno â'r fyddin, yn treulio cyfnodau hir yn Afghanistan, Cyprus a'r Almaen.

Roedd Lee awydd mynd i'r Arad ar y ffordd adref, i weld oedd rhai o'r hen griw dal o gwmpas.

'Ddoi di hefo ni am un fach, Al?'

Oedais, achos do'n i ddim am weld Terry eto. Ond pan sylwais ar wyneb gwelw Dana cytunais i ymuno â nhw. Petai rhai o ffrindiau Lee o'r ysgol neu'r clwb rygbi yno do'n i ddim am iddi orfod eistedd yn gwrando ar y bois yn trafod hen anafiadau chwaraeon. Ro'n i wastad yn nerfus o gwmpas ffrindiau swnllyd, brochus Lee ers talwm, a fyddai hi ddim yn deg danfon Dana i'w hwynebu ar ei phen ei hun.

Ond roedd hi'n nos Fawrth oer, a bar yr Arad bron yn wag, ac wrth eistedd o gwmpas y tân cefais hanes sut y bu i Lee gwrdd â Dana. Cafodd Mam a Merf y fersiwn glân a rhamantus dros ginio, ond mewn gwirionedd roedd eu dêt cynta'n dipyn o lanast – yfodd Lee naw peint cyn prynu *doner kebab* i'w rannu hefo hi, a gorffen y noson drwy baffio hefo'i chyn-gariad.

'Ond mi oedd hi'n werth y trwyn gwaedlyd a'r llygad du,' meddai, gan roi cusan ar ei boch. Gwridodd Dana, ond gwenai fel petai newydd ennill y loteri.

Doedd Terry ddim y tu ôl i'r bar, a wnaeth Irene ddim gofyn i mi adael y dafarn. I'r gwrthwyneb – roedd hi mor hapus i weld

Lee, rhoddodd rownd i ni *on the house* – y tro cyntaf erioed i mi ei gweld hi'n cynnig diod am ddim i neb.

Petawn i ddim wedi picio i'r tŷ bach cyn mynd adre fysen i ddim wedi'i weld o, yn eistedd yng nghornel bella'r bar ar ei ben ei hun.

'John!' sgrechiais yn gyffrous. Gwenodd yntau pan welodd o fi.

'Alys – ti'n ôl o'r diwedd! Sut wyt ti?'

'Gei di fy hanes i mewn munud,' atebais, gan eistedd ar stôl wrth ei ochr. Ro'n i'n falch o weld mai sudd oren oedd o'i flaen. 'Sut wyt ti? Pam fod y bwyty ar gau? Ble mae pawb arall?'

'Mae'r lle ar gau ers bron i fis,' meddai ag ochenaid ddofn. 'Cafodd Lloyd swydd mewn rhyw têc-awê ym Mhrestatyn. Mae Catrin dal o gwmpas, ond wn i ddim ble mae'r lleill. Ffoniodd Tom i ofyn 'swn i'n fodlon rhoi geirda iddo gwpl o wythnosau'n ôl, ond dwi ddim wedi clywed dim ganddo wedyn.'

'A ti?'

'Dwi'n dal yn fy fflat, yn byw oddi ar fy nghynilion ac yn chwilio am swydd arall. Ro'n i'n gobeithio y byddai Duncan wedi llwyddo i ailagor yr hen le, ond mae'n edrych yn llai a llai tebygol ei fod o am aros yma. Wn i ddim ydi dy fam wedi dweud wrthat ti, ond mae o wedi colli popeth. Dyna pam gollon ni ein swyddi. Gadawodd Lydia smonach ar ei hôl.'

'Mae hi wedi mynd?'

'Do, o'r diwedd. Arhoson nhw hefo'i gilydd am flwyddyn ar ôl i ti adael, ond ew, roedd o'n fastard sarrug, a doedd dim yn ei blesio. Cafodd Lloyd a Catrin ddigon ar weithio iddo, ac a dweud y gwir ro'n i ar fin cerdded allan hefyd.'

'Pam wnaethon nhw wahanu?' gofynnais yn ddiamynedd.

'Daeth pethau i ben ar ôl i Duncan ddarganfod bod Lydia wedi ei dwyllo unwaith eto. Roedd o wedi cael digon, ac aeth at gyfreithiwr i fynnu difôrs. Y diwrnod gafodd hi'r papurau cyfreithiol daeth hi i'r bwyty, yn crio ac yn sgrechian ac yn lluchio cerrig at y ffenestri. Cafodd ei harestio am ddifrodi eiddo. Ar ôl hynny aeth hi'n dawel, a gwnaeth Duncan y camgymeriad o feddwl ei bod hi wedi callio, a derbyn y bai am ddiweddu'r briodas. Ond mae hi'n slei, fel ti'n gwybod. Gwagiodd bob cyfrif banc, gan gymryd pob dimai goch oedd ganddo. Gwagiodd y tŷ a diflannu, gan adael Duncan i ddelio â biliau coch, morgais a chyflogau staff, a dim pres yn y banc. Yr unig opsiwn oedd cau'r bwyty tra oedd o'n ceisio cael rhywfaint o'i bres yn ôl gan Lydia. Rhoddodd y tŷ ar y farchnad hefyd. Mae o'n mynd i'r Alban am sbel dros y Dolig, i weld ei fam ac i gael brêc o'r llanast 'ma. A chyn i ti ofyn, mae o wedi newid ei rif ffôn i osgoi rhagor o abiws gan Lydia.' Ceisiais lyncu fy siom wrth glywed hyn.

'Dwi mor sori. Druan o Duncan ... druan ohonoch chi i gyd, yn colli eich swyddi dros nos!'

Er nad fi oedd wedi achosi'r helynt hefo Lydia, roedd yn anodd peidio â theimlo'n euog. Pam na wnes i gerdded allan o'r Fleur-de-Lis heb ddweud gair am fy nheimladau tuag at Duncan?

'Paid ag ymddiheuro,' meddai John. 'Does 'na neb yn dy feio di am be ddigwyddodd. Lydia sy'n gyfrifol am bopeth.'

'Pam 'dyn ni'n trafod *She Who Must Not Be Named*?' Clywais lais benywaidd a throi i weld Catrin yn sefyll wrth y bar, a Jake wrth ei hochr. Neidiais ar fy nhraed a thaflodd ei breichiau o gwmpas fy ngwddw, yn gwichian mewn llawenydd.

'Ma' pethau 'di bod yn blydi *boring* yma hebddat ti,' meddai. 'Fyswn i 'di mynd yn boncyrs heb Jake.'

Cefais wybod eu bod wedi dechrau canlyn ar ôl i Catrin ddechrau gweithio i gwmni cyfanwerthu tad Jake rhai misoedd ynghynt. Gadawodd hi'r Fleur-de-Lis cyn i'r lle gau, ar ôl cael ei chyhuddo gan Lydia o ddwyn arian mân.

'Wnaeth y bitsh actiwali dynnu 'ngwallt i, Alys, a cheisio fy llusgo i mewn i'r swyddfa – o flaen cwsmeriaid! Wyt ti'n medru credu'r peth?'

'Ydw. Wnaeth hi'r un peth i mi.'

'Ddeudes i fod ganddi *issues* y tro cynta i mi ei chyfarfod hi. *Emotional car crash*. A hyn oll ar ben y beichiogrwydd ...' Am yr eildro mewn noson bu bron i mi boeri cynnwys fy ngheg dros y bwrdd. Rhythodd John ar Catrin.

'Ti'n gwybod bod Duncan wedi gofyn i ni gadw hynny'n gyfrinach.' Edrychodd arna i ac ochneidiodd yn ddwfn eto. 'Dyna'r twyll soniais i amdano'n gynharach. Ddwedodd Lydia ei bod hi'n feichiog, a ti'n gwybod faint mae Duncan isio teulu. Dyna pam y gwnaeth o aros hefo hi cyhyd, a mynd i sesiynau cwnsela ac ati. Ond jest cyn i Lydia fynd i gael ei sgan cynta, ddwedodd hi ei bod wedi colli'r babi.'

'Druan ohonyn nhw,' dywedais yn dawel.

'Druan o Duncan!' meddai Catrin. 'Gafodd Lydia erthyliad! Nid colli'r babi wnaeth hi, ond cael ei wared i sbeitio Duncan!' Ro'n i'n gegrwth.

'Ffeindiodd Duncan gyfeiriad clinig preifat yn nyddiadur Lydia,' eglurodd John yn dawel. 'Aeth hi i'r clinig y diwrnod cyn iddi "golli'r babi". Roedd hi'n gwadu hynny, wrth gwrs, ond doedd Duncan dim yn ei chredu, a dyna pryd ofynnodd o am ysgariad. Rhaid bod Lydia wedi sylweddoli nad oedd ganddi obaith o'i ddenu'n ôl, ac ar ôl iddi gael ei harestio penderfynodd ddinistrio popeth oedd gan Duncan. Ei deulu, ei dŷ, ei fusnes ... popeth.'

Dechreuodd Catrin restru popeth gwallgof wnaeth Lydia, ond do'n i ddim yn gwrando. Meddwl am Duncan o'n i, a'i golled.

36

Deffrais y bore wedyn i sŵn Dana'n chwydu. Roedd gen i gur pen a stumog wan, ond yn wahanol i Dana, fi oedd ar fai am hynny.

Ymlwybrais i'r gegin i wneud brecwast i'r cariadon, gan ddefnyddio un o fagiau te sinsir arbennig Merf i wneud paned i Dana, yn y gobaith y byddai'n setlo'i stumog. Gadewais yr hambwrdd y tu allan i'w stafell wely, a phenderfynais fynd am dro i glirio fy mhen. Roedd y tywydd yn oer a mymryn yn lawog, ond ro'n i'n rhy aflonydd i aros yn y tŷ o dan draed Merf drwy'r dydd. Roedd yn rhaid i mi gadw'n brysur ac ymdrechu i anghofio am Duncan a'i drafferthion, neu mi fyswn i'n difetha fy ngwyliau.

Yn llawn bwyd ac yn gynnes yn un o gotiau gwrth-ddŵr Mam, cerddais unwaith eto ar draws caeau Tan y Bryn, i gyfeiriad Mynydd y Cwm. Dewisais ddringo i fyny'r llethr mwyaf serth er mwyn teimlo fy nghyhyrau a f'ysgyfaint yn gweithio'n galed. Roedd yn braf bod yng nghanol gwyrddni unwaith eto ar ôl gwastadedd concrit Llundain, a chael clywed dim byd heblaw cân yr adar.

Wrth i mi ddringo at y copa gadewais i fy meddwl grwydro'n ôl at gynnig Charles ... trueni nad oedd ganddo fwyty yn nes i Gymru. Y gwirionedd oedd fy mod i'n casáu byw yn Llundain, ac nad o'n i wedi sylweddoli cymaint ro'n i'n casáu'r lle nes i mi ddychwelyd i Gymru. Yr unig beth allai fy nghadw yno oedd Lech, ond yn ôl e-bost gefais i ganddo y bore hwnnw roedd o'n setlo'n dda yn Warsaw a dim bwriad ganddo i ddod yn ôl.

Ond doedd dod yn ôl adre ddim yn apelio cymaint ag yr arferai wneud chwaith. Allwn i ddim byw hefo Mam a Merfyn, ac i fod yn onest, dwi ddim yn meddwl y bysen nhw'n croesawu hynny chwaith. Mi fyse'n rhaid i mi brynu neu rentu rhywle i mi fy hun, a chwilio am waith newydd, a phrynu car ...

Wrth i mi sefyll ar ben y copa coediog dychwelodd yr hen deimlad annifyr o fod ar goll. Caeais fy llygaid a cheisio gwrando eto ar fy ngreddf, ond sisial y gwynt drwy'r coed oedd yr unig beth a glywais.

Cymerais eiliad i dawel i oedi ger y gofeb fechan ar y copa i ddamwain awyren ar ddiwedd yr Ail Ryfel Byd cyn troi am adre. Wrth i mi adael y goedwig a gweld dyffyn Clwyd wrth fy nhraed, cefais eiliad o ysbrydoliaeth. Edrychais i lawr y llethrau ar yr adeilad gwyn yn y pellter a fu'n perthyn i 'nheulu unwaith o'r blaen ac a oedd yn disgwyl am berchennog newydd. Allwn i brynu'r Fleur-de-Lis? Allwn i redeg fy mwyty fy hun? Ro'n i wedi rhedeg y gegin ar fy mhen fy hun nifer o weithiau felly doedd y peth ddim yn amhosib, a petai John yn helpu a Catrin yn edrych ar ôl y stafell fwyta ...? Mi fues i'n hapus yn y Fleur-de-Lis, a hyd yn oed heb Duncan, credwn y gallwn fod yn hapus yno unwaith yn rhagor.

Yn sydyn, ro'n i'n sicr mai dyna wnawn i – prynu bwyty Wncwl Iwan a'i adfywio, a chreu busnes a chartref i mi fy hun. Gadawodd Nain a Taid Tan y Bryn ddwy acer a hanner o dir bob un i'w wyrion a'u wyresau, ac ar ôl gwerthu fy siâr o'r tir yn 2015 roedd gen i tua £20,000 yn eistedd mewn cyfrif banc. Fuasai hynny ddim yn prynu sied yn Llundain, ond tybed fyddai o'n ddigon o flaendal i 'ngalluogi i gael morgais ar y bwyty? Roedd Dad wedi sôn fwy nag unwaith y byddai'n fy helpu pan ddeuai'r amser i mi brynu tŷ ... beth petai'r tŷ hwnnw'n fwyty?

Dilynais y llwybr serth i lawr ochr y mynydd, ac o fewn llai nag ugain munud ro'n i'n sefyll ganllath o'r Fleur-de-Lis. Teimlais ymchwydd o gynnwrf wrth edrych ar y lle, yn wag ac yn disgwyl i mi ei feddiannu.

Wrth gerdded tuag at y bwyty gwelais olau yn un o'r

stafelloedd uwchben y gegin. Yna gwelais gar dieithr y tu allan i'r drws cefn.

Dringais dros y ffens a cherdded i gyfeiriad y car, gan fyseddu fy ffôn. Clywais andros o sŵn yn dod o'r tu mewn, fel petai rywun yn taflu sosbenni ar draws y lle. Gwelais adroddiad ar y newyddion y noson cynt am ladrata mewn ardaloedd amaethyddol – beth os oedd lladron tu mewn i'r Fleur-de-Lis? Bu bron i mi â deialu 999 ... ond edrychais eto ar y car. Roedd tolciau mawr ar hyd un ochr, a darnau o fetel llwyd yn amlwg lle'r oedd tynnwr paent wedi gwneud ei waith. Car a ddifrodwyd gan rywun blin. Cofiais fod Lydia wedi cael ei harestio am daflu cerrig a malu ffenestri, a rhewais yn fy unfan.

Agorodd y drws cefn a daeth dyn allan yn cario bocs cardfwrdd anferth. Gwisgai hen bâr o jîns a siaced ddu oedd wedi gweld dyddiau gwell, ac er bod y bocs mawr yn cuddio'i wyneb, ro'n i'n adnabod yr ysgwyddau llydan, y cefn unionsyth, balch. Ro'n i'n sefyll ar ben clogwyn, yn syllu i'r dyfnderoedd ac ar fin disgyn.

'Duncan?' galwais. Gollyngodd y bocs pan welodd fi, a sefyll fel cerflun, heb ddweud na gwneud dim. Cydiodd llaw rewllyd yn dynn yn fy mherfeddion. Rhedodd ias i fyny fy llwnc a rhewodd y geiriau ar flaen fy nhafod.

'Alys?' gofynnodd Duncan, o'r diwedd.

'*Oui*, Chef,' atebais, hefo cryn drafferth. Symudais yn nes ato. Roedd ei wallt yn anniben, a chylchoedd du fel cleisiau o dan ei lygaid gleision. Ond pa ots oedd gen i?

'Be wyt ti'n wneud yma?' gofynnodd. 'Oes gen ti amser am goffi?'

'Fyse hynny'n neis, Duncan.' Teimlai ei enw fel carreg yn fy ngheg, yn estron ar fy nhafod.

Arweiniodd fi drwy'r drws cefn. Am deimlad od oedd bod yn ôl. Roedd y silffoedd a'r rheseli'n hollol wag, a'r waliau wedi'u paentio'n wyn ffres, yn barod i'r perchennog newydd.

Roedd yn amlwg bod Duncan wedi bod yn byw yno. Llosgai lond llaw o lo yn lle tân y stafell fwyta ac roedd cadair freichiau ledr wrth yr aelwyd. Yr unig bethau ar ôl oedd tegell, jar o goffi parod a bocs o laeth powdr, a defnyddiodd Duncan nhw i wneud paned i ni.

'Dwi'n siŵr dy fod di wedi clywed yr hanes erbyn hyn,' meddai.

'Ddrwg gen i glywed am y babi,' dywedais, ond chwifiodd ei law fel petai'n cael gwared ar bryfyn.

'Does dim i 'nghadw i yma bellach. Dwi yma i nôl gweddill fy mhethau a mynd â'r dodrefn i ocsiwn, yna mi fydda i'n gwerthu'r lle.' Tywalltodd ddŵr berw i'r cwpanau. 'Wedyn mi fedra i ddechrau eto. Dyna pam dwi mor hapus i dy weld di ... i wneud iawn am fy nghamgymeriadau.' Oedd o'n hapus i 'ngweld i? Doedd o ddim yn ymddangos felly. 'Mae'n ddrwg gen i, Alys. Am bopeth.'

'Does dim angen i ti ymddiheuro.'

'Oes. Roedd dy fam yn iawn. Ro'n i'n barod i dorri fy adduned priodas. Ro'n i'n isio bod hefo ti heb adael Lydia. Am fy mod i wedi ceisio cael popeth ar unwaith, does gen i ddim byd ar ôl, yn llythrennol. Collais bopeth, a fedra i ddim cwyno achos mae'r gosb yn weddus i'r drosedd.' Siaradodd heb godi ei ben, heb sbio arna i.

'Dwi'm yn meddwl dy fod ti'n haeddu colli popeth,' dywedais, ond aeth Duncan yn ei flaen fel petai heb fy nghlywed i.

'Mi wnes i feddwl mynd ar dy ôl di gymaint o weithiau, er mwyn ymddiheuro i ti, ond wnes i ddim, dim hyd yn oed ar ôl ffilmio'r rhaglen, achos ro'n i'n gwybod y gwir: mi fyswn i'n ymddiheuro gan obeithio dy ddenu di'n ôl.' Cododd ei ben i edrych allan drwy'r ffenest, ar draws caeau Tan y Bryn. 'Ond rŵan mi fedra i ymddiheuro, a hynny am y rhesymau cywir, achos does gen i'm gobaith ...'

Do'n i erioed wedi'i weld o mor flinedig ac mor anobeithiol o'r blaen. Roedd colli ei blentyn, colli'i fusnes a'i gartref wedi'i chwalu o. Bu'n rhaid i mi atal fy hun rhag rhoi fy mreichiau amdano a'i gysuro.

'Pam nad oes 'na obaith?'

'Achos fyswn i byth yn dod rhyngddat ti a Jamie. Mae o'n foi da, a dwi'n gob...'

'Jamie?'

'Ie, Jamie.' Edrychais ar Duncan fel petai'n hurt. 'Ddwedodd Charles fod gen ti rywun arbennig yn dy fywyd, a gan eich bod chi'n byw efo'ch gilydd ...'

'Mae Jamie a finnau'n rhannu fflat. Dim ond lojer ydw i.'

'Lojer?'

'A ffrind. Mae ganddo gariad. Does gen i ddim.' Edrychodd Duncan i fyw fy llygaid, ac er na ddywedodd air, teimlais fy mochau'n cochi a gwres braf yn teithio drwy fy nghorff.

'Alys, dwi'n gwybod yn iawn nad ydw i'n dy haeddu di, ond ... ond ...' Stopiodd ar ganol ei frawddeg – roedd ganddo ofn fy mod i am ei wrthod! Doedd o ddim yn gweld fy mod i'n ysu i gael cyffwrdd ynddo? Wnaeth o ddim clywed y cryndod yn fy llais?

Agorais fy ngheg, ond doedd gen i ddim geiriau i egluro'r hiraeth oedd wedi bod yn cnoi fy nhu mewn fel newyn. Teflais fy mreichiau o amgylch ei wddw a phwyso fy ngwefusau yn erbyn ei rai o. Doedd dim angen eglurhad. Roedd y gusan yn berffaith. Llithrodd breichiau Duncan am fy nghanol a daliodd fi'n dynn.

O'r diwedd, sylweddolais, doedd yr un rhwystr i'n cadw ni ar wahân.

Treuliodd y ddau ohonon ni'r prynhawn ym mreichiau'n gilydd, yn gorwedd ar ei wely dros dro yn y stafell uwchben y gegin ac yn siarad.

'Pryd wnest ti sylweddoli fod gen ti deimladau tuag ata i?' mentrais ofyn.

'Y tro cynta i mi dy weld di. Roeddet ti yn y Fleur-de-Lis hefo dy fam, yn siarad hefo John wrth y bar. Wrth i ti gerdded i ffwrdd mi wnest ti stopio, edrych dros dy ysgwydd a gwenu ar John. Holais Catrin, a ddywedodd wrtha i be oedd dy enw. Pan ges i gais am swydd gan fachgen lleol o'r enw Al Ryder ro'n i'n obeithiol y byswn i'n cael gweld ei chwaer o dro i dro.'

Gwenais wrth glywed hyn – nid Lydia oedd wedi dod â ni at ein gilydd wedi'r cwbl.

'A doedd gen ti ddim syniad o gwbl mai fi oedd Al? Wnes i dy dwyllo go iawn?'

'I ddechrau, do, ond ro'n i'n amau ... roeddet ti'n rhy eiddil i fod yn fachgen, ac o dro i dro roeddet ti'n anghofio siarad mewn llais dwfn. Mae dy lais di'n rhy swynol i fod yn perthyn i ddyn ifanc.'

Tra oedd o'n fy nghusanu, gofynnodd Duncan yr un cwestiwn i mi, ond mi ges i fwy o drafferth ateb.

'Roedd 'na atyniad o'r dechrau, ond roedd gen i dy ofn di hefyd!'

'Ofn?'

'Dwyt ti ddim yn cofio sut gwnest ti gynnal fy nghyfweliad? Dryllio pentwr o blatiau ar y llawr mewn tymer? Sut gwnest ti floeddio ar John a Tom yn yr ŵyl fwyd?'

'Digon teg.'

'Roedd gen i ofn siarad hefo ti i ddechrau. Wnes i sylweddoli 'mod i'n dy ffansïo di yn y Fenni, ond pan oedden ni'n eistedd ar do Vetrov's teimlais fod 'na rywbeth mwy, rhyw fath o gysylltiad ...' Pwysais fy mhen ar ei frest a gwrando ar guriad ei galon.

'Cysylltiad: ein bod ni'n ffansïo'n gilydd?'

'Mwy na ffansïo. Ein bod ni'n cwblhau ein gilydd, rywsut.'

'Mae hynny'n swnio'n debycach i gariad,' meddai, gan fy nghusanu'n dyner.

Ar ôl bod ar wahân am gyhyd roedd yn amhosib i ni dreulio noson arall heb gwmni'n gilydd. Y broblem fwyaf oedd fy mod i dan gytundeb i Charles, ac y byse'n rhaid i mi fynd yn ôl i Lundain am gwpl o wythnosau i weithio fy nghyfnod rhybudd. Rhoddodd Duncan ei ffôn i mi ar ôl deialu rhif ffôn symudol personol Charles – doedd dim diben gwastraffu amser.

'Helô? Duncan?'

'Na, Alys sy 'ma.'

'Alys, sut wyt ti?' Doedd Charles ddim yn swnio fel petai wedi'i synnu 'mod i'n ei alw ar ffôn Duncan. 'Dwi'n cymryd eich bod wedi dod o hyd i'ch gilydd?'

'Do.'

'A'ch bod wedi sylweddoli, o'r diwedd, y dylech chi fod hefo'ch gilydd?'

'Do.'

'Ffydd ac amynedd, Alys, ffydd ac amynedd! Dwi'n edrych ymlaen at ddathlu hefo chi y tro nesaf y dowch chi i Lundain. Tan hynny, fy nghofion gorau at y ddau ohonoch chi, a phaid â phoeni am dy swydd. Mae 'na waith yma i ti os wyt ti am ddod yn ôl, ond fydda i ddim yn rhy siomedig os wyt ti am aros a rhedeg y Fleur-de-Lis hefo Duncan. Dolig llawen!'

'Oedd Charles yn gwybod dy fod di yma dros y Dolig?' gofynnais, a nodiodd Duncan ei ben.

'Roedd o'n gwybod 'mod i'n clirio ac addurno'r lle dros y Dolig. Ac oedd, mi oedd o'n gwybod 'mod i'n dy garu di. Roedd o wedi ceisio 'mherswadio i droeon i ddod i dy weld di.' Yr hen gadno! Pan soniodd am 'ein dymuniad' nid am Lech roedd o'n sôn. Ond am unwaith doedd dim ots gen i fod rhywun wedi ymyrryd yn fy mywyd. Byddwn wastad yn ddiolchgar i Charles Donoghue.

Cododd Duncan ac aeth i lawr y grisiau. Dilynais o draw i'r swyddfa, lle'r oedd o'n chwilota trwy ddrôr ei ddesg. Doedd o ddim wedi clirio'r swyddfa eto, ac wrth edrych ar y rota a'r bwydlenni ar y waliau teimlais don o hiraeth am yr hen ddyddiau. Efallai, meddyliais, y byse'r lle dan ei sang eto'n fuan, ond byddai'n rhaid i mi drafod hynny hefo Duncan ... rywdro eto.

Roedd Duncan yn dal i ymbalfalu drwy'r drôr llawn beiros, batris a theclynnau. Gwelais fflach o aur: gwydr bach o fwyty Vetrov's, a morthwyl a chryman aur wedi'i baentio arno. Cymerodd Duncan rywbeth arall o'r drôr a'i roi yng nghledr fy llaw, gan gau fy nwrn amdano a rhoi cusan gariadus ar fy ngarddwrn. Agorais fy llaw i weld cadwyn arian yn sgleinio ynddi. Y freichled roddodd o i mi ar noson y wledd. Doeddwn i ddim am ei gwrthod y tro hwn.